فابريس جومون

الثورة ثنائية اللغة

مستقبل التعليم يُكتب بلغتين

ترجمة: مريم عبد القادر مصطفي

مراجعة: مجد ساره

AUSTIN MACAULEY PUBLISHERS™
LONDON • CAMBRIDGE • NEW YORK • SHARJAH

حقوق النشر © فابريس چومون (2019)

يمتلك فابريس چومون الحق كمؤلف لهذا العمل، وفقاً للقانون الاتحادي رقم (7) لدولة الإمارات العربية المتحدة، لسنة 2002 م، في شأن حقوق المؤلف والحقوق المجاورة.

جميع الحقوق محفوظة
لا يحق إعادة إنتاج أي جزء من هذا الكتاب، أو تخزينه، أو نقله، أو نسخه بأي وسيلة ممكنة؛ سواء كانت إلكترونية، أو ميكانيكية، أو نسخة تصويرية، أو تسجيلية، أو غير ذلك دون الحصول على إذن مسبق من الناشرين.

أي شخص يرتكب أي فعل غير مصرح به في سياق المذكور أعلاه، قد يكون عرضة للمقاضاة القانونية والمطالبات المدنية بالتعويض عن الأضرار.

الرقم الدولي الموحد للكتاب 9789948366744 (غلاف ورقي)
الرقم الدولي الموحد للكتاب 9789948366560 (كتاب إلكتروني)

رقم الطلب: MC-10-01-4050966
التصنيف العمري: E

تم تصنيف وتحديد الفئة العمرية التي تلائم محتوى الكتب وفقاً لنظام التصنيف العمري الصادر عن المجلس الوطني للإعلام.

اسم المطبعة: iPrint Global Ltd
عنوان المطبعة: Witchford, England

الطبعة الأولى (2019)
أوستن ماكولي للنشر م. م. ح
مدينة الشارقة للنشر
صندوق بريد [519201]
الشارقة، الإمارات العربية المتحدة
www.austinmacauley.ae
+971 655 95 202

شكر وتقدير

لم يكن من الممكن لهذا الكتاب أن يرى النور من دون دعم وتشجيع العديد من الأفراد والمنظمات. أود أن أعبر عن شكري وامتناني لكل من قدم لي الدعم، ليس فقط لأنهم أتاحوا لي الفرصة لمقابلتهم، وجعل بياناتهم في متناول هذه الدراسة، ومشاركتهم معرفتهم وشغفهم وخبرتهم حول الموضوعات التي يتناولها هذا الكتاب، ولكن أيضاً لتشجيعهم وحماسهم لإحداث ثورة ثنائية اللغة في النظام التعليمي. ولكل هذا، فضلاً عن مساعدتهم وتشجيعهم في أوقات مختلفة، أتقدم بشكر خاص إلى:

مارتي أبوت، ماري أكوستا، مها عفيفي، ريا عاشور، كارين ألاف، ديبي المنتصر، تمارا ألزاس، ميشيل عمار، غابرييل عمار-أويمت، آنا كانو أماتو، شارين أندرسون، آنا إينس أنسالدو، جيرارد أرود، كارمن أسيلتا، لاتيتيا أتلاني-داولت، لوران أوفرت، ميلادي بيز، كورين بال، لينا باربيرا جونسون، إيزابيل باربر، غريتشن بودنباكر، أنتونين بودري، سيلين بيلويل، فرانك بينايون، اليساندرا بينيديتي، آن بينوا،أدريان بيرمان، لينور بيرنر، فانيسا برتيلي، آن بيرثيلوت، إلين بياليستوك، برونو بيتش، جوزي بينفينو، إديث بونكومباين، بيبرا بونيربا، حبيبة بومالك، كلير بورجوا، ماري بوتيون، إيوانا بوريس، جيل برانسبورغ، أليكسيس بويسون، غراسي بورك، تيريز كاكافال، تالكوت كامب، روبرت سيليتش، كارين باث، لاني تشيوك، جويل سيسيلسكي، أندرو كلارك، كارل كوغارد، إليسا كونيجليارو، إيلاريا كوستا، إيرلين كروز، جوناس كوينين، إليزابيث تشاستكيويسك، روز إليزابيث دالي، كارولين داود، بنديكت مونتلور، فيرجيل فولدير، ميريلا ديب، جان كوزمي ديلالوي، فرانسوا ديلاتر، كاتي ديلو ستريتو، أنيس

ديغونيت، كارمن دينوس، فيرينا دوبنيك، كارين دوني، فابيان دوسيت، جان كلود دوثيون، لويس دوفرنويس، جوزيف دون، جونت إنروث، جيرارد إلباوم، آن - لور فيلارد، كارمن فارينا، أندريه فيراند، مارتينا فيراري، يولي فيشر، نيلسون فلوريس، تارا فورتشن، هيذر فوستر مان، يسوع فراغا، نعومي فريزر، أوفيليا جارسيا، بانافش غارنير، موريل غسان، جيزيل غولت-ماكجي، هيلين غوديك، كيفن غويتز، إنريك غونزاليس، فارتان غريغوريان، فرانسوا غروسجيان، تومي غروفر، آن-صوفي غيغن، بروس هيل، سكيب هيل، فيليب هول، جولي هالاك، تيري همات، فانيسا هاندال، ماري آن هانسن، روبرت هانسن، ألان وكاثرين هاربر، إليزابيث هايز، كارول هيرامان، غابي هيغان، هانا هيلمز، كريستين هيلوت، آني هيمينواي، جولييت هيرش، فانيسا هرادسكي، بيب هيوز، ساندرين همبرت، ماريون هورستيل، ساندرين إسمبرت، أولغا إلياشينكو، أنجليكا إنفانتي، أنجيلا جاكسون، ماريا جايا، جيليان جومان، أولغا كاغان، هي جين كان، سومونثا كوفيلافونغ، سيلين كيشيشيان، جاك كليمباي، تاتيانا كلاين، ماريا كوت، جنيفر كوزيل، تييري رولاند كرانزر، توماس كواي، ناري كي، أني لي، بينوا لي ديفيديك، فيرجيني لولان، أليشيا ليفيبور، أنيك ليمان، إيرين ليون، أولغا ليامكينا، ديانا ليمونجي، ماجي ليستون، إيفلين لويس، سوزان لونج، مارسيلو لوشيتا، شون لينش، شانتال مانس، لوران مارشاند، غايتان ماثيو، مارك موريس، جنيفر مازيغ، هيلين موبورغت، ميمي ميت، توماس ميشلون، يومي ميكي، جيفري ميلر، جان ميرفيل، بليندا موندجو، كريستوف مونييه، أويسين مولدوني، مونيكا مولر، كاي موردوك، توموكو ناكانو، فلورنس ناش، مارتينا نيرانت، ناعومي نوسيرا، صوفي نورتون، ساندي نويولا، توبي أوبنهايمر، بهر أوتكو-غريلمان، ديفيد أويمت، نيلدا بابون، دانييل وأيلين بالومبو، لوسيا باسكواليني، ماري باتو، غينولا بيلين، دانييل بيرغامنت، جايمي بيرلمان، كاثرين بيتيلون، جوي بيتون، أندريا بفيل، مغالي فيليب، كاترين بواسون، كيم بوتوسكي، فلورنس بوسين، ستيفانيا بوكسيدو، دانا راسيوناس، بليك رمزي، أوليفيا جونز رامسي، جيني ريني، لويس رييس، نانسي رودس، باسكال ريتشارد، زكاري ريتشارد،

كارين ريسبال، جوزيف ريززي، جريج روبرتس، آنا روكا، نيكي كرام روزن، ريتا روزنباك، ليندا روزنبوري، ألفريد وچين روس، كيث ريان، إيمانويل سانت مارتن، ماريا سانتوس، هارييت سكسون، كليمينس شولنبرج، چوليا شولز، كيرك سيمبل، ماري بيير سيرا أورتس، بيت شير، تينا سيمون، إليسا سيمونوت، لي چولي سلون، أوليفييه سوشارد، چاك سباتولا، چوليا ستويانوفيتش، إركانيا ستيليانو، چولي سوغارمان، روبن سونديك، كلير سيلفان، فيرونيك سويت، آيا تايلور، ماري - باول توماس، كريستيل ثوفينين، بول روبرت تيندربيوغو، آني فانرنتيرغيم - رافين، ياليتزا فاسكويز، ريموند فيرداغوير، لويز ألفانو فيرديمار، نانسي فيلاريال دي أدلر، بيير فيمونت، چوديث والك سيسون والشايرتس، شيمون وارونكر، كاترين واتكينز، سيلفيا ويلهوفر، كاتجا ويسبروك - دونوفان، كونور ويليامز، أليسيا وينيكي، رون وو، لي يان، ميكا يوكوبوري، بريان زاجر، زينا زاخاريا، دونا زيلخا، وإيمي زيمر.

وأخيراً، أود أن أشكر مارغريت ليستون على موهبتها ومثابرتها في مراجعة العديد من مسوداتي، وچاك كليمباي على قراءته الدؤوبة لمخططي، ودارسي هيل، البالغة من العمر 83 عاما والتي هي في مكانة أمي الأميركية لتقديمها مراجعة دقيقة لكل كلمة وكل سطر في مسوداتي مما أتاح لي توضيح وإيجاز الأفكار التي أردت طرحها، وچولييت هيرش وچولي هالاك على مساعدتهم المثالية مع النسخة الفرنسية من هذا الكتاب المكتوب في الأصل باللغة الإنجليزية.

أود أن أعرب عن امتناني لزوجتي، ناتالي، وبناتي، كليا وفليسي، وكذلك إلى عائلتي وأصدقائي في فرنسا والولايات المتحدة، على إعطائي الدعم والقوة حتى يرى هذا الكتاب النور.

الفهرس

قيل عن هذا الكتاب	11
اقرأ أيضاً لنفس المؤلف (فابريس چومون)	17
مقدمة المترجم	18
تمهيد	20
بقلم أوفيليا جارسيا	25
نداء إلى العمل	36
إرادة الأهل: نعم.. تستطيعون إحداث فرق!	44
تغيير الوضع العام: أول برنامج ياباني ثنائي اللغة في بروكلين	57
حشد المجتمع: ثلاث محاولات لفصول باللغة الإيطالية	69
العقول الاستراتيجية: تاريخ البرنامج الألماني ثنائي اللغة	81
قصة حيين: المجتمع الروسي في هارلم وبروكلين	92
تأثير الدومينو: تكاثر البرامج الفرنسية ثنائية اللغة	102
التغلب على التحيزات: البرامج ثنائية اللغة باللغة العربية في المدينة	115
الاحتفال بالثقافة: البرنامج ثنائي اللغة في المجتمع البولندي	126
تمهيد الطريق: رواد التعليم ثنائي اللغة باللغة الإسبانية	136
الهدف الأعلى: المدرسة الثانوية للغة المزدوجة والدراسات الآسيوية	147

157	خارطة الطريق لإنشاء برنامج ثنائي اللغة متفرد
169	الخطوة الثانية - العمل على حجة مقنعة وإيجاد مدرسة
175	لماذا يعتبر التعليم ثنائي اللغة جيدًا لطفلك
191	التعليم ثنائي اللغة في الولايات المتحدة الأمريكية ما تحتاج إلى معرفته
202	الختام
203	مستقبل التعليم يكتب باللغتين
210	خارطة الطريق (نسخة مختصرة)
212	مخاطبة المجتمع: عمل قاعدة بيانات للأسر المهتمة بالمبادرة
219	الخطوة الثانية
220	العمل على حجة مقنعة وإيجاد مدرسة
224	بناء برنامج ثنائي اللغة ناجح من اليوم الأول
228	مصادر أخرى thebilingualrevolution.info
229	المراجع والمصادر المذكورة في مقال التعليم ثنائي اللغة: دعوة للالتفات لأهمية دور الأهل والمجتمعات المحلية لأوفيليا جارسيا
232	المراجع والمصادر المذكورة في كتاب التعليم ثنائي اللغة: مستقبل التعليم بلغتين فابريس شومون
254	عن المؤلف
255	عن المترجمة
258	فهرس المصطلحات

قيل عن هذا الكتاب

كتاب **الثورة ثنائية اللغة** لفابريس جومون يتحدث عن نجاح التعليم ثنائي اللغة في الولايات المتحدة الأمريكية، ويظهر دور أولياء الأمور في تأسيس برامج ثنائية اللغة في المدارس العامة، وهو كتاب فريد من نوعه، مُقنع، وجذّاب.

فريد من نوعه لأن هناك العديد من المؤلفات والكتب التي تناولت موضوع ثنائية اللغة في العائلة الواحدة لكن إلى الآن لم يقدم أي من هذه الكتب منهجاً ليتبعه الأهل في وضع أسس التعليم الثنائي اللغة في مدارس أطفالهم.

- مُقنع لأن هذا الكتاب يستند إلى تجربة المؤلف في إطار منظومة تعليمية يصعُب تغييرها، ويعتمد على اقتناع الكاتب أنه من الممكن توفير تعليم ثنائي اللغة عالي الجودة لجميع الأطفال، وعلى سعيه الدائم لتوفير تعليم ثنائي اللغة مما يُقلل من التفاوت بين اللغات وبين متحدثيها.
- جذّاب لأنه يعطي أولياء الأمور الأدوات الضرورية لتغيير التعليم اللغوي لأطفالهم، والاستراتيجيات التي يجب عليهم اتباعها لتطوير النظم التعليمية، والحماس اللازم حتى يصبح التعليم ثنائي اللغة قاعدة أساسية في أكبر عدد من المدارس العامة.

إن كتاب فابريس جومون الذي كُتب في الولايات المتحدة الأمريكية وتُرجم لأكثر من عشرِ لغات بإمكانه أن يحدث ثورة في منظومة التعليم الفرنسي؛ لأنه وإن كان المنهج المُتبع في فرنسا مختلف عن نظيره الأمريكي، فإن العائلات في فرنسا أظهرت

إصراراً لإنشاء برامج تعليمية ثنائية اللغة لتعزيز المهارات اللغوية للطلبة في المناطق الإقليمية.

في هذا الكتاب ستجد جميع العائلات التي ترغب في تعليم ثنائيِّ اللغة ذو جودة عالية لأبنائهم نموذجاً ومنهجاً مليئاً بالحماس والإصرار حتى يخطوا على خطى الأهالي في نيويورك الذين نجحوا في إرساء قواعد التعليم ثنائي اللغة في المدارس العامة.

د. كريستين هلوت:

أستاذة جامعية فخرية، جامعة ستراسبورغ، فرنسا، مؤلفة كتاب *التعليم ثنائي اللغة في فرنسا: السياسات والنماذج والممارسات اللغوية* (2016)، بالاشتراك مع جورجن إرفورت، لامبارت لوكاس.

(L'éducation bilingue en France: Politiques linguistiques, modèles et pratiques)

"وإذا استعادت اللغة الفرنسية في الولايات المتحدة رونقها؟ راهن المروج الدؤوب للتعليم ثنائي اللغة في متناول الجميع (فابريس جومون)، أنه من الممكن فعل ذلك حتى في أكثر أحياء نيويورك شعبية.

إن سر نجاح فابريس هو إشراك المواطنين وتشجيع الآباء والأمهات المتحدثين باللغة الفرنسية ومحبي فرنسا.

يُعد هذا الكتاب إلهاماً حقيقياً بالنسبة لأولئك الذين يدعون لتدريس اللغة الفرنسية وتأثير الفرنكوفونية في الأمريكتين".

ميشال روبيتاي:

المندوب العام لمنطقة الكيبك في نيويورك وباريس، والممثل الشخصي لرئيس وزراء كيبيك للفرنكوفونية.

أستاذ فرنسي سابق ومستشار تعليمي في لويزيانا.

"بصفتي رئيساً لشركة متعددة الجنسيات، أعلم مباشرة أن إجادة اللغات أمر ضروري للتواصل وفهم المديرين والعملاء والمستهلكين في جميع أنحاء العالم. ولتحقيق ذلك، فإن معرفة اللغات أمر ضروري. يظهر كتاب فابريس چومون مدى أهمية التعليم المتعدد اللغات لشبابنا ويصور اتجاهاً واعداً جداً في الولايات المتحدة. أنصح كل شخص مهتم بمستقبل التعليم بقراءة هذا الكتاب".

برونو بيش:

رئيس مجلس الإدارة والرئيس التنفيذي لشركة سوسيتيه BIC.

"يحكي هذا الكتاب الجذّاب عن تاريخ التعليم ثنائي اللغة في الولايات المتحدة الأمريكية، ودور القوى الاجتماعية التي ساهمت في تشكيله من منظور شخصي وعلمي في الوقت ذاته.

الكتاب هو دليل من أجل تخطيط وتأسيس برنامج اللغة الخاص بكم، وبالتالي خلق الثورة الخاصة بك.. أنصح بهذا الكتاب للأهالي والمعلمين وكل المؤمنين بأهمية تعلم اللغات منذ الصغر".

د. ألين بيالستوك:

عضو في الجمعية الملكية الكندية، وأستاذة فخرية في جامعة يورك. حائزة على كرسي أبحاث (والتر غوردون يورك) في التنمية المعرفية.

"تعدد اللغات لم يعد ترفاً محتكراً للأشخاص المتميزين الذين يمكنهم الالتحاق بالمدارس ثنائية اللغة، فهو مهارة لا غنى عنها في القرن الحادي والعشرين يحتاجها الأطفال للنجاح في حياتهم وعملهم.. وفي العديد من النواحي، يقدم كتاب فابريس چومون *الثورة ثنائية اللغة* للجميع نفس الفرص من خلال تبادل أمثلة لنماذج ثنائية اللغة، وأفضل سُبل ممارستها، مع إزالة الغموض عن تعلم اللغة حتى يتمكن الأهالي والمربون من الحصول على خارطة طريق لبدء "ثورتهم" الخاصة بهم. يجب على جميع

الآباء والأمهات الذين يريدون أن يكون طفلهم على استعداد لمواجهة العالم قراءة كتاب الثورة ثنائية اللغة".

أنجيلا جاكسون:

مؤسسة Global Language Project (مشروع اللغة العالمية).

"يعتبر كتاب فابريس جومون في طليعة الثورة الثنائية اللغة الوليدة التي تخترق الأنظمة المدرسية للولايات المتحدة ويتساءل كيف يمكن تحسينه وتشجيعه. يصف فابريس جومون الحماس المتنامي في بلاد كثيرة للتعليم متعدد اللغات ويوفر خارطة طريق للمجتمعات للانضمام إلى هذه الحركة."

أ. د. كونور ويليامز:

مدير الأبحاث بمجموعة سياسة التعليم في أمريكا الجديدة.
مؤسس مجموعة العمل الوطني لمتعلمي اللغة المزدوجة
(Dual Language Learners National Work).

"الثورة ثنائية اللغة لفابريس جومون هو تحفة ثورية، وكتاب مهم وعملي، ليس فقط لأولياء الأمور والمعلمين؛ ولكن أيضا للمديرين أصحاب الشركات ذوي الموهبة والطموح الدولي. إن التعليم ثنائي اللغة يُعد القادة متعددي اللغات والثقافات الذين تحتاجهم الشركات لإحداث تطوير فعال في عالم اقتصادي يتجه بشكل ملحوظ للعولمة. بالإضافة إلى ذلك، فإنه يساعد على الحد من أوجه عدم المساواة في مجتمعات المغتربين من خلال توفير تعليم عالي الجودة للجميع.

وأخيراً، يقدم التعليم المتعدد اللغات منذ سن مبكرة تدريباً للاستماع إلى الآخر وتقبل أي اختلافات، وهذه مهارة أساسية لشباب الغد. إذاً اقتناء هذا الكتاب هو ضرورة لأولياء الأمور والمعلمين والقادة الذين يريدون العمل لصالح هذه الثورة اللغوية والثقافية الرائعة بقيادة بارعة من قبل فابريس جومون، والتي لا جدال أنها الحل الأكثر فعالية لمواجهة العديد من تحديات العولمة."

ناتالي ريساشر:

الرئيس التنفيذي للعمليات في Natixis CIB Americas، وعضو المجلس الاستشاري لغرفة التجارة الأمريكية الفرنسية، ومستشارة التجارة الخارجية لفرنسا في الولايات المتحدة.

هي أيضاً أم لثلاثة أطفال مزدوجي اللغة والثقافة.

"نسج فابريس چومون القصص الشخصية والسياسية والمجتمعية للحركة ثنائية اللغة المتزايدة في كتاب مُقنع وحيوي يربط بين القصص الشخصية وممارسة التعليم ثنائي اللغة. هذه التحفة الكتابية لا غنى عنها للآباء والأمهات والقادة التربويين في الولايات المتحدة وحول العالم".

د. ويليام ب. ريفرز:

المدير التنفيذي للجنة الوطنية المشتركة للغات - المجلس الوطني للغة والدراسات الدولية.

"يجبرنا العالم العصري على الشعور بالتناغم معه، وعلى التفكير عالمياً والعمل محلياً. واليوم، فإن التعليم ثنائي اللغة هو بلا شك الحل الأكثر تفرداً وفعالية للتحدي المتمثل في الانفتاح على اللغة الفرنسية والعالم الناطق بالفرنسية؛ عن طريق الشراكة مع لغات وطنية رئيسية أخرى. إن ازدواجية اللغة لا تعني تعلم لغتين عالميتين في وقت واحد فقط، بل هي أيضاً تعليم احترام وعبقرية كل من لغتي التعليم.

لقد أكد العديد من الأطباء في مجال الطب النفسي والعصبي أن هذا التعرض الثنائي هو مهارة مهمة لتنمية العقل، وأنه كلما تمت ممارسة ثنائية اللغة، كان ذلك أفضل للطفل.

إن تحقيقات الكتاب وتحليلها للدكتور فابريس چومون، المتخصص في هذا النوع من التعليم المعترف به في العديد من البلدان، يتماشى مع تسارع العولمة التعليمية، سواء في المدارس العامة أو الخاصة. من ناحيتها، فإن فرنسا في طليعة الدول التي تعمل

على تطوير التعليم ثنائي اللغة وتعزيزه في التربية الفرنسية، والتي هي بالفعل جذابة في الخارج."

لويس دوفرنويس:

عضو مجلس الشيوخ الفرنسي المنشأ خارج فرنسا، نائب رئيس لجنة الثقافة والتعليم والاتصالات في مجلس الشيوخ في الجمهورية الفرنسية.

"في عصرنا المترابط والمتقارب والهش بشكل متزايد، تسعى المدارس في جميع أنحاء العالم لإعطاء الشباب المهارات والقدرات والوعي حتى يصبحوا مواطنين مستقلين ومنتجين ومشاركين بشكل فعال في مجتمعاتهم؛ فالتعليم وتعلم اللغات وما يسمى بـ "ميزة ثنائية اللغة" عادت للظهور في المدارس الكبيرة والصغيرة في جميع أنحاء الولايات المتحدة. ويبدو أن الأهالي والمعلمين يبحثون عن نموذجٍ للتعليم والتعلم بلغتين.

لا داعي للمزيد من البحث: كتاب الثورة ثنائية اللغة هو لكم، إنه يمثل نجاحاً نادراً في هذا المجال. فلقد تمكَّن من الجمع بين رؤية مثمرة للتعليم، ومعالجة مسائل الهوية والعولمة، مع تطبيق عملي مدعوم بأدلة مقنعة. يجب على كل والد، وكل معلم، وكل مدير يريد إنشاء ودعم سبل تعليم ثنائي اللغة أفضل في القرن الواحد والعشرين أن يقرأ هذا الكتاب."

د. مارسيلو م. سواريز – أوروزكو:

عميد وأستاذ فخري في كلية التدريس بجامعة كاليفورنيا.

مؤلف كتاب *((الهجرة العالمية والتنوع والتربية المدنية: تحسين السياسات والممارسات)).*

(Global Migration, Diversity, and Civic Education: Improving Policy and Practice)

اقرأ أيضاً لنفس المؤلف (فابريس چومون)

Unequal Partners: American Foundations and Higher Education Development in Africa. New York, NY: Palgrave-MacMillan, 2016.

(كتاب الشركاء غير المتكافئين: المؤسسات الأمريكية وتنمية التعليم العالي في أفريقيا باللغة الإنجليزية)

La Révolution bilingue: le futur de l'éducation s'écrit en deux langues. New York, NY: TBR Books, 2017

(كتاب الثورة ثنائية اللغة: مستقبل التعليم يكتب بلغتين. باللغة الفرنسية)

The Bilingual Revolution: The Future of Education is in Two Languages. New York, NY: TBR Books, 2017

(كتاب الثورة ثنائية اللغة: مستقبل التعليم يكتب بلغتين. باللغة الإنجليزية)

Partenaires inégaux. Les fondations américaines et leur influence sur le développement des universités en Afrique. Paris: Éditions de la Maison des sciences de l'homme, collection "Le (bien) commun", 2018.

(كتاب الشركاء غير المتكافئين: المؤسسات الأمريكية وتنمية التعليم العالي في أفريقيا. باللغة الفرنسية)

مقدمة المترجم

في وسط عالم يتصف بالعولمة والانفتاح، يصبح الناس في حاجة إلى أدوات تساعدهم على التواصل والتفاهم، وأهم هذه الأدوات هي اللغات؛ لأن اللغات تربط العالم وتعزز التواصل بين سكانه، لذلك ينبغي أن نولي اهتماماً كبيراً لتعلم اللغات، وتربية أولادنا على الانفتاح على الثقافات الأخرى دون إهمال ثقافة بلدهم أو لغتهم الأم. عندما نزرع في الأطفال الاعتزاز بلغتهم الأصلية وتقدير ثقافة بلدهم، فإننا ننشئ جيلاً ذو جذور صلبة تتيح له التواصل مع العالم دون التعرض لخطر فقدان الهوية. جيل لديه ما يقدمه للثقافات الأخرى، وعلى استعداد إلى الاستماع إلى الآخر والتفاهم معه واحترام اختلافه.

لذلك، فإن كتاب فابريس چومون (*(الثورة ثنائية اللغة: مستقبل التعليم يكتب بلغتين)*) هو من أهم الكتب التي يجب على الآباء والمعلمين اقتناؤها إن أرادوا أن يكون لأطفالهم وتلاميذهم دور فعال في مستقبل العالم الذي نعيش فيه. يشجع فابريس چومون أولياء الأمور على تعليم أولادهم لغة ثانية بجانب لغتهم الأم من خلال التعاون مع مدارسهم من أجل إنشاء برامج وفصول ثنائية اللغة تساعد الطفل على الحفاظ على لغته الأم واكتساب لغة جديدة. يضم الكتاب عدداً من النماذج وقصص الكفاح التي توضح ما فعله عدد كبير من الأهالي من جاليات مختلفة في مدينة نيويورك الأمريكية من أجل إنشاء برامج وفصول ثنائية اللغة في مدارس أبنائهم. إن كفاح هؤلاء الأهالي هو نموذج يمكن الاستفادة منه وتطبيقه في بلاد أخرى.

بالإضافة إلى قصص الكفاح التي يضمها الكتاب، يوفر فابريس أيضاً للقراء خارطة طريق تفصيلية تبين الخطوات التي يجب على أولياء الأمور اتباعها إن أرادوا إنشاء برامج ثنائية اللغة في مدارس أولادهم. كما يسلط الكتاب الضوء على فوائد التعليم بلغتين التي لا تقتصر فقط على الانفتاح على العالم؛ وإنما تشمل أيضاً توسيع مدارك الطفل وتنمية عقله وزيادة فرصه في الحصول على فرصة عمل في مجالات مختلفة عند دخوله سوق العمل.

لقد شرفت بالعمل مع فابريس چومون وبترجمة هذا الكتاب إلى اللغة العربية، والعمل على توصيل مضمونه إلى القارئ العربي. وأتمنى أن تلهم هذه الترجمة عدداً كبيراً من أولياء الأمور والمعلمين من أجل تعزيز التعليم الثنائي اللغة في الوطن العربي.

مريم عبد القادر مصطفى

تمهيد

جاءت فكرة هذا الكتاب من جهودي لتطوير التعليم الثنائي اللغة في المدارس الحكومية الأمريكية منذ أواخر التسعينات. لقد انتقلت إلى الولايات المتحدة في عام 1997 للعمل في قنصلية فرنسا في مدينة بوسطن كملحق لغوي، ومن خلال هذا المنصب، كنت قادراً على زيارة العديد من المدارس في جميع أنحاء البلاد. كانت زياراتي لمدرستين في ماساتشوستس (Massachusetts)، وتحديداً في مدينتي (ميلتون) و(هوليستون) من أولى الزيارات التي قمت بها للمدارس التي تقدم مناهج وبرامج ذات ثقافات متنوعة للطلبة. لفتت هاتان المدرستان انتباهي كمواطن فرنسي لأنهما تقدمان مناهج باللغة الفرنسية، من مرحلة رياض الأطفال إلى المرحلة الثانوية، وإلى طلاب أمريكيين ليس لديهم بالضرورة صلة خاصة باللغة الفرنسية أو بالبلاد الناطقة بالفرنسية. والأهم من ذلك أن هذه المناهج كانت مجانية في المدارس الحكومية، ومتاحة لكل طالب، وهذا ما ترك لدي انطباعاً قوياً ليس فقط لأني شاهدت أطفالاً يتقنون لغتي الأم، ولكن لأني رأيت أطفالاً يستطيعون إتقان لغتين والتعرف على أكثر من ثقافة.

على مر السنين، قامت هاتان المدرستان بتعليم الآلاف من الأطفال اللغة الفرنسية. لا تزال هذه المدارس، جنباً إلى جنب مع المعلمين وأولياء الأمور الذين يدعمونهم، مصدر إلهام لي حتى اليوم، وأثروا كثيرا في حياتي الشخصية والمهنية. بعد فترة وجيزة من هذه الزيارات، أصبحت مديراً لمدرسة دولية خاصة في بوسطن (Boston)، حيث تمكنت من إنشاء وإدارة برنامج دولي ثنائي اللغة. لقد كان لدى العائلات في هذه المدرسة إيمان وثقة في هذا المنهاج التعليمي، وفي نظام التعليم الذي كان موجهاً نحو إتقان اللغات

من أجل جلب المهارات الحياتية التي فتحت الباب أمام عدد لا يحصى من الفرص لأطفالهم.

مثلي، كانوا مقتنعين بأن ثنائية اللغة يمكن أن تحقق فوائد لا تصدق، وكانوا مصممين على تقديم مهارة اللغات لأطفالهم.

في عام 2001، انتقلت إلى نيويورك (New York) لأُصبح الملحق اللغوي للسفارة الفرنسية في الولايات المتحدة، وهو المنصب الذي ما زلت أشغله إلى اليوم. من ضمن مهام منصبي هي التعاون مع العديد من مدراء المدارس والمعلمين وأولياء الأمور والجمعيات المحلية. وقد أطلقنا معاً مبادرة نتجت عن إنشاء أول مناهج ثنائية اللغة باللغة الفرنسية في المدارس العامة في نيويورك. بالإضافة إلى ذلك، لقد ساهمت في إنشاء برامج ومناهج باللغة اليابانية والألمانية والإيطالية والروسية، وبالفعل أثبتت هذه المناهج نجاحها.

في عام 2014، استحوذت قصتنا على اهتمام العديد من وسائل الإعلام بما في ذلك صحيفة نيويورك تايمز (New York Times)، التي نشرت مقالاً عن ارتفاع عدد المناهج والبرامج ثنائية اللغة في نيويورك، وسلطت الضوء على الآثار الإيجابية لهذه البرامج على المدارس العامة ومجتمعاتهم.

بعد اهتمام الإعلام بمجهوداتنا في مجال تطوير التعليم ثنائي اللغة، فُتحت مناقشة مثيرة للاهتمام على ضرورة تعلم لغة أجنبية اليوم في الولايات المتحدة، وعلى أهمية اكتساب اللغة من سن مبكرة، وأدت هذه المناقشة والأسئلة التي تم طرحها مع أولياء الأمور من مختلف المجتمعات اللغوية إلى كتابة هذا الكتاب.

كأب لابنتين تتمتعان بثنائية اللغة والثقافة، وتدرسان مناهج ثنائية اللغة (فرنسية وإنجليزية) في مدرسة عامة في بروكلين (Brooklyn)، أنا مهتم بعمق بمفهوم التعليم الثنائي اللغة كوسيلة للحفاظ على التراث اللغوي واكتساب لغة ثانية. وأردت توجيه هذا الكتاب مباشرة إلى الأسر بغرض تزويدها بالمعرفة والمشورة والتشجيع عندما تشرع في إنشاء دورات وبرامج ثنائية اللغة في مدارس أولادها.

وعلى هذا النحو، فإن هذا الكتاب يقدم خارطة طريق للآباء والأمهات الذين هم على استعداد للشروع في مثل هذه المبادرة، فضلاً عن الخطوات والأمثلة وشهادات المعلمين وأولياء الأمور الذين اتبعوا نفس الخطوات.

من خلال أبحاثي وتجاربي المهنية والشخصية، اكتشفت أن الأطفال الذين تلقوا تعليماً بلغتين يتمتعون بالعديد من الفوائد بعد اكتساب لغة أخرى، بما في ذلك تقدير الثقافات الأخرى والاختلافات الفردية، وحتى تقدير الذات، وعلاوة على ذلك، أنا مقتنع بأن الفوائد المعرفية والعاطفية والاجتماعية للثنائية اللغوية والتدريب على محو الأمية والتعددية الثقافية ينبغي ألا تقتصر على المدارس الخاصة وأولئك الذين لديهم المقدرة المادية للالتحاق بها. في رأيي، التعليم ثنائي اللغة هو قيمة عالمية لا تقدر بثمن وينبغي تطويرها في كل مكان؛ لأن بإمكانها إحداث تغيير إيجابي في مستقبل الطفل، والأسرة، والمدرسة، والمجتمع وحتى البلد ككل. وبهذه القناعة واليقين أن الآباء والأمهات يمكنهم إحداث فرق، فإنني أشارككم هذا الكتاب على أمل أن نرى المزيد والمزيد من البرامج والمناهج ثنائية اللغة في المدارس في جميع أنحاء العالم.

فابريس جومون - 21 أغسطس 2017 - نيويورك

مقدمة

التعليم ثنائي اللغة: دعوة للالتفات لأهمية دور الأهل والمجتمعات المحلية

بقلم أوفيليا جارسيا

يقدم هذا الكتاب أهم مساهمة لأنه يركز على موضوع غالباً ما يكون غائباً - الدور المهم الذي يقوم به أولياء الأمور من خلفيات عرقية ولغوية مختلفة في تشكيل تعليم مناسب لأطفالهم في الولايات المتحدة. وكثيراً ما تستهدف الكتب المتعلقة بالتعليم ثنائي اللغة المعلمين، ولا يهتم سوى القليل جداً منها بما يمكن للأسر القيام به لضمان قيام المدارس الحكومية الأمريكية بتطوير مسارات تعليمية ثنائية اللغة لأطفالها.

النقطة الأكثر أهمية في كتاب فابريس چومون هي رغبة العائلات الأمريكية في رؤية أطفالهم يتعلمون بلغتين، باللغة الإنجليزية ولكن أيضاً بلغة يشعرون أن هناك ارتباطاً خاصاً بها. وخلافاً للرأي العام، فإن الأسر الأمريكية ذات الأصول العرقية اللغوية المختلفة مستعدة لتطوير برامج تعليمية ثنائية اللغة لأطفالها.

في حين أن الإدارات الحكومية والتعليمية في كل ولاية تنظر دائماً بشكل سلبي إلى استخدام لغات أخرى غير الإنجليزية لتعليم الشباب الأمريكيين، فإن عائلات الطبقة المتوسطة اليوم تسعى إلى ما يدعوه فابريس چومون ثورة.. ثورة تبدأ في الأساس من قبل الأهل الذين يدركون قيمة ثنائية اللغة كجزء من هويتهم الأمريكية، وهذا هو بالضبط ما يجعل كتاب فابريس چومون جيد جداً: أنه يذكرنا أن التعليم ثنائي اللغة هو تقليد أمريكي، على الرغم من أن هذا التقليد قد يكون عالق في التوترات والخلافات والتحديات التي أسلط عليها الضوء فيما يلي.

يجدد كتاب فابريس چومون الأمل في تقليد التعليم ثنائي اللغة ويذكرنا بأن جميع الأمريكيين (من مختلف الهويات العرقية والطبقات الاجتماعية وبلاد المنشأ) لديهم

ممارسات لغوية وثقافية متعددة. في هذا الكتاب، نجد أن الآباء الأمريكيين أصحاب التراث اللغوي باللغات العربية والصينية والإنجليزية والفرنسية واليابانية والإيطالية والألمانية والبولندية والروسية والإسبانية، يدركون أهمية هذه الممارسات لأطفالهم، ووفقاً لهم، فإن التعليم ثنائي اللغة ليس فقط وسيلة لإعادة الاتصال مع الماضي، ولكن وسيلة أيضاً للاعتراف بالحاضر الأمريكي متعدد اللغات، ولرسم مستقبل أكثر شمولاً لجميع الأطفال.

وهنا، أعرض التعليم الأمريكي ثنائي اللغة ومعارضاته، ومن خلال تحليل الطريقة التي يعاد بها تفسير التعليم الثنائي اللغة في النصف الثاني من القرن العشرين، أصف كيف يقترح كتاب فابريس جومون منعطفاً جديداً للتعليم ثنائي اللغة، والعودة إلى أصوله. وبدلاً من البدء بالنظم الحكومية والتركيز على نقص الموارد والوسائل الاقتصادية - يقترح جومون أن نبدأ برغبات المجتمعات العرقية اللغوية (القديمة والجديدة) في تعليم الأطفال في بيئة ثنائية اللغة.

المسارات التي يوضحها فابريس جومون هي البدء بالأطفال، ورغبة العائلات والمجتمعات المحلية لتثقيفهم. إنها ليست مهمة سهلة، الطريق طويل وملتوٍ، ويجبرنا على تغيير الطريقة التي تتبعها المدارس الحكومية الأمريكية؛ وهي الاعتماد الكلي على اللغة الإنجليزية.

الجانب الأهم في كتاب فابريس جومون هو خارطة الطريق التي يعطيها للأسر.. خارطة الطريق التي تسمح للوالدين أن يتخيلا طريقتهم الخاصة، كما يقول الشاعر الإسباني أنتونيو ماتشادو، طريقة السير (Camino al andar).

تقليدٌ أمريكي من التعليم ثنائي اللغة ومعارضته:

طوال القرن الثامن عشر، أقامت المجتمعات الناطقة بالألمانية في ولاية بنسلفانيا (Pennsylvania) وأوهايو (Ohio) مدارس تستخدم فيها اللغة الألمانية كوسيلة تدريس (كروفورد 2004، جارسيا 2009). تطورت هذه المدارس خلال القرن التاسع عشر لتصبح أشبه بالمناهج ثنائية اللغة التي نعرفها اليوم. على سبيل المثال: خلال النصف

الثاني من القرن التاسع عشر، تم تقسيم الأسبوع الدراسي للأطفال في مدينة سينسيناتي (Cincinnati) بين مدرسي الإنجليزية والألمانية.

في عام 1837 قبل عام واحد من افتتاح أول مدرسة عامة للغة الإنجليزية حصراً في سانت لويس (Saint louis)، تم تأسيس مدرسة ألمانية - إنجليزية عامة...

خلال النصف الثاني من القرن التاسع عشر كان ربع الطلاب في المدارس العامة ثنائية اللغة في سانت لويس من أصل غير ألماني، وهذا يذكرنا بما نسميه اليوم "ثنائية الاتجاه في التعليم ثنائي اللغة"، وهو نوع من التعليم ثنائي اللغة حيث يتعلم الطلاب من الأقليات العرقية اللغوية والأغلبية الناطقة باللغة الإنجليزية معاً من أجل تطوير ثنائية اللغة للجميع.. ومع ذلك، بحلول أواخر القرن التاسع عشر، أنهت مدينة سانت لويس سياستها التعليمية ثنائية اللغة، مما حد من تعليم اللغة الألمانية في المدارس العامة.

معارضة التعليم ثنائي اللغة في أمريكا ليست أمراً جديداً.. في البداية، لم يكن لدى أولئك الذين هم من أعراق مختلفة مثل "غير البيض" (الأمريكيون الأصليون ومَن هم مِن أصول أفريقية) أي رأي، بل كان يتم استبعادهم من التعليم، وتم إسكات ممارستهم اللغوية إلى أن اختفت تقريباً. (معاهدة غوادالوبي هيدالغو Guadalupe Hidalgo1848)، التي أنهت الحرب ضد المكسيك، جلبت اللغة الإسبانية إلى الأراضي الأمريكية في ذلك الوقت (والتي تشمل الآن ولاية كاليفورنيا وأريزونا وتكساس و نيفادا ونيو مكسيكو ويوتا وبعض أجزاء من كولورادو وايومينغ).

في عام 1874 وفيما أصبح اليوم مقاطعة نيو مكسيكو، كانت نسبة المدارس التي تستخدم اللغة الإنجليزية في التدريس خمسة بالمئة فقط! وبعد خمسة عشر عاماً، في عام 1889 وصلت هذه النسبة إلى اثنين وأربعين في المئة (كاستلانوس، 1983)، مما أدى إلى توقف نمو اللغة الإسبانية في الولايات المتحدة.

وطوال القرن التاسع عشر، تلقى الأميركيون الذين يصنفون من غير البيض تعليماً رديئاً في مدارس منفصلة وباللغة الإنجليزية حصراً (هذا إن تلقوا تعليماً)، وهذا هو

السبب الرئيسي لاختفاء اللغات غير الإنجليزية في الولايات المتحدة. وسرعان ما امتدت معارضة التعليم الثنائي اللغة والتعليم اللغوي لأولئك الذين أطلق عليهم اسم "الآخرين" ليشمل جميع المجموعات العرقية اللغوية وليس فقط الإسبان أو الأمريكان من أصول أفريقية.

وبعد بيع لويزيانا في 1803 اقترحت المدارس في المنطقة تعليم ثنائي اللغة باللغتين الفرنسية والإنجليزية، ولكن في وقت مبكر من عام 1921 طالب دستور ولاية لويزيانا جميع المدارس بتدريس اللغة الإنجليزية فقط (ديل فال، 2003).

وفي بداية القرن العشرين، بدأت الممارسات اللغوية المختلفة للسويديين والأوكرانيين والفنلنديين والليتوانيين و البولنديين والسلوفاك واليونانيين والروس والإيطاليين واليهود يساء فهمها، خصوصاً في وقت ازدادت فيه الهجرة أكثر فأكثر إلى الولايات المتحدة، وأوضح الرئيس ثيودور روزفلت ببراعة الفكر السائد في هذا الوقت في خطابه عام 1915:

"لن يكون حظاً سيئاً، بل جريمة أن تستمر الخلافات اللغوية في هذا البلد"، داعيا المهاجرين الذين لم يتعلموا الإنجليزية بعد خمس سنوات للعودة إلى بلدهم (نقلاً عن كاستيلانوس، 1983، ص 40).

وعندما أصبحت ألمانيا عدو الولايات المتحدة خلال الحرب العالمية الأولى، تم اعتبار الألمانية على الفور لغة مشبوهة، وتم التخلي عن التعليم الثنائي اللغة، كما أن تعلم ما يسمى باللغات "الأجنبية" كان محدوداً.

وفي عام 1923 عندما فرضت المحكمة العليا قوانيناً تحظر اللغات الأجنبية في ثلاث ولايات، حظرت أربع وثلاثون ولاية بالفعل استخدام لغة أخرى غير اللغة الإنجليزية للتعليم (كروفورد، 2004، جارسيا، 2009).

سيستغرق التعليم العام ثنائي اللغة وقتاً طويلاً للعودة إلى خدمة المجتمعات العرقية اللغوية، وبمجرد رفع الحظر، فسيكون لدى المجتمعات اللغوية المختلفة الوسائل لفتح مدارس جديدة، والمحافظة على ممارساتها الثقافية واللغوية التي تتم

عادة في عطلة نهاية الأسبوع، أو بعد دوام المدرسة. وتمكنت بعض المجتمعات المحلية أيضاً من فتح مدارس خاصة ثنائية اللغة.. ويذكر إبشتاين (1977)، على سبيل المثال، أنه في عام 1940، كان لدى الجالية الفرنسية الأمريكية 249 مدرسة ثنائية اللغة مقسمة بالتساوي: نصف إنجليزية، نصف فرنسية. ومع ذلك، وعلى الرغم من بعض الجهود الناجحة، فإن الأقليات اللغوية التي كانت تعاني من عنصرية لأغراض الهيمنة والاستعمار، مثل الهنود الأمريكيين والأمريكيين المكسيكيين وغيرهم من الأمريكيين اللاتينيين، كانت تفتقر إلى القدرة الاقتصادية، والسلطة السياسية لإنشاء مدارسهم ثنائية اللغة.

إعادة تفسير عادات وتقاليد التعليم ثنائي اللغة في أمريكا:

في الفترة من عام 1954 حتى 1968 والمعروفة في الولايات المتحدة باسم فترة المطالبة بالحقوق المدنية (Civil Rights)، طالب مجتمع أمريكا اللاتينية بإنشاء برامج ومناهج ثنائية اللغة تتيح "الوفاء بوعد المساواة في المواطنة"، بالإضافة إلى تعليم أطفالهم (ديل فال، 1998).

على سبيل المثال، بعض المنظمات السياسية المدافعة عن حقوق المجتمع الأمريكي اللاتيني مثل براون باريت (Brown Berets) ويونج لوردز (Young Lords) رأوا التعليم ثنائي اللغة كوسيلة لاستعادة السيطرة على مجتمع أمريكا اللاتينية وتحسين اقتصادها (فلوريس، 2016، فلوريس وجارسيا، قيد النشر). لكن كان الرد على هذه المطالب مختلفاً جداً عن كل التوقعات.

في عام 1965 في وقت حرب الرئيس ليندون جونسون على الفقر، أصدر الكونغرس قانون التعليم الابتدائي والثانوي (The Elementary and Secondary Education Act- ESEA)، وأعيد اعتماده عام 1968 بعد إضافة بند خاص بقانون التعليم ثنائي اللغة (The Bilingual Education Act). ويضمن هذا القانون الجديد التمويل للمناطق التعليمية والمدارس التي ستنشئ برامج ومناهج ثنائية اللغة لتعليم اللغة الإنجليزية للأطفال الذين لا يتكلمونها، أو الذين يحتاجون إلى فترة انتقالية بعد

مجيئهم إلى الولايات المتحدة، خاصة المكسيكيين - الأميركيين، والمهاجرين من بورتوريكو، بالإضافة إلى الأمريكيين الأصليين وسكان هاواي.

وهكذا عاد التعليم ثنائي اللغة إلى المدارس العامة، لكنه كان مقتصراً على المصنفين من قبل الحكومة كـ "غير مجيدين للغة الإنجليزية".

لم تخدم هذه العودة المجتمعات اللغوية الأخرى التي كانت تبحث عن فرصة لإدخال مناهج ثنائية اللغة في مدارس أولادهم، والذين ظنوا أن قانون التعليم ثنائي اللغة سوف يخدمهم. وأخيراً، أعيد تعريف هذه البرامج والمناهج ثنائية اللغة المدعومة من الحكومة الفيدرالية بأنها "مناهج انتقالية"، استخدمت اللغة غير الإنجليزية فقط لتصحيح أوجه القصور عند استخدامها، أي أنها كانت أداة للعبور إلى إتقان اللغة الإنجليزية فقط.

وبدأت سلسلة من التوترات بين المجتمعات العرقية اللغوية، وخاصة أولئك الذين أصروا على أن لأطفالهم الحق بتلقي تعليمٍ بلغتين، على الرغم من أنهم يتحدثون بالفعل لغتين، وهذه التوترات هي التي مهدت لنصف قرن من الارتباك والهجمات المستمرة.

توقعت الحكومة الفيدرالية أن تَستخدم المناطق التعليمية التمويل في إنشاء وإدخال مناهج انتقالية ثنائية اللغة، غير أن المناطق التعليمية التي تم في الغالب معلمين وطلاب من أمريكا اللاتينية والأمريكيين الأصليين، مع بعض الجماعات العرقية اللغوية الأخرى، استخدمت التمويل لخدمة حتى الأسر ذَوي أطفال يتحدثون لغتين بطلاقة. وكانت الهجمات التي شنها كثيرون على هذه الخطوة شرسة لأنهم رأوا أن بهذه الطريقة يتم تعزيز استخدام اللغة الأم بدلاً من اللغة الإنجليزية.

في العام 1980، لخص الرئيس رونالد ريغان بعد تنصيبه مباشرة ما أصبح الرأي العام للأغلبية القوية، حيث قال: "من الخطأ الفادح والمخالف لمفاهيم أمريكا أن يكون هناك برنامج تعليم ثنائي اللغة مكرس بشكل صريح للحفاظ على اللغة الأم، وعدم

قدرته على منح الطلاب مستوى كافياً من اللغة الإنجليزية حتى يتسنى لهم الدخول والمساهمة في سوق العمل".

فبالتالي، فإن الولايات التي سبق أن دعمت التعليم الثنائي اللغة انتهى بها الأمر للاستسلام للضغوط التي تصر على أهمية اللغة الإنجليزية فقط لمستقبل الطلاب!

وفي مطلع القرن الحادي والعشرين، أعلنت ثلاث ولايات، وهي كاليفورنيا وماساتشوستس وأريزونا، عدم شرعية التعليم الثنائي اللغة، وفي الوقت نفسه كان يتم إغلاق وإنهاء العمل بالبرامج والمناهج ثنائية اللغة في جميع أنحاء الولايات المتحدة، وتم استبدال العديد منها ببرامج حصرية باللغة الإنجليزية، أو بإضافة برامج تقدم اللغة الإنجليزية كلغة ثانية مع المناهج الأساسية، أو ببرامج منظمة ومستقلة للانغماس في اللغة والثقافة الإنجليزية. إن إعادة تعريف الحكومة للتعليم ثنائي اللغة كوسيلة عبور لتعلم اللغة الإنجليزية كانت بداية ضعف التعليم الثنائي اللغة في أمريكا والاستسلام التدريجي لتعليم إنجليزي أحادي اللغة.

إعادة تقديم التعليم ثنائي اللغة عن طريق "ازدواجية اللغة":

وبينما كان التعليم ثنائي اللغة يستسلم، كانت هناك حركة لإنقاذ البعض منه تحت ستار مختلف، وبدأ ظهور اقتراحٍ جديد باسم "تعليم مزدوج اللغة ذو اتجاهين"، في محاولة لإسكات كلمة "ثنائية اللغة" التي أصبحت تعطي انطباعاً سيئاً. يتطلب الاقتراح الجديد أن يكون نصف الطلاب متعلمين للغة الإنجليزية، والنصف الآخر من المتعلمين للغة أخرى غير الإنجليزية. وتزامنت هذه الحركة – تعليم مزدوج اللغة ذو اتجاهين – مع زيادة الاحتياج لثنائية اللغة في عالمٍ منفتح.

ولكن حتى هذا الاقتراح الجديد لم يسلم من الجدل؛ لأنه جذب المزيد والمزيد من الأنجلوفون ذوي البشرة البيضاء، وأهمل المجتمعات اللغوية الذين يرغبون في الحفاظ على لغتهم.

أثار الاقتراح الجدل أيضاً لأنه قسم المجتمع إلى فئتين متساويتين: طبقة مكونة من خمسين بالمئة من الأطفال في "فئة" واحدة، والخمسون في المائة المتبقية في فئةٍ أخرى،

في حين أن المجتمعات في الواقع، وخاصة المجتمعات المنفصلة، لا تتألف من عدد متساوٍ من "فئات التلاميذ". وفي نهاية المطاف طورت بعض المجتمعات المحلية ما يسمى الآن "برامج ثنائية اللغة ذات الاتجاه الواحد"؛ ليتم توجيهها لفئة واحدة وهي: غير الناطقين باللغة الإنجليزية.

عودة التعليم ثنائي اللغة:

أود أن أكرر أن الإسهام الرئيسي لكتاب فابريس چومون هو خصوصية نهجه في التعليم ثنائي اللغة، الذي يعطي السلطة إلى المجتمعات اللغوية ورغبتها في توفير تعليم ثنائي اللغة لأطفالها، ويرجع الفضل في التعليم الثنائي اللغة إلى إرادة المجتمعات المحلية.

لقد كان السعي لتطوير التعليم ثنائي اللغة مقتصراً على تطوير المناهج وتدريب المعلمين، لكن العنصر الأهم في عملية التطوير وهو العائلات والمجتمعات المحلية كان دائماً مفقوداً.

لقد تم تجاهل دور أولياء الأمور والمجتمعات المحلية رغم دورهم الحيوي في تعليم أطفالهم... يرشد هذا الكتاب الأهل ويذكرهم لكي يصبحوا قادة التطوير في مجال تعليم أولادهم، وتحسين البرامج والمناهج الدراسية التي من شأنها تعزيز الممارسات الثقافية واللغوية لأطفالهم ومساعدتهم على معرفة واحترام المجتمعات والثقافات الأخرى.

يحكي الكتاب قصص العائلات والأُسر الذين حشدوا مجتمعهم وناضلوا من أجل تطوير التعليم الأمريكي. لم تعتمد هذه العائلات على شراكات مع منظمات قوية فحسب، بل أيضاً سعوا للتقريب بين المجتمعات اللغوية والعرقية المختلفة للوصول لهذا الهدف.

ويؤكد هذا الكتاب أن القوة الأكبر تكمن في أيدي الآباء والأمهات المهتمين بدعم وتقديم التعليم ثنائي اللغة لأطفالهم... لا يتحدث هذا الكتاب عن المشاركة التقليدية لأولياء الأمور، التي عادةً ما تذكر في الكتب المختصة بالتعليم، لكنه يتحدث عن الدور القيادي للوالدين في تعليم أولادهم، والصفات التي يجب أن يتحلوا بها لإحداث تطوير

حقيقي في المشهد التعليمي. لقد اختلفت موازين القوى في مجال تطوير التعليم، وأصبحت العائلات والمجتمعات المحلية قادة مسيرة التغيير.

ومن المثير للاهتمام أن الكاتب فابريس جومون، استخدم مدينة نيويورك كمثال لثورة الأهالي لتطوير تعليم أولادهم. جدير بالذكر أن مدينة نيويورك تعد مركزاً لتعدد اللغات والثقافات في الولايات المتحدة، ومن المثير للاهتمام أيضاً أن نرى تجربة متخصص أمريكي من أصل فرنسي في تعريف وتحريك الثورة ثنائية اللغة، وإدخالها في مجال التعليم. لقد لعب فابريس جومون دوراً لا مثيل له في تشجيع الأهالي ومساعدتهم على فهم فوائد التعليم ثنائي اللغة؛ لأنه كان الوحيد الذي يدرك قدرتهم الهائلة على تطوير نظام التعليم.

يعتمد نجاح التعليم ثنائي اللغة في أمريكا على إرادة الأهل، لكن الإرادة وحدها ليست كافية، لذلك يقدم فابريس جومون خارطة طريق لتحويل هذه الإرادة إلى خطوات ناجحة لإنشاء ودعم برامج ومناهج ثنائية اللغة.

كما يوضح هذا الكتاب أن الخطوات التي يتخذها الأهل لإحداث ثورة في مجال التعليم تختلف من مجتمع لآخر. وخلافاً للمناهج الدراسية التي تصدرها سلطات المدارس المحلية بنفس الشكل والمضمون، فإن هذا الكتاب يسمح للمجتمعات اللغوية المختلفة تطوير المناهج وفقاً لاحتياجاتها الخاصة. بالطبع سوف يتعين على المجتمعات المحلية أن تخضع للوائح وقوانين المناطق التعليمية التابعة لها، لكن هذا أيضاً يختلف من مجتمع لآخر.

في الواقع، من أهم الأشياء التي يجب أن نتذكرها من كتاب فابريس جومون؛ هو أنه على الرغم من التنوع والاختلاف العرقي اللغوي الكبير الموجود حالياً، فإنه من الممكن تطوير وإدامة برامج تعليم بلغتين لجميع المجتمعات... إن جهود المجتمعات العربية والصينية والأمريكية والفرنسية واليابانية والإيطالية والألمانية والبولندية والروسية والإسبانية المبينة في هذا الكتاب مختلفةٌ عن بعضها البعض.. إن أفعالهم لا تخدم فقط مصالحهم الخاصة، ولكن أيضاً مصالح الآخرين.

يسلط فابريس چومون الضوء على نجاح أولياء الأمور بالرغم من الأخطاء والصعوبات التي واجهوها، وكيف تغلبوا على الضغوط السياسية والاجتماعية التي عانوا منها.

إن كتاب فابريس چومون يجعلنا شركاء في عودة التعليم ثنائي اللغة عن طريق إعطاء الأُسر والمجتمعات مفاتيح لهذا النوع من التعليم، وتذكيرهم بأن مسيرة التغيير بدأت منذ القرن الثامن عشر والقرن العشرين. تجربتنا تخبرنا أنه ليس من السهل إنشاء نظام تعليم ثنائي اللغة، لكن من الضروري أن نعاود السعي لاستعادة هذا النظام الذي كان دائماً جُزءاً لا يتجزأ من الروح الأمريكية.

هذا الكتاب هو في المقام الأول تكريم لسعي وعمل العائلات والمجتمعات المحلية التي جعلت التعليم بلغتين ممكناً، على الرغم من الصراعات والمعارضة. وهو أيضاً دعوة للالتفات للدور الهام للأهل وخاصة للمرأة في هذه الثورة - الأمهات والمعلمات - لكي نطمئن بأن مستقبل أطفالنا الأمريكيين بلغتين في أيادٍ أمينة، في أيادٍ ترفض التخلي عن دَورِها الداعم.

مقدمة

نداء إلى العمل

تخيل معي أيها القارئ العزيز كيف سيبدو العالم إن كان كل طفل بإمكانه أن يكبر متحدثاً بلغتين؟ إن كانت هذه الفكرة تراودك، فاعلم أن هناك طريقةً لتحقيقها على أرض الواقع. بفضل مثابرة الأهالي والمعلمين في جميع أنحاء العالم، هناك توجه متجدد لإدخال برامج ومناهج ثنائية اللغة لتطوير الأنظمة التعليمية في المدارس والمجتمعات المحلية والمدن. على مدار العقدين الماضيين، تحول نهج التعليم في الولايات المتحدة تدريجياً من إتقان الطلاب للغة واحدة إلى ثنائية اللغة، وإثراء اللغة مع المحافظة على التراث اللغوي والثقافي. ويشجع هذا النهج الجديد المجتمعات اللغوية على خلق مناهج ثنائية اللغة تسعى إلى تحقيق هذه الأهداف الجديدة. إن هذه المناهج تجذب آلاف الأسر التي تتبنى أفكار تعدد اللغات، وتثير اهتمام العديد من الأهالي الذين طالما تمنوا لأنفسهم الحصول على هذه المناهج في مدارسهم. ورغم أن بدايات التعليم الثنائي اللغة في الولايات المتحدة تعود إلى القرن الثامن عشر، فإن ظاهرة جديدة تبرز اليوم بثلاثة أهداف: **الهدف الأول** هو تبني الثقافات الخاصة بالأسر والمجتمعات اللغوية، وتعزيز تراثها الثقافي كعنصر مهم في اللوحة الكبيرة التي هي المجتمع الأمريكي الحالي. **والهدف الثاني** هو مساعدة الناس على العودة إلى المدارس العامة وتشجيع الحوار البناء بين الأسر والمختصين في مجال التعليم.

وأخيراً، يتمثل **الهدف الثالث** في تعزيز بيئة اجتماعية واقتصادية وثقافية تحترم الجميع وتساعد على سد الفجوات التي تُفرقنا اليوم.

ويختلف معنى وأهمية التعليم ثنائي اللغة بناءً على منظور الأفراد الذين يستفيدون منه؛ فالبعض يرغب في الوصول إلى اللغة الإنجليزية وفرص المساواة التي تجلبها هذه اللغة، ويريد آخرون الحفاظ على تراثهم الثقافي واستخدام التعليم ثنائي اللغة كأداةٍ لتحقيق ذلك.

البعض الآخر مهتم بفوائد ثنائية اللغة في النمو الفكري والمعرفي، ولا يزال البعض الآخر يجذبه اكتساب لغة ثانية أو ثالثة أو حتى رابعة من أجل الفرص المهنية والفوائد التي يمكن أن يحققها ذلك. في النهاية، كل هذه المنظورات لها هدف مشترك، وهو خلق مجتمع متعدد اللغات يوفر إمكانيات أفضل للوصول والتعرف على لغات وثقافات أخرى.

ويتمثل أحد الأهداف الرئيسية لهذا الكتاب في تقديم هذه المنظورات المتنوعة والجمع بينها للمساعدة في إنشاء مناهج جديدة ثنائية اللغة لتوفير فرصاً أفضل لكل طفل. من الآن فصاعداً، لم تعد ثنائية اللغة منحة في متناول مجموعة واحدة من الأشخاص المتميزين فقط.. لم تعد ثنائية اللغة محرمة على المهاجرين الذين يريدون أن يندمج أطفالهم بسلاسة في بيئتهم الجديدة.. إن ثنائية اللغة هي المعيار الجديد الذي يجب أن ينطبق على مواطنينا الأصغر سناً.

من خلال تقديم فوائد ثنائية اللغة إلى مزيد من الأطفال، يمكننا أن نساهم بشكل إيجابي في تنمية مجتمعاتنا عن طريق تشجيع المجتمعات المحلية على الاستثمار في تراثها اللغوي، ودفع المدارس إلى تبني التعليم ثنائي اللغة وتربية أجيال جديدة، وإعدادهم حتى يكونوا من ضمن المواطنين متعددي اللغات في العالم. يعزز هذه الرؤية الاعتقاد بأن جودة التعليم بلغتين يجب أن تكون في متناول الجميع من رياض الأطفال إلى الجامعة؛ حتى تزيد فرص نجاح أطفالنا، وتنشيط مدارسنا وازدهار مجتمعاتنا. ولتحقيق هذه الرؤية وإحداث ثورة ثنائية اللغة يجب وضع الأهل في صميم هذا التغيير؛ لأن لديهم القدرة على تحويل واقع التعليم من حولهم.

يعتز الآباء والأمهات الذين طوروا مناهج ثنائية اللغة حديثاً، وبعضهم يشارك قصصهم في هذا الكتاب، بفوائد ثنائية اللغة، ومحو الأمية اللغوية واحترام التعددية الثقافية. وهم يريدون من المدارس أن تنمي المهارات متعددة اللغات، وتسهل اكتساب لغة جديدة في أقرب وقت ممكن، ويتمنون أن يتم ذلك من خلال مناهج و برامج الدمج المجتمعي.

تدفع بعض أولياء الأمور الرغبة في الحفاظ على تراثهم اللغوي للطلب من المدرسة أن تعلق أهمية على التراث الثقافي لأطفالهم. وفي سياق تقوم فيه السلطات المدرسية بإعادة تأسيس التعليم بلغتين لخدمة المزيد من الأطفال وتحقيق أهداف جديدة، يهدف هذا الكتاب إلى تمكين الآباء من تغيير الأمور من خلال اتخاذ المبادرة، وإنشاء مناهج جديدة ثنائية اللغة. وهذا من شأنه أن يعود بفائدة كبيرة على أي مجتمع يرغب مواطنوه في فتح عقولهم للعالم من خلال إتقان اللغات واكتشاف ثقافات جديدة.

كتاب ((*الثورة ثنائية اللغة*)) يحكي قصة نهج الصعود من القاعدة إلى القمة بفضل جهود الآباء والأمهات التي حولت بشكل إيجابي المدارس والمجتمعات بطرق لم يسبق لها مثيل.

من أين نبدأ؟

للوصول للتغيير المنشود، يتعين على الآباء والأمهات أن يكونوا على استعداد جيد، وأن يعملوا على تعميق معرفتهم بالجوانب الكثيرة لثنائية اللغة، والتعليم الثنائي اللغة، كما يجب مشاركة أفراد المجتمع المحلي وتنظيم المتطوعين، وسوف يتعين عليهم أيضاً تصميم الشراكات اللازمة والحصول على تعاون كامل من رؤساء المدارس، والتزام المعلمين، والمشاركة المستمرة من الأهالي الآخرين لإنشاء برامج وخلق مناهج ناجحة.

من خلال هذا النهج المستنير، سوف تكون المدارس التي تستضيف هذه القطاعات قادرة على الاستفادة من تنوع السكان التي تخدمها، ويتطلب هذا النهج أيضا تنوعاً في أعضاء هيئة التدريس، فضلاً عن القدرة على دمج الاختلافات اللغوية والثقافية في أساليب تعليمهم.

يمكن لهذا النموذج أن يكون له تأثير كبير على مجتمعاتنا وأطفالنا، من خلال التقدم المعرفي الذي يولد وفوائده على العقل، وسوف تناقش الفصول التالية بمزيد من التفصيل هذه الاكتشافات والمفاهيم الهامة، وتحدد الخطوات الواجب اتباعها حتى يتم وضع المزيد من المناهج ثنائية اللغة.

إن هذا الكتاب بمثابة دليل عملي وسهل لمرافقة الآباء والمعلمين في مشروعهم، ويروي في البداية قصة حركة بدأت في بروكلين، من خلال عيون الآباء والمربين الذين أسسوا دورات ثنائية اللغة في مدارسهم. هؤلاء الآباء مقتنعون، مثلي تماماً، بأن التعليم الثنائي اللغة هو منفعة عالمية ينبغي تقديمها في كل مكان، لأنه يمكن أن يحول حياة الطفل أو المدرسة أو البلد بشكل إيجابي.

تقدم خارطة الطريق للقارئ المعلومات والأدوات اللازمة لإنشاء نظام ثنائي اللغة يتسم بالكفاءة. تم تصميم خارطة الطريق هذه من قبل الآباء والمربين حتى يتمكن الآخرين من الاستفادة من تجربتهم وتطوير مبادراتهم في التعليم ثنائي اللغة في جميع أنحاء العالم. وبهذه الروح والحماس، يسعى الكتاب إلى الحصول على طاقة ورؤية الآباء والمربين في نيويورك الذين أدركوا أهمية التعليم ثنائي اللغة في عالم يزداد عولمة. إن الروح التعاونية لهؤلاء الأهالي هي اليوم محرك الثورة ثنائية اللغة، مما يسمح لإنشاء دورات وإدخال مناهج جديدة في العديد من المجتمعات في الولايات المتحدة والعالم. في حين أن نيويورك تمثل النموذج المثالي في هذا الكتاب لتطبيق خارطة الطريق، إلا أني ما زلت مقتنعاً بأن هذه الخريطة يمكن تطبيقها خارج المدن الحضرية الكبيرة ويمكن أن تزدهر في أي مكان.

قصة نجاح ملهمة:

يتحدث نصف سكان مدينة نيويورك لغة أخرى غير الإنجليزية في المنزل، ولذلك فإنها تعتبر صورة مصغرة عن العالم، وتعد نموذجاً مثالياً لهذا الكتاب. نيويورك هي بيئة مثالية لثورة ثنائية اللغة؛ إذ أن المدينة تخدم أكثر من مئة ألف طفل من خلال مائتي برنامج ثنائي اللغة، وتستوعب مجموعة من الطلاب ذوي المهارات اللغوية

المختلفة على نطاق ضخم، وبالتالي فإن التعليم ثنائي اللغة، في وقت نشر هذا الكتاب، مطروح بالفعل في عدة لغات (الإسبانية والصينية والفرنسية والعربية والألمانية والكريولية والإيطالية واليابانية والروسية والبنغالية والبولندية والأردية والكورية والعبرية)، وسيتم عرض تاريخ إنشاء هذه البرامج في هذا الكتاب.

ومن الجدير بالذكر أن مستشارة التعليم السابقة بمدينة نيويورك كارمن فارينا (Carmen Farina) كانت مدافعة قوية عن التعليم ثنائي اللغة، وكانت تشجع التوسع في إنشاء برامج وإدخال مناهج ثنائية اللغة في المدينة خلال فترة ولايتها.

[1]وحالياً، يبدو أن خليفتها، مستشار التعليم الحالي لولاية نيويورك، ريتشارد كارنزا (Richard Carranza) عازم على إكمال نفس المسيرة.

وتسعى مدينة نيويورك، من خلال تقديم برامج ثنائية اللغة في المدارس العامة، إلى توفير تعليم ذي جودة بلغتين للأطفال ذوي الخلفيات الاجتماعية والاقتصادية والعرقية المتنوعة. وتوجد مناهج ثنائية اللغة لأكثر من عشرين عاماً وبدأت تأخذ تدريجياً محل النماذج التقليدية للتعليم ثنائي اللغة، التي كان هدفها الرئيسي هو تعليم اللغة الإنجليزية للمهاجرين. لقد تم تقديم البرامج الثنائية اللغة في السابق في شكل انتقالي، وكانت مصممة لمساعدة الطلاب غير الناطقين باللغة الإنجليزية حتى تمكنهم من إتقان اللغة الإنجليزية في نفس الوقت الذي يواصلون فيه تعلم وتلقي المحتوى المناسب لعمرهم ومستواهم التعليمي بلغتهم الأم. كان الغرض من هذا النهج هو تسهيل انتقال الطالب إلى اللغة الإنجليزية وبرنامج تعليم أشمل، ولكن في الواقع لم يساهم هذا النهج في تطوير أو المحافظة على اللغة الأم للطلاب، وانتهى المطاف بالكثير منهم بخسارة لغتهم الأم واستخدام اللغة الإنجليزية فحسب. بموجب القانون، تلزم العديد من الولايات في الولايات المتحدة أن يتم تنفيذ برنامج ثنائي اللغة إذا كان ملتحقاً بالمدرسة عشرون طالباً أو أكثر من ذوي الكفاءة المحدودة في اللغة الإنجليزية في نفس

1إليزابيث أ. هاريس، إدارة التعليم في مدينة نيويورك تسعى لإضافة أو توسيع أربعين برنامجاً ثنائي اللغة. نيويورك تايمز، 14 يناير2015.

الصف، نفس المبنى، ونفس اللغة الأم.[2] في مدينة نيويورك، عندما يتحدث خمسة عشر طالباً نفس اللغة في نفس الصف أو متقاربين في الصف التعليمي، يجب إنشاء دورة ثنائية اللغة في المدرسة.

ما بعد مدينة نيويورك

لقد تم تطوير برامج مماثلة في مئات المدن في الولايات المتحدة وحول العالم. الثورة ثنائية اللغة هي تاريخ النجاحات والنكسات من خلال عيون الأهالي والمربين، ومن خلال تنوعها، يوضح هذا التاريخ وهذه النماذج استراتيجية واقعية ومستدامة تسعى إلى الحفاظ على تراثنا اللغوي، وتثقيف جيل جديد من مواطني العالم الثنائي اللغة والثقافة.

إن البالغين والأطفال هم جزء لا يتجزأ من هذه الحركة للحفاظ على الروابط اللغوية والثقافية والتاريخية لمجتمعهم العرقي واللغوي، وقد اجتاحت موجة البرامج والمناهج ثنائية اللغة المدارس في المدن الكبيرة والصغيرة، وانتشرت ببطء في جميع أنحاء البلاد.

في عام 2013، أعلنت تسع وثلاثون ولاية بالإضافة إلى مقاطعة كولومبيا عن إنشاء برنامج أو دورة ثنائية اللغة واحدة على الأقل[3]، ومن المتوقع أن يزداد هذا الرقم بشكل ملحوظ في السنوات المقبلة، نظراً لزيادة الوعي بفوائد التعليم ثنائي اللغة في تربية الأطفال.. لماذا؟ لأن أطفالنا هم جزء من عالم منفتح حيث اللغات تجعل من الممكن فهم الآخرين بدون حواجز، وفهم الذات.

يجب أن يكون أطفالنا قادرين على الارتباط مع العائلة والأصدقاء، ولكن أيضاً مع ثقافتهم وتاريخهم وتاريخ الآخرين. هذه الطريقة للتعلم لديها القدرة على توليد المزيد من الاحترام والتسامح تجاه الآخرين... هكذا نضع الأساس لعالم أكثر سلماً.

---

[2] لمزيد من المعلومات حول الولايات وسياسات التعليم ثنائي اللغة من قبل الدولة، قم بزيارة الموقع الإلكتروني الخاص (New America) أمريكا الجديدة.
[3] وزارة التعليم الأمريكية، برامج تعليم اللغة المزدوجة: سياسات وممارسات الدولة الحالية.

يجب أن نقبل ونشجع ثنائية اللغة التي تتطور في المنزل ولكن تطورها لا يمكن أن يدوم إلا إذا سمحت المدارس العامة لنا الفرصة للحفاظ على لغتنا. لقد أثبتت عدة دراسات أن أولاد المهاجرين، الذين يكبرون في بيئة حيث تحظى لغتهم الأم بالاحترام والتقدير يصبح لديهم قدرة أكبر على تعلم اللغة المهيمنة في البلد بشكل أسرع. واليوم، يستفيد عدد متزايد من الطلاب من البرامج الثنائية اللغة الموجودة بشكل دائم في المدارس العامة ويتخرجون ثنائيي اللغة والثقافة. وقد انضم عدد متزايد من المجتمعات اللغوية الآن إلى ثورة ثنائية اللغة، كما تؤكد الأمثلة الواردة في الكتاب.

بعض كلمات التحذير:

قبل الانتقال إلى الفكرة الأساسية وراء هذا الكتاب، من المهم الاعتراف بأن هذا الكتاب لا يدعي تغطية جميع القضايا الكثيرة التي تحيط، بل وأحياناً قد تعوق التعليم ثنائي اللغة في سياق التعليم العام في الولايات المتحدة. لقد كانت قضايا العرق والفقر والفصل بين الطبقات وما زالت تؤثر تأثيراً كبيراً على تطوير برامج التعليم الثنائي اللغة، وعلى التعليم العام في هذا البلد.

وفي حين أن الباحثين مقتنعون بشكل متزايد بفوائد ثنائية اللغة والتعددية الثقافية (ولا سيما آثار ثنائية اللغة على التطور المعرفي والتحليل النقدي والانفتاح على الآخرين والثقافات)، فإن الثورة ثنائية اللغة تسعى إلى إلهام وإشراك جميع الآباء والأمهات. فإنهم يصبحون أكثر من مجرد مدافعين عن التعليم ثنائي اللغة، إنهم يصبحون "الثوريين" الذين هم على استعداد للمشاركة في تحسين مجتمعاتهم وإعادة تقييم المدارس العامة في أحيائهم! وفي الوقت نفسه، فإنها تعزز العمل التشاركي داخل المجتمع المحلي (سواء كان لغوياً أو اقتصادياً أو ثقافياً)، وهو عمل يجعل من الممكن فهم واحترام الأقليات أو الأفراد. هذا هو الطريق الذي سيكسر الحلقة المفرغة؛ حيث غالباً ما يكون الوصول إلى التعليم الجيد مرادفاً لمستوى معيشة أفضل. إن صوت الثوار، القدامى والجدد، يُسمَع في هذا الكتاب، حيث تتداخل قصصهم حول الموضوع الرئيسي للثورة ثنائية اللغة، وهو العمل من أجل مستقبل أفضل لأطفالنا وعالمنا.

الفصل الأول

إرادة الأهل: نعم.. تستطيعون إحداث فرق!

الدورات الجديدة للتعليم ثنائي اللغة في جميع أنحاء العالم تدين بنجاحها لتصميم وإرادة الوالدين، أما بالنسبة للغالبية العظمى من المدارس الأمريكية، فقد تم إنشاء دورات التعليم ثنائي اللغة لأن العائلات تمكنت من إقناع القيادة المدرسية بفوائد هذا النوع من التعليم، وهؤلاء الأهالي مدافعون أقوياء عن التعليم الثنائي اللغة، ويدعمون إنشاء هذه البرامج والدورات من خلال المساهمات المالية، وجمع التبرعات، أو التطوع.

إنها ليست مجرد ظاهرة أمريكية، وهناك العديد من الأمثلة الدولية الأخرى لمشاريع الأهالي المهتمين بالتعليم بلغتين لتعلم لغة جديدة أو للحفاظ على التراث الثقافي، كما سنرى في الفصول القادمة.

وترتبط كل هذه الحركات بنفس الرغبة والالتزام نفسه للوالدين بمنح أطفالهما الأسس اللازمة لنجاحهم في عالم معولم ومترابط.

ضرورة معرفة قدرات الذات

تاريخياً، تدين الولايات المتحدة بإنشاء دورات تعليمية ثنائية اللغة للعمل المتفاني الذي يقوم به نشطاء في مجال الحقوق المدنية، وكثير منهم أهالٍ راغبون في ضمان إتاحة الفرصة لأطفالهم للتعلم بلغتهم الأم، سواء في المدرسة أو في المجتمع.

كافح هؤلاء الناس في السبعينيات والثمانينيات من القرن الماضي للفوز بالمحاكمات للمهاجرين الوافدين حديثاً الذين لم يكادوا يتحدثون الإنجليزية[4]، وقد تمكن هؤلاء الآباء من الدفاع عن حق أطفالهم في التعليم الثنائي اللغة عن طريق تسليط الضوء على عيوب التعليم أحادي اللغة للطفل ذي اللغة الأولى غير الإنكليزية، وضرورة إدخال اللغة الأم بشكل أكبر في العملية التعليمية بجانب اللغة الإنجليزية. وبفضل عمل هؤلاء الرواد، أصبح من حق الآباء والأمهات في الولايات المتحدة الآن اختيار برنامج تعليم اللغة الذي يفضلونه؛ إذا كان هناك ما يكفي من الأسر الذين يسعون لذات الهدف.

عدد القصص من الآباء والأمهات في جميع أنحاء العالم الذين تمكنوا من استخدام قدراتهم لدفع وإنشاء دورات ثنائية اللغة عدد ملحوظ للغاية.

في فرنسا، ينظم التعليم ثنائي اللغة بشكل صارم من قبل الدولة، ولم تظهر أول برامج ثنائية اللغة حتى أوائل العقد الأول من القرن الحادي والعشرين، عندما أنشأ الأهالي رابطات تسعى إلى تعزيز التعليم بلغتين في المدارس الخاصة والمدارس العامة[5]. في أيرلنديا، على الرغم من أن الدولة كانت تحبذ تعليم اللغة الغيلية وهي لغة إسكتلندا كلغة ثانية، إلا أن الأسر أصروا وكافحوا من أجل افتتاح دورات ثنائية اللغة في الغيلية والإنجليزية في جميع أنحاء أيرلنديا، وليس فقط في منطقة غايلتاشت (Gaeltacht) حيث الأهالي يستخدمون الغيلية يومياً[6] وفي كندا، أصبحت رابطة الآباء التي أطلق

---

4 سوف يكون للسوابق القانونية التالية أثر كبير على التعليم ثنائي اللغة في الولايات المتحدة وسوف تمنح الأطفال ذوي القدرات المحدودة في التحدث باللغة الإنجليزية الحق في تلقي التعليم باللغة الإنجليزية ولغتهم الأم: ماير ضد نبراسكا (Meyer v. Nebraska)، لاو ضد نيكولز (Lau v. Nichols)، سيرنا ضد بورتاليس (Serna v. Portales). أسباير ضد إدارة التعليم في نيويورك (Aspira v. N.Y. Board of Education). كيس ضد المنطقة التعليمية الأولى في دنفر بولاية كولورادو (Keyes v. School District No. 1, Denver, Colorado) فلوريس ضد أريزونا (Flores v. Arizona) كاستانيدا ضد بيكارد (Castaneda v. Pickard). اقرأ أيضًا قانون التعليم ثنائي اللغة (The Bilingual Education Act) وقانون عدم ترك أي طفل (No Child Left Behind) والذي قام أيضًا بتحويل التعليم ثنائي اللغة.

5أنصحكم بقراءة كتاب *L'éducation bilingue en France: politiques linguistiques,* modèles *et pratiques* للكاتبين كريستين هلوت وجرجين إرفورت.

6لمزيد من المعلومات عن هذا الموضوع أنصحكم بقراءة كتاب *The Irish language in education in the Republic of Ireland* للكاتبة هيلين أو مورشو.

علها اسم "الآباء الكنديون للغة الفرنسية" (Canadian Parents for French) قوة رئيسية وراء نمو الدورات والبرامج الثنائية اللغة في البلاد.

تنظم هذه الرابطة حملات للدعوة إلى اللغة الفرنسية ونشر تقارير عن مواضيع متنوعة مثل المساواة في الوصول إلى برامج الانغماس في المجتمع الكندي، والخدمات اللازمة للطلاب ثنائي اللغة ذوي الاحتياجات المحددة وضرورة توفير فرص عمل للأشخاص الذين يتحدثون بلغتين.[7]

وإذا كان أولياء الأمور منظمون تنظيماً جيداً ولا يزالون مصممين على هدفهم رغم الشدائد والصعاب، فبإمكانهم أن يصبحوا قوة ينبغي الاستعانة بها في تطوير التعليم العام؛ فإنهم قادرون على إتاحة إمكانية وصول البرامج والدورات ثنائية اللغة لكل طفل بغض النظر عن خلفيته الإثنية أو الاجتماعية أو الاقتصادية... ومع ذلك، من الواضح أن الأهالي ليسوا الممثلين الوحيدين المعنيين بالشؤون التعليمية، لذلك، غالباً ما يكون عليهم التعاون مع الإدارات في المدرسة وفي مجتمعهم لضمان نجاح إنشاء برامج ثنائية اللغة في المدارس الخاصة والعامة، ومن الصعب أحياناً الحصول على دعم مديري المدارس والمعلمين والإداريين الذين غالباً ما يتكلمون لغة واحدة فقط، ولا يعرفون فوائد التعليم بلغتين.

ولكي نكون صادقين، غالباً ما يكون الأمر متروكاً للوالدين أنفسهم لإقناع الفريق الإداري والتربوي بمزايا هذا النوع من التعليم. وفي هذا الصدد، يقول المدير السابق لمدرسة في نيويورك، التي يوجد فيها دورات وبرامج ثنائية اللغة باللغتين الإسبانية والفرنسية:

"أنا أقول دائماً أن الوالدين لديهم قوة هائلة، وعليهما التوقيع على العرائض، وكتابة الرسائل، والشكوى، لأنهم هم الذين سيحدثون فرقاً، أكثر بكثير مني أو من أي مدير آخر، على الرغم من رغبتنا في المساعدة.

7آباء كنديين من أجل اللغة الفرنسية، حالة تعليم اللغة الفرنسية الثانية في كندا 2012: الطلاب يواجهون تحديات أكاديمية وبرامج تعلم الفرنسية كلغة ثانية.

إنهم الآباء والأمهات الذين لديهم حق السلطة.. بالطبع هناك صعوبات والوضع يختلف من مكان إلى آخر. ولكن يبقى لدي الأهالي القدرة على جذب انتباه أولئك الذين يتخذون القرارات".[8]

وكما لاحظ هذا المدير من الواضح أن للوالدين صوت يمكن سماعه في المدارس العامة وجذب انتباه أولئك الذين يتخذون القرارات التي تهمهم، ولا ينبغي التقليل من شأن سلطتهم.

وكثيراً ما تتعرقل مساعي الأهالي بسبب السلطات المدرسية، التي لا تكون دائماً مستعدة عندما يتعلق الأمر بالمساعدة في تنظيم اجتماعات مجتمعية أو حلقات عمل تسمح للأهالي بمناقشة برامجَ أو مبادراتٍ محددة يمكن للمدرسة أن تأخذها بعين الاعتبار. مثل هذه الاجتماعات يمكن أن تكون فعالة جداً في تخفيف المخاوف التي قد تكون لدى المديرين والمعلمين حول المبادرات التي يقودها أهالي الطلاب، وتعزيز الروح المعنوية والمشاركة؛ فإن الأهالي يتمتعون بقدر كبير من الحماس والطاقة والاستعداد الذي ينتقل بسرعة وبشكل معدٍ.

ويمكن أن تساعد الاجتماعات التي تقلل الفجوة بين الأسر والمعلمين في التغلب على مختلف العقبات التي سوف يواجهونها خلال تنفيذ البرنامج الثنائي اللغة عن طريق الاستماع لتجارب الأهالي الآخرين الذين نجحوا في إنشاء دورات ثنائية اللغة، أو الاتفاق على استراتيجية مشتركة أو خطة عمل لإدخال مثل هذه الدورات في مدارسهم، لكن في حال غياب مثل هذه الفرص أو تعاون الإدارة المدرسية، فإن الأهالي يصبحون مجبرين أحياناً على إيجاد طرق بديلة، وربما أكثر عدوانية لتحقيق أهدافهم!

على الرغم من أن الشكوى يجب أن تستخدم دائماً كملجأ أخير، إلا أنها في بعض الأحيان هي الطريقة الوحيدة لبدء حوار مع السلطات المدرسية التي قد لا يكون لديها الوسائل الصحيحة للاستماع إلى أسر الطلاب ومراعاة مشاركتهم. صحيح أنه من

---

[8] لقاء مع المديرة السابقة لمدرسة P.S.84، روبين سانديك، بتاريخ 10 يوليو 2015.

الضروري أن يعرف الأهالي قدرتهم التفاوضية وحقوقهم، ولكنهم يجب أن يبدأوا دائماً بمحاولة إقامة علاقة إنتاجية وتعاونية مع جهات فاعلة أخرى في مجتمعهم التعليمي.

ومن المهم أيضاً أن يدرك أولياء الأمور أن أي تغيير كبير يقترن بطبيعة الحال بمقاومة من قبل من لا يشاركون فيه. من الضروري التعرف على المجتمع المدرسي بأكمله؛ ففي نيويورك، على سبيل المثال، العديد من الأهالي الذين يسعون إلى إنشاء دورات ثنائية اللغة يركزون جهودهم على المدارس الموجودة في منطقتهم، والتي تتمتع بنسب التحاق عالية، أو ترحب بمصادر تمويل جديدة. ويمكن النظر إلى هذه المجموعات من الأهالي على أنهم منافسون يفرضون إرادتهم على مجتمعهم التعليمي، ويجب أن يكونوا حريصين على عدم التعارض مع الأهالي الموجودين بالفعل في المدرسة، وأن يكونوا حريصين بشكل خاص على الاندماج بشكل جيد في المجتمع المدرسي ككل، خارج نطاق التعليم الثنائي اللغة.

يجب أن يشعر جميع الطلاب بفوائد إدخال مجتمع ثقافي جديد في المدرسة، ويمكن تحقيق هذا الهدف من خلال توفير الفرص للجميع مثل البرامج اللامنهجية، والموارد التعليمية أو الرحلات الميدانية.

زيادة الوعي المجتمعي

بإمكان الأهالي من خلفيات مختلفة أن يصبحوا مصممين لنظام التعليم ثنائي اللغة؛ بحيث يستطيعون إفادة مجتمع لغتهم الخاصة. وفي نيويورك، فإن معظم الأسر الراغبة في إنشاء دورات ثنائية اللغة تتمتع بالقرب من وطنها، وهذا هو الدافع وراء رغبتهم في الحفاظ على التراث اللغوي؛ هذا النهج يذهب أبعد من مجرد الرغبة في تطوير قدرات أطفالهم للنطق باللغة الإنجليزية. ويمكن للمجتمعات اللغوية أن تعزز الروابط التي توحدها عن طريق تعزيز الدورات الثنائية اللغة من خلال الدعم النشط.

إن تطوير اللغة أو الحفاظ عليها في المنزل ليس كافياً؛ ومن الضروري توطيد الأساسيات الشفوية والمكتوبة في المدرسة، وفقدان اللغة والتكيف مع المجتمع الأمريكي يحدث بسرعة، وخاصة بين الأطفال. وتعتبر البرامج ثنائية اللغة الحل الأمثل، لأنها توفر تعليماً يومياً باللغتين الإنجليزية واللغة المستهدفة، مما يتيح للأطفال التقدم في اللغتين في سياق أكاديمي، والأمر متروك للأهالي للتأكد من أن أطفالهم يتلقون هذا النوع من التعليم.. هذا هو حقهم، وهو حق يستحق النضال من أجله.

بالنسبة للعائلات ذات اللغة التراثية، فإن فوائد دعم التطور الأكاديمي للغتهم الأم واضحة ومثبتة. على سبيل المثال، إذا كان أفراد الأسرة الأكبر سناً، مثل الأجداد، يتكلمون لغة تراثية، فإن البرنامج ثنائي اللغة يعطي الأطفال الفرصة لتطوير علاقة معهم تتجاوز الفجوة بين الأجيال واللغات. هذه الفوائد هي أكثر أهمية للآباء والأمهات الذين لا يتكلمون الإنجليزية. وتتيح البرامج والدورات ثنائية اللغة للأطفال إقامة صلات أقوى معهم؛ حيث يمكنهم الآن التبادل بلغتهم الأم بطريقة مرنة وسهلة. والظاهرة الإشكالية المتمثلة في فقدان اللغة الأم شائعة جداً في الولايات المتحدة.

بعض الأهالي المهاجرين يفضلون عدم التحدث إلى أطفالهم بلغتهم الأم، خوفاً من منعهم من تعلم اللغة الإنجليزية وجعلهم عرضة للتمييز! ولذلك تفضل بعض الأسر التحدث باللغة الإنجليزية السيئة إلى أطفالها بدلاً من التحدث بطلاقة بلغتهم الأم. في الواقع، إن هذه الطريقة في التعامل تعوق تنمية قدرات الطفل اللغوية. وتسعى الدورات والبرامج الثنائية اللغة إلى مواجهة هذه الممارسات الضارة من خلال تقديم تعليم ثري باللغة الإنجليزية واللغة الأصلية للطلاب في سياق أكاديمي؛ نظراً لأن إتقان لغة ما يسهل إتقان لغات أخرى.

إن الدورات والبرامج الثنائية اللغة تتمتع بهذه القدرة الفريدة على تنمية العلاقات بين المجموعات المتنوعة من الناس في نفس المجتمع، مما يسد فجوة الهوية التي تضعف مجتمعاتنا. وفي حين يتفاعل الأطفال من خلفيات لغوية وثقافية واجتماعية واقتصادية متنوعة يومياً في الفصول الدراسية، فإن الأسر تبدأ في تكوين صداقات

وبناء علاقات تساعد على تقارب الثقافات. ومن ناحية أخرى، تتطور البرامج ثنائية اللغة بمساعدة الآباء المتحمسين، وعلى استعداد لدعم المدرسة من خلال الاستفادة من قدراتهم لجمع التبرعات ووضع أنشطة خارج الصف، وبالتالي، فإن المجتمعات المدرسية التي تستضيف هذه البرامج والدورات غالباً ما تصبح أكثر جاذبية بفضل مجهودات الأهالي؛ مما يعود بالنفع على الاقتصاد المحلي ونوعية الحياة في الحي.

بالنسبة للعديد من مديري المدارس، فإن البرامج والدورات ثنائية اللغة هي وسيلة لترك بصماتهم على المدرسة من خلال جعل التعليم بلغتين من المميزات الأساسية في مدارسهم، ويمكن أيضاً لهذه البرامج أن تنقذ مدرسة من مشاكل محتملة؛ لأنها تساهم في تحسين نتائج الطلاب في الرياضيات أو اللغات، وتعطي هوية جديدة لمدرسة قد لا تكون مستفيدة من كامل إمكاناتها.[9] على سبيل المثال، تصف أحد المديرات البرنامج الثنائي اللغة في مدرستها على النحو التالي:

"لقد تم افتتاح البرنامج الثنائي اللغة باللغة الفرنسية والإنجليزية في مدرسة P.S. 133 بطريقة طبيعية جداً. في عام 2009، تواصل معي مجموعة من الأهالي المتحدثين باللغة الفرنسية بغرض إدخال فصول فرنسية ثنائية اللغة في المدرسة، وعلى الفور، ذهبت برفقة مساعدتي الرئيسية ومستشاري لزيارة مدرسة في نفس الحي سبق وقامت بإدخال فصول مماثلة.. بعد الزيارة قررنا أن البرامج والفصول ثنائية اللغة ستكون إضافة رائعة لمدرستنا.

في عام 2010، قمت بتعيين مدرس متحدث باللغتين، تم افتتاح فصلٍ مستقلٍ بلغتين، ولاقت هذه التجربة نجاحاً كبيراً. وفي العام التالي، تمت إضافة فصلين إلى رياض الأطفال والصف الأول الابتدائي، منذ ذلك الوقت نقوم بإضافة فصلين كل عام، أصبح التعليم ثنائي اللغة هو سمة مميزة من مدرستنا، حيث يستفيد منه الطلاب من مختلف الخلفيات اللغوية. وقد شجع نجاح الفصول الثنائية اللغة الأسر من أصل

9لمعرفة المزيد، أنصحكم بقراءة كتاب The *Astounding Effectiveness of Dual Language Education for All* للكتابين فرجينيا كوليار ووا ين توماس.

أمريكي - لاتيني على أن يفعلوا الشيء نفسه. بعد خمس سنوات، لم أستطع أن أتخيل لثانية واحدة أن أمر عبر ممرات مدرستي دون سماع اللغة الفرنسية أو الإسبانية."[10]

تشير تجربة مدرسة P.S. 133 إلى نجاح الأهالي في إقناع المديرة لإنشاء برنامج باللغة الفرنسية، بالإضافة إلى مساهمتهم الرئيسية في قرار المدرسة بإدخال برامج وفصول ثنائية اللغة باللغة الإسبانية، وقد مكنت جهود الأسر والأهالي من تحويل مدرسة أحادية اللغة إلى نموذج تعليم يحتذى به في التعليم ثنائي اللغة.

تأسيس النجاح

إن لأولياء الأمور دور هائل في دعم البرامج والفصول الثنائية اللغة بمجرد تأسيسها، ويمكنهم أن يكونوا سفراء لغتهم وثقافتهم في المجتمع المدرسي؛ عن طريق تنظيم فعاليات ثقافية وأنشطة خارجية أو فصول.

يجب التأكيد على أن كل طفل في المدرسة يتعرض لشيء مميز، وأنه ليس امتيازاً محجوزاً فقط للطلاب في تيار ثنائي اللغة. يمكن للوالدين تقديم المساعدة التي سوف تكون موضع ترحيب في الفصل وخارج المدرسة من خلال قراءة الكتب بصوت عال، والمساعدة في تنظيم المواد المدرسية، أو إعداد وجبة تقليدية لمشاركتها مع باقي التلاميذ في الفصل، أو توفير الدعم للأطفال الذين ليس لديهم مساعدة لغوية لإنهاء الواجبات المنزلية، والعديد من الأفكار الأخرى. كما هو الحال في الصفوف الأحادية اللغة، يمكن للوالدين أيضاً التطوع لمرافقة نزهات المدرسة أو لإثراء الأنشطة اللامنهجية مع لغات أخرى.

---

[10] لقاء مقتبس من تقرير السفارة الفرنسية عن برامج اللغة الفرنسية الثنائية اللغة في الولايات المتحدة مع مديرة مدرسة P.S. 133، هيندر فوسترمان.

ماري بوتيلون (Marie Bouteillon) هي معلمة لغة سابقة في مدرسة كارول (.P.S 58 The Carroll School) في نيويورك، وهي الآن مستشارة معترف بها للمدارس ثنائية اللغة، تروي مثالاً على المساعدة التي يقدمها الوالدان:

"في الوقت الذي كنت أمتهن فيه التدريس، كانت الفرنسية لغة أقلية، مما جعل الأمور أكثر صعوبة. أثناء الرحلات المدرسية كان كل شيء باللغة الإنجليزية، وجود مرافقين يتحدثون الفرنسية أحدث الفرق؛ جعلهم على اتصال مع طلابي الذين كانت اللغة المهيمنة عليهم هي الإنجليزية، كان شيئاً رائعاً، لقد تفتحت عقولهم لأشياء مختلفة تماماً، مع السماح لهم التحدث بالفرنسية في بيئة اجتماعية وليس الأكاديمية.. لقد كانت تجربة جيدة حقاً."[11]

ليس هناك حد لمدى المساعدة التي يمكن للوالدين توفيرها للبرامج ثنائية اللغة، والتزامهم يمكن أن يساعد على ضمان أن تعمل هذه البرامج والفصول بسلاسة، وتحقق مستوى عال من النجاح.

وبالإضافة إلى مجهودات الأهالي التي تحظى بتقدير كبير، فمن المهم عدم إضافة التوتر والضغط العصبي الذي يصاحب بالفعل إنشاء البرامج والفصول ثنائية اللغة، ولا سيما في المراحل الأولى. يجب أن يكون الأهالي قادرين على التعرف على عمل وقدرات المعلمين ومديري المدارس دون استخلاص استنتاجات متسرعة، استناداً إلى رأي شخصي لما يجب أن يكون عليه التعليم ثنائي اللغة؛ لا يتم إنشاء فصول ثنائية اللغة في يوم واحد! يجب على الوالدين أن يفهموا أن عمل المعلمين مقيد للغاية، يجب أن يقدِّروا الجهود المبذولة لإنشاء الدورات والفصول.. يجب على الآباء عدم الحكم على أساليب المعلمين الذين يسعون ببساطة إلى إدارة النُهج التعليمية واللغات من ثقافتين على الأقل؛ فهذا ليس بالأمر السهل. أفضل تفاعل يمكن للوالدين أن يحصلا عليه مع

11لقاء مع المعلمة السابقة بمدرسة 58.P.S واستشارية تأسيس البرامج والمناهج مزدوجة اللغة ماري بوتيلون. بتاريخ 19 مايو 2016.

الفصل هو من خلال دعم المعلمين والمدرسة. ومن الضروري تشجيعهم وتقديم المساعدة لهم عند الحاجة.

إن المعلمين يقدرون جداً وجود ردود فعل حول الصعوبات التي قد تواجه الأهالي، لأنه يكاد يكون من المستحيل توقع كل التحديات التي سوف تنشأ خلال هذه المغامرة. وبدلاً من توجيه اللوم فوراً، يجب على الوالدين إعطاء المعلمين فرصة لشرح الأسباب الكامنة وراء خياراتهم. بالطبع، من الطبيعي جداً طرح الأسئلة وطلب التوضيح، ومع ذلك، فإن وضع المعلمين والإداريين في حالة الدفاع بعد أشهر، إن لم يكن سنوات من إعداد البرنامج، لن يحقق نتائج إيجابية.

الآباء والأمهات والمربون بحاجة إلى التفاعل بطريقة فيها مراعاة للظروف المحيطة، ورعاية لمستقبل التلاميذ. يتطلب إنشاء دورات وفصول ثنائية اللغة أشخاصاً استثنائيين حقاً، يقدمون نجاح مشروعهم فوق كل شيء آخر.

بمجرد أن تكتسب هذه الفصول والبرامج نجاحاً، يأتي الوقت الذي يتوجب فيه على الأهالي، وخاصة الأهالي المؤسسين، أن يتركوا زمام الأمور والسماح للمدرسة بتولي الأمر. وقد يكون من الصعب على البعض أن يتخلى عن السيطرة التي قد تكون لديهم خلال إنشاء الفصول.. هذا هو الوقت المناسب للوالدين للتفكير في الأدوار التي يمكن أن يساعدوا من خلالها حالاً، بخلاف الإشراف على البرامج أو التنفيذ، والتي هي الآن مسؤولية المعلمين. على سبيل المثال: يمكن للوالدين تحديد الفرص الضائعة لممارسة اللغة المستهدفة في المجتمع المدرسي، ويمكنهم القيام بذلك من خلال دعوة الفنانين أو الكتاب، وعقد ندوات ثقافية، أو من خلال تنظيم زيارات للشركات أو المراكز الثقافية أو المتاحف، حيث يتم التحدث بتلك اللغة.

يمكن للوالدين أن يكونوا أكثر انخراطاً في إدارة المكتبة المدرسية، والتبرع بالكتب، وإدارة المخزون، والصيانة، والقروض، والعائدات والاختيارات... حتى الإجراءات الصغيرة يمكن أن تساعد المدرسة كثيراً، مثل وضع ملصقات متعددة اللغات في الممرات، أو عقد ورش العمل فترة الغداء أو بعد المدرسة، ويمكن تنظيم الأنشطة

الصيفية بحيث لا ينسى الطلاب كل ما تعلموه خلال العام: الرياضة والمسرح أو الفن التشكيلي على سبيل المثال.. هذه هي بالضبط الأنشطة التي تجعل تعلم اللغة متعه جذابة للطلاب.

وأخيراً، هناك طريقة أخرى لمساعدة هذه البرامج والمدرسة بأكملها، وذلك من خلال جمع التبرعات. وعلى الرغم من أنه من الضروري بشكل واضح جمع الأموال، فإن العمل الخيري ليس دائماً ممارسة شائعة في بعض المجتمعات اللغوية! هذا لا يعني أن بعض المجتمعات ليست سخية أو ليست مستعدة لتقديم المساعدة، ولكن يمكن أن يكون مجرد فهم مختلف للأعمال الخيرية أو المقبولة.

إن من المهم فهم ممارسات كل مجتمع قبل محاولة تحفيز وتشجيع الوالدين للمشاركة في أنشطة جمع التبرعات، ويمكن لبعضهم أن يقدموا شيكات نقدية أو يدفعوا نقداً للمساعدة في المبادرة أو المدرسة ككل، ويمكن للآخرين المساعدة عن طريق استخدام علاقاتهم أو أعمالهم.

ولا يزال البعض الآخر يفضل إعطاء وقتهم للبحث عن سبل للحصول على مصادر تمويل أخرى.

إن أداة جمع التبرعات الأكثر فعالية، التي يستخدمها مبدعو المجالات الثنائية اللغة بشكل متكرر، هي إنشاء جمعية غير ربحية ككيان قانوني خاص بها؛ هذا يسهل جمع الأموال خارج نطاق المدرسة.[12] إن هذا فعال بشكل خاص عندما لا يسمح للمدرسة بالمشاركة في مجموعات معينة، أو لا ترغب في أن تكون مسؤولة أمام المقاطعة عن أنشطة مجموعةِ دعمٍ غير أكاديمية.

---

[12] على سبيل المثال، مؤسسة 501 (c) في الولايات المتحدة، وهي منظمة غير ربحية معفاة من الضرائب يمكنها تلقي مساهمات غير محدودة من الأفراد والشركات والنقابات؛ النوع الأكثر شيوعًا من المنظمات غير الربحية المعفاة من الضرائب يقع ضمن الفئة 501 (c) (3) في قانون الضرائب الأمريكي، حيث يتم إعفاء منظمة غير ربحية من ضريبة الدخل الفيدرالية إذا كانت أنشطتها لها الأغراض التالية: خيرية، دينية، تربوية، الاختبارات العلمية أو الأدبية، أو اختبار السلامة العامة، أو تشجيع منافسة الهواة الرياضية، أو منع العنف ضد الأطفال أو الحيوانات.

يمكن للوالدين التبرع بالمال من خلال جمعية؛ للسماح للمدرسة بشراء الكتب الجديدة، تنظيم الرحلات، أو حتى إرسال المعلمين إلى المؤتمرات... وقد أتاح هذا العمل الجماعي لبعض الأهالي أن يروا أن لهم حقاً وأثراً، وأنهم قدموا مساهمة يمكنهم من خلالها جني الفوائد.[13]

يذهب بعض أولياء الأمور إلى أبعد من إحساسهم بالواجب، ويقررون أن يصبحوا أنفسهم معلمين في هذه الدورات.

في نيويورك، العديد منهم يعودون إلى الجامعة للحصول على درجة الماجستير في التعليم ويصبحون مدرسين بلغتين، حيث أنهم متحمسون لهذا المجال. وهم على استعداد لتكريس حياتهم له. هذا النوع من الالتزام الشخصي يساعد على ضمان استدامة البرنامج والتأكيد على التفاني الثابت على الفصول ثنائية اللغة الموجود لدي العديد من الآباء والأمهات.

هذه هي الرياح التي تهب وراء الحجاب من كل برنامج، منذ تأسيسها حتى نجاحها. يكتشف أولياء الأمور حول العالم أنهم يستطيعون التأثير على مدرستهم، وإحداث تغيير في شكل التعليم ثنائي اللغة؛ مما يعود بالنفع على جميع الأطفال. إذا تعلم كل من الوالدين استغلال هذه القوة وهذا التأثير، من يدري إلى أي مدى يمكن للثورة ثنائية اللغة أن تذهب؟

---

[13] لقاء مع جرتشين بودنباشر، إحدى أولياء الأمور، ورئيسة رابطة أولياء الأمور بمدرسة 110.P.S. بتاريخ 1 مارس 2016.

الفصل الثاني

تغيير الوضع العام: أول برنامج ياباني ثنائي اللغة في بروكلين

بعد رؤيتهم نجاح عدد من الفصول ثنائية اللغة في نيويورك و لوس أنجلوس، أدركت خمس أمهات في بروكلين أنهن يردن نفس الشيء لأطفالهن. ونظراً لأنه لا يوجد شيء من هذا القبيل في المدارس العامة المحيطة، فقد أخذن على عاتقهن التحدي المتمثل في إنشاء دورة اللغة اليابانية -الإنجليزية ثنائية اللغة، وهي الأولى في نيويورك.

وكانت الأمهات الخمس من اليابان: يومي ميكي (Yumi Miki)، والسويسرية اليابانية مونيكا مولر (Monica Muller)، والكورية الأمريكية هي جين كان (Hee Jin kan)، والأمريكية التايوانية يولي فيشر (Yuli Fisher)، والصينية الأمريكية لاني شيك (Lanny Cheuk).

يومي ومونيكا هما الوحيدتان من المجموعة اللتان تتحدثان اليابانية بطلاقة. لم يكن لدى الثلاثة الأخريات سوى القليل من المعرفة، أو لا يعرفن اليابانيين، ولا يوجد اتصال محدد باليابان أو مجتمعها. وكنَّ قد التقينَ من خلال "الصيف هوى" (Summer Hui)، وهو فرع من شبكة معروفة على الإنترنت لأولياء الأمور في نيويورك، بروكلين بيبي هوى.

بفضل هذه الرابطة، نظمت الأمهات الخمس مسرحيات ما بعد الظهر لأطفالهن، وكثيراً ما التقين في حدائق الحي. لقد سمعن عن تيار ثنائي اللغة الفرنسية - الإنجليزية افتتح في مدرسة ثانوية عامة قريبة، وبدأن يتخيلن كيف ستبدو صناعة مماثلة باللغة اليابانية.

بدءًا من هذه المحادثات الصيفية غير الرسمية، بدأت المجموعة بتنظيم نفسها شيئاً فشيئاً، ووضع خطة تجعل حلمهن حقيقة.

لحسن الحظ، فقد شاركن جميعهن نفس الرؤية في التعليم متعدد اللغات، كن مقتنعات بأهمية التعرض المبكر للغات أخرى، وفهم الفوائد الأكاديمية المحتملة للفصول ثنائية اللغة.. والأهم من ذلك، أن لديهن نفس الرغبة في تحويل المشهد التعليمي، إحداهن وصفته بشكل جميل:

"شعرنا أنه سيكون من الأسهل إنشاء دورات ثنائية اللغة+ حتى نحسن التقييم في مدارس أخرى في المنطقة. ويرجع ذلك إلى أن التباين بين المدارس الجيدة والسيئة كبير جداً؛ مما يجعل عملية التسجيل في رياض الأطفال مرهقة بالنسبة لأولياء الأمور في نيويورك. رأينا أن الفصول ثنائية اللغة طريقة ناجعة لتحسين المدرسة والمجتمع، وتوفير تعليم أفضل من شأنه أن يخدم المزيد من الأطفال، مع تزويد أطفالنا بالتعليم ثنائي اللغة الذي أردناه.. أردنا تغيير الجوانب السيئة لسياسة المناهج الأساسية، وقانون عدم ترك أي طفل (*No Child Left Behind*)، وجميع اختبارات الكفاءة التي نقدمها، والطريقة التي يتم استخدامها لتقييم المعلمين والمدارس. ماذا يمكنني أن أفعل كفرد لتحسين كل هذا، وأن أوفر لطفلي تعليمًا أكثر ملاءمة؟"[14]

مع وضع هذا الهدف في عين الاعتبار، بدأت المجموعة الاتصال بالأشخاص الذين سبق وأنشأوا فصولاً وبرامجَ مماثلة في المدينة، بما في ذلك أنا شخصياً. لقد عملن بلا هوادة كفريق واحد، وتتبعن خارطة طريق معدلة (نسخة مختصرة من هذا التقرير تقدم في نهاية هذا الكتاب)، لدعم مشروعهن. سمحت لهن هذه التجربة بأن يدركن أنهن رائدات، وأنه من أجل تحقيق أهدافهن، يجب أن يكنَّ قادرات على إقناع المجتمع الياباني ورؤساء المدارس، ومجتمع مدرسي كامل بجدارة أعمالهن.

14لقاء مع يولي فيشر بتاريخ 26 يناير 2016.

تم العثور على النموذج المثالي

بدأت هذه المجموعة المكونة حديثاً والمهتمة بإنشاء فصول وبرامج يابانية ثنائية اللغة، من خلال دراسة الفصول الحالية والبحث عن نموذج مناسب. وسرعان ما عثروا على مدرستين عامتين في غليندال (Glendale)، كاليفورنيا، بالقرب من لوس أنجلوس، حيث وجدوا فصولاً ثنائية اللغة يابانيًا أُنشئت منذ عام 2010.[15] وقد بدأت هذه الفصول في غليندال من قبل العديد من الأهالي الذين جمعوا ما يكفي من التوقيعات للظهور أمام منطقة المدرسة والمطالبة بمناهج ثنائية اللغة. بعد الحصول على إذن، تم إدخال هذه البرامج في فصل في الصف الأول الابتدائي وفصلين في رياض الأطفال.

في غليندال، يتم تدريس نصف اليوم باللغة اليابانية والنصف الآخر باللغة الإنجليزية. ما يقرب من 40 ٪ من طلاب المدارس يتقنون اللغة اليابانية بفضل هذا المنهج. بعض الطلاب لديهم والدان يابانيان، والبعض الآخر يابانيان أمريكيان، والبعض الآخر ليس لديه أي اتصال مع اليابان باستثناء اهتمام آبائهم بهذه الثقافة وهذا البلد. عندما يأتي الوالدان في المستقبل لزيارة المدرسة، يجب على المشرفين التأكد من أنهم مهتمون حقاً باليابانية لأنهم سيضطرون إلى الالتزام لمدة سبع سنوات، من الروضة إلى الصف السادس. في الواقع، من الصعب جداً على المدرسة أن تحل محل الطالب الذي يغادر المدرسة فجأة بعد عام أو عامين، ويرجع هذا إلى حد كبير إلى حقيقة أن الأطفال الذين يأتون لأخذ هذا المكان في وقت لاحق يجب أن يكون لديهم بالفعل معرفة جيدة لكلتا اللغتين من أجل مواكبة أقرانهم الذين تابعوا المنهج ثنائي اللغة منذ بداية دراستهم.

---

[15] مدرسة فردوجو وودلاندز الابتدائية (Verdugo Woodlands Elementary) ودانسمور الابتدائية (Dunsmore Elementary School) في منطقة جلندال التعليمية.

يُدرّس منهج غليندالي ثنائي اللغة الياباني الطلاب القراءة والكتابة باللغة اليابانية في السنة الأولى، باستخدام أحرف هيراغانا في رياض الأطفال، ثم إضافة الأحرف الصينية وكاتاكانا إلى الصف السادس. على الرغم من استمرار الدراسة، إلا أن هذا البرنامج يترك الوقت لأنشطة ممتعة واستخدام التقنيات الجديدة. الأهم من ذلك هو تحقيق الطلاب في هذا الفصول نتائج أكاديمية جيدة للغاية. لاحظت المدرسة أنه بعد خمس سنوات من إدخال المناهج ثنائية اللغة، حقق الطلاب ثنائيو اللغة نتائج أفضل من الطلاب أحادي اللغة باللغة الإنجليزية.[16]

يتألف فريق التدريس في المدرسة من مواطنين يابانيين، وبعض اليابانيين الأمريكيين، ومعلمة عملت في اليابان وزوجها ياباني. يتم تدريس كل من اللغات جنباً إلى جنب. على الجانب الإنجليزي، يدرس المعلمون أحادي اللغة كل يوم باللغة الإنجليزية مجموعتين متعاقبتين من الطلاب، ثم يأخذ الطلاب دروساً باللغة اليابانية خلال النصف الآخر من اليوم. لا يحتاج المدرسون الناطقون باللغة الإنجليزية إلى فهم اللغة اليابانية، مما يجبر الأطفال على التحدث باللغة الإنجليزية فقط، وكذلك المدرسون الذين يدرسون اللغة اليابانية.

ومن المزايا الأخرى للنموذج جنباً إلى جنب، أنه يقلل من عدد المدرسين الناطقين باليابانية اللازمين للمناهج الدراسية؛ وهذا يساعد على تحسين إدارة المهمة الصعبة المتمثلة في العثور على المعلمين المؤهلين الذين، بالإضافة إلى التحدث باللغة اليابانية، يجب أن تتوفر لديهم المؤهلات اللازمة للتدريس في كاليفورنيا، بالإضافة إلى ترخيص للعمل بشكل قانوني في الولايات المتحدة. بالإضافة إلى ذلك، استأجرت المدرسة أيضاً بعض المستشارين الجامعيين وأساتذة الجامعات للمساعدة في بداية هذا البرنامج. تم أخذ كل هذا بعين الاعتبار من قبل إدارة المدرسة بمساعدة الأهالي، ومعاً شكلوا فريقاً قوياً.

---

[16] مقابلة مع آيا تايلور، أخصائية برامج في مدرسة Glendale Unified School District بتاريخ 22 يناير 2016.

إنشاء برامج ثنائية اللغة في بروكلين

في بروكلين، استخدمت الأمهات الخمس نموذج (غليندال) والدروس المستفادة منه؛ لدعم هدفهن من أجل إنشاء دورات ناجحة، ومن أجل تطوير استراتيجياتهن، وأيضاً للتواصل مع المجتمع الياباني في نيويورك، في محاولة للتعرف على الأهالي الذين قد يكونون مهتمين بالتعليم ثنائي اللغة. أصبحت يومي ومونيكا حلقة الوصل بين المجموعة والمجتمع الياباني، وسرعان ما تمكنوا من الاستفادة من الروابط القائمة مع اليابانيين المحليين للوصول إلى عدد كبير من العائلات المهتمة بهذا النوع من التعليم. هذه خطوة رئيسية، لأن تحديد ومعرفة عدد كبير من الآباء والأمهات والطلاب المحتملين هو واحد من أكثر الطرق فعالية لإقناع مديري المدارس بضرورة وجود تيار ثنائي اللغة.

طرقت يومي ومونيكا على باب كل جمعية من الجالية اليابانية لتعريف مشروعهم الخاص بإنشاء برامج وفصول ثنائية اللغة باللغة اليابانية.. زارتا جمعية بروكلين اليابانية الأمريكية، وهي منظمة غير ربحية ترعى الأنشطة الثقافية اليابانية وتقدم دروساً خارج المدرسة. زارتا أيضاً أوزورا غاكوين، وهي مدرسة تقدم برنامجاً مكثفاً للعائلات اليابانية التي تخطط للبقاء في الولايات المتحدة الأمريكية، كما زارت المجموعة الصغيرة قنصلية اليابان في نيويورك، وجمعية المجتمع الياباني، وهي جمعية مهمتها ثقافية وتعليمية.[17]

جمهور متنوع

أدركت المجموعة الصغيرة التي ترغب في تأسيس دورات يابانية ثنائية اللغة أن هناك بالفعل العديد من الدورات اليابانية، ولكن دائماً ما تقتصر تقريباً على أبناء رجال وسيدات الأعمال اليابانيين المغتربين، الذين يعملون في نيويورك لبضع سنوات

---

[17] لقاء مع مدير البرامج التعليمية بجمعية المجتمع الياباني، جافري ميلر. بتاريخ 19 يناير 2016.

قبل العودة إلى اليابان. يتم تنظيم هذه المدارس مثل تلك الموجودة في اليابان؛ بحيث يمكن للأطفال من العائلات المغتربة الحفاظ على لغتهم والاستعداد للعودة إلى نظام التعليم الياباني عند عودتهم. وبما أن هذا النظام موجود بالفعل، فإن عدداً كبيراً من المغتربين ليسوا بالضرورة مهتمين بفصول ثنائية اللغة في مدرسة عامة لأسباب مختلفة (على وجه الخصوص، لا تلبي هذه الدورات متطلبات المدارس اليابانية، وهي مختلفة تماماً عن أولئك في الولايات المتحدة، أو حتى توقعات الآباء الخاصة فيما يتعلق بتعليم أطفالهم). ونتيجة لذلك، بدأت المجموعة تبحث عن الأسر المستعدين للبقاء بشكل دائم في الولايات المتحدة والذين شعروا أنه من المهم لأطفالهم تطوير مهارات اللغة الإنجليزية بشكل جيد، كما اتصلت بالعائلات المختلطة، بما في ذلك الأسر التي لديها والد ياباني وأم أمريكية. أرادت هذه العائلات المختلطة بشكل خاص أن يكون لأطفالها روابط لغوية وثقافية مع كلا بلديهم.[18] كانت القدرة على الحفاظ على لغة واحدة في حين تقوية لغة أخرى، من خلال فصول ثنائية اللغة، ذات أهمية خاصة للوالدين اليابانيين.

سارعت مجموعة الأهالي المهتمة بإنشاء فصول ثنائية اللغة اليابانية إلى جذب انتباه هذه العائلات، ويرجع الفضل في ذلك إلى حد كبير في حقيقة أن اللغة اليابانية سوف تدرس لكل من الطلاب والطالبات الذين يتحدثون اللغة، وإلى الطلاب الذين يتعرضون للغة لأول مرة، وهذه كانت فكرة جديدة تماماً.

كانت فكرة أن الأطفال في هذه الفصول قادرون على الحفاظ على لغة واحدة أثناء تعلم الأخرى ذات أهمية كبيرة للوالدين اليابانيين، كما تم إلقاء الضوء على تحفظات الآباء، والمخاوف بشأن المدارس العامة، وجودة التعليم العام في نيويورك ككل، ونوعية الطعام الذي يقدمونه في وجبة الغداء أو حتى الخوف من أن الطلاب في تيار ثنائي اللغة قد يكتسبون اللهجة الإنجليزية أو اليابانية. خلال هذه المرحلة الأولى من البحث،

---

18 لقاء مع الأم والعضو المؤسس للبرنامج الياباني ثنائي اللغة، يومي ميكي. بتاريخ 19 يناير 2016.

أدركت المجموعة أن المدارس الخاصة تخشى من أن يغادر مدرسوها من خلال تيار ثنائي اللغة الجديد.[19]

أدركت المجموعة أنه إذا لم يكن أولياء الأمور يعتزمون العودة إلى بلدهم الأصلي في المستقبل القريب، فسوف يبحثون عن مدرسة ذات نوعية جيدة، تستطيع إعداد أولادهم للتفوق الأكاديمي، وهي مدرسة يمكنها وفقاً لهم إعداد مستقبل أطفالهم بأفضل طريقة ممكنة.

إذا كانت إحدى هذه المدارس تقدم برنامجاً ثنائيَ اللغة، فإن هؤلاء الآباء غالباً ما يكونون مستعدين لتسجيل أطفالهم. كان بعض أولياء الأمور يشككون في هذا المشروع، حيث كانوا يعربون عن قلقهم، وأنه ليس لديهم طريقة لضمان تحقيق نتائج جيدة في المدارس العامة. سمح هذا لأعضاء المجموعة بفهم أنه ينبغي عليهم بذل جهد إضافي لإقناع الآباء الأكثر تردداً.

وبالإضافة إلى ذلك، من الضروري مواصلة تجنيد أسر جديدة، والقيام بذلك على نطاق أوسع. قام أعضاء نشطون في المجموعة بإجراء استطلاعات عبر الإنترنت لجمع المعلومات، مع نشر أخبار المشروع بانتظام على مدونة تم إنشاؤها خصيصاً لهذه المناسبة.. **كان لهذه المدونة عدة أهداف:**

"مع هذه المدونة، أردنا أن نجعل الأشخاص ينضمون إلى مبادرتنا مع منحها مكانة. نشرنا خريطة الطريق ومقالات حول فوائد ثنائية اللغة، حاولنا بيع المشروع، لا أحد منا لديه بالفعل مدونة من قبل، لذلك اكتشفنا أفضل الطرق من خلال عملنا، حاولنا أن نحصل على شريط تمرير على الجانب مع النقاط الرئيسية: من نحن، كيف بدأت المبادرة، لماذا، كيف هي المدرسة، كيف نتخيل البرنامج وكيفية الحصول على آخر الأخبار عن المشروع؟"[20]

---

[19] لقاء مع الأم والعضو المؤسس للبرنامج الياباني ثنائي اللغة، هي جين كان. بتاريخ 2 فبراير 2016.
[20] لقاء مع يولي فيشر بتاريخ 26 يناير 2016.

جذبت حملة الاتصال هذه اهتمام وسائل الإعلام، التي نشرت العديد من المقالات باللغة اليابانية في كل من نيويورك واليابان.

ابتداء من خمس أمهات فقط لديهن خطة عمل، اجتذبت المجموعة ما يكفي من العائلات المهتمة لفتح أول فصل دراسي ثنائي اللغة قبل عام من الموعد المخطط له. في الوقت نفسه، حصلت على المزيد من الاهتمام بالصفوف التي ستتبعها. كما تلقت المجموعة العديد من الطلبات من العائلات التي كان أطفالها في المدرسة بالفعل، وكانت هناك خيبة الأمل من أنهم أكبر من أن يتمكنوا من الانضمام إلى تيار ثنائي اللغة الذي كان من المقرر أن يبدأ في رياض الأطفال.

البحث عن المدرسة العامة المناسبة

في نفس الوقت تقريباً، بدأت المجموعة في جولات في المدارس تبحث عن إدارة تتكيف فلسفتها التعليمية مع رؤيتها. كانت الأمهات الخمس دائماً يزرن المدارس معاً، وكن يحصلن في معظم الأحيان على زيارات خاصة. كانت لاني هي التي تقود هذه الزيارات، حيث كانت لديها بالفعل خبرة مهنية في المجال التعليمي:

"كان وجود (لاني)، المعلمة التي كانت تعرف إدارة التعليم من أجل عملها كمدرسة، أمراً حاسماً. عندما قمنا بزيارة المدارس، كانت تعرف الأسئلة التي يجب طرحها، وما الذي تبحث عنه من حيث المنهج، وكيفية تفاعل المعلمين مع الطلاب، والفلسفة الإدارية، وكيف نجحت. لقد ساعدنا ذلك حقاً، لم يكن بوسعنا الذهاب إلى هذا الحد دون خبراتها."[21]

استغرق الأمر بعض الوقت للمجموعة للعثور على بعض المدارس المناسبة حقاً، وتقع بالقرب من منازلهم. خفضت محادثاتهم مع المديرين خياراتهم إلى مدرستين في

21لقاء مع يولي فيشر بتاريخ 26 يناير 2016.

شمال بروكلين، وأخيراً تم الوقوع على اختيار واحدة: مدرسة P.S. 147 في بوشويك (Bushwick).

وكان أحد الشواغل الرئيسية لأولياء الأمور المهتمين بالبرامج ثنائية اللغة، ولا سيما الأسر اليابانية، هو التمييز. في البداية، أرادوا أن يكون أطفالهم في نفس الفصل، ومع ذلك، جادلت الأمهات الخمس ضد الحجة القائلة بأن "التيار ثنائي اللغة الياباني لا ينبغي أن يظهر كطبقة نخبوية ومنعزلة". وبمساعدة عدد قليل من المستشارين، وضعت الأمهات والإدارة المدرسية خطة لدمج الصف الدراسي ثنائي اللغة في المدرسة من خلال الالتقاء بانتظام بالطلاب من البرنامج ثنائي اللغة والطلاب الذين لم يكونوا جزءاً منه لإشراكهم، كل أسبوع، في مشروع مشترك. هذا التحضير المكثف جعل في الإمكان ضمان أكبر قدر ممكن من عدم شعور أي طالب بمعزل أو حرمان عما يمكن تدريسه في برنامج ثنائي اللغة أو البرنامج التقليدي.

في حين تلقت المبادرة اليابانية الكثير من الدعم في وقت أقرب مما كان مخططاً له، فإن بدء البرنامج في فترة زمنية أقصر كان بمثابة الاضطرار إلى التعامل مع العديد من المشاكل التقنية؛ مثل عملية التسجيل المركزي، أو وتيرة البيروقراطية المدرسية (التي لم تكن دائماً بالسرعة التي كان يأمل فيها الآباء). وقد أدى كل ذلك إلى بعض التأخيرات التي أثرت على تجنيد الأسر، لا سيما الأسر الناطقة باللغة اليابانية التي تعيش خارج منطقة المدرسة. ونتيجة لذلك، فإن فصل رياض الأطفال الأول لم يفتح بتوازن مثالي بين الطلاب الذين كانت لغتهم الأم يابانية والآخرين الذين كانت لغتهم الأم هي اللغة الإنجليزية. كان هذا مصدراً عظيماً للإحباط للأعضاء المؤسسين، وذا تأثير كبير على معنويات المجموعة. في النهاية، التحق عضو واحد فقط من المجموعة اللغوية اليابانية ثنائية اللغة بالبرنامج. الآخرون تنازلوا لأسباب شخصية، أو بسبب التحركات.

ومع ذلك، قاومت مديرة المدرسة، ساندي نويولا (Sandie Noyola) الضغوط، ولم تتخلَّ عن المبادرة. على العكس من ذلك، فتحت البرنامج على أمل أن تتلاشى الصعوبات البيروقراطية في وقت قريب.

تم العثور على معلم يتحدث اللغة اليابانية مع المؤهلات والتراخيص المطلوبة والتعيين، وبدأ البرنامج.. تم إنشاء فصل رياض الأطفال لجذب الأطفال الناطقين باليابانية، وكذلك الأطفال الذين كانت عائلاتهم مهتمة بهذا البرنامج.. قدم هذا الفصل تعليماً باللغة والثقافة اليابانية بمساعدة الجمعية اليابانية، وخلق التوازن الجيد بين اليابانية والإنجليزية أسساً جيدة لبناء البرنامج.[22]

هدية للمستقبل

اتخذ أولياء الأمور – القدامى والجدد – مبادرة لدعم المدرسة والمساعدة في تنمية البرنامج.. أولاً، من خلال العمل بلا كلل لمساعدة المدرسة على إنشاء سمعة طيبة بين الآباء اليابانيين، وتحسين فهمهم لعملية التسجيل، بحيث تكون الأسر المستقبلية واثقة من خلال التسجيل، وعدم وجود الخوف من الرفض لأسباب تعود إلى المنطقة المدرسية. ثم، استكمال ميزانية المدرسة من خلال إنشاء منظمة غير ربحية[23] 501 (c) (3)) التي لن تفيد فقط البرنامج ثنائي اللغة ولكن المدرسة ككل. هذا المشروع لا يزال قيد التنفيذ. سمحت جهود جمع التبرعات لأولياء الأمور في مدرسة P.S. 147 للمدرسة بالاستثمار في برنامجها وطلابها، باستخدام الأموال لشراء الكتب، أو تمويل الرحلات المدرسية، أو تدريب المعلمين، أو دعم البرامج المدرسية.[24]

إن هبة الأمهات المؤسسين للمجتمع هائلة، رغم أن معظمهن لم تتح لهن قط الفرصة لجني ثمار عملهن الشاق. نتج عن هذا العمل افتتاح أول فرع إنجليزي - ياباني ثنائي اللغة في نيويورك في سبتمبر 2015 في مدرسة P.S. 147 في بوشويك، وهو حي في شمال بروكلين.

---

[22]لقاء مع الأم والعضو المؤسس للبرنامج الثنائي اللغة بمدرسة P.S. 147، مونيكا مولر بتاريخ 23 فبراير 2016.
[23]يمكنك الرجوع للمرجع رقم 12.
[24]لقاء مع الأم ميكا يوكوبوري، أحد أولياء الأمور بمدرسة P.S. 147. بتاريخ 15 يناير 2016.

كما رأينا، كان على المشروع مواجهة العديد من الصعوبات، من اختيار المدرسة إلى التحاق عدد كاف من الطلاب، وتمويل البرنامج والتحفيز المستمر في مواجهة خيبات الأمل الكبيرة... على الرغم من كل هذه النكسات، كانت روح الفريق التأسيسي قوية بما يكفي للتغلب على هذه العقبات، وقد لعبت محادثاتهم الأولية، والأفكار المتبادلة، والرؤية المشتركة، والتزام كل واحد، والجهد الجماعي، دوراً رئيسياً في إنشاء هذا البرنامج الفريد، ولا تزال مبادرتهم تتقدم مع قيام مجموعة جديدة من الآباء والمعلمين بتشجيع البرنامج الناشئ. وقد سمع العديد من الآباء اليابانيين في نيويورك وأماكن أخرى عن هذه المبادرة، وكانوا مهتمين بإعداد مبادرة مماثلة في الجوار، ولذلك، فإن أمهاتنا اليابانيات مصدر إلهام للآباء الآخرين الذين بدورهم ينشؤون برامجهم الخاصة، مما يديم دائرة حميدة.

لقد ألهم الشغف والحماس المشترك بين جميع المشاركين لإنشاء مثل هذا البرنامج، وإلهام مجتمعات لغوية أخرى للانضمام إلى هذه الحركة، كما هو موضح في قصص البرامج ثنائية اللغة باللغة الإيطالية والروسية والألمانية التي سوف تتبع.

هذا هو جوهر الثورة ثنائية اللغة؛ يمكن أن تظهر الجهود ورؤية قلة من الناس كحركة جماعية لجعل التعليم ثنائي اللغة متاحاً في المدارس العامة.

الفصل الثالث

حشد المجتمع: ثلاث محاولات لفصول باللغة الإيطالية

يقرر الكثير من الأهالي الذين وصلوا مؤخراً إلى الولايات المتحدة الاعتناء بتعليم أبنائهم بأنفسهم والاستعداد لان يكونوا قدوة إذا لزم الأمر. وقد سمعت بعض العائلات بوجه خاص عن الفصول والبرامج ثنائية اللغة التي تمكنت المجتمعات اللغوية الأخرى من إنشائها في نيويورك، بينما كانت هي نفسها تبحث عن فرصة مماثلة لتعليم أبنائها. ثم بدأت رحلة طويلة وشاقة أحياناً من أجل إنشاء برنامجاً إيطالياً ثنائيَ اللغة في نيويورك.

هؤلاء الأهالي هم: مارتينا فيراري (Martina Ferrari)، ستيفانيا بواكسدو (Stefania Puxeddu)، وبييرا بوناريبا (Piera Bonerba)، ومارسيلو لوشيتا (Marcello Lucchetta).

إن تجربة هؤلاء الأهالي مثال جيد على العقبات والنجاحات التي يمكن أن تواجهها هذه المبادرات الجديدة. وبعد نجاح ثلاثة مشاريع للبرنامج الثنائي اللغة، وليس فقط مشروع واحد، فإنّ مثال المجتمع الإيطالي يبين أن مثابرة أولياء الأمور وتصميمهم سيؤدي حتماً إلى النجاح.

يشكّل الإيطاليون والإيطاليون - الأمريكيون واحداً من أهم المجتمعات المحلية وأكثرها ترابطاً في نيويورك. ووفقاً للأرقام التي أظهرتها الدراسة الاستقصائية للمجتمع الأمريكي (American Community Survey)، فإن الدراسة الاستقصائية الوطنية للمجتمعات المحلية أوضحت أن خمسة وثمانين ألف شخص في الخامسة من العمر أو أكثر يتحدثون باللغة الإيطالية في المنزل خلال عام 2014. بما في ذلك ثلاثون ألف

شخص يواجهون صعوبة في اللغة الإنجليزية، بالإضافة إلى أولئك الذين لغتهم الأم هي الإيطالية، وهناك أيضاً العديد من الأميركيين الإيطاليين في مدينة نيويورك (وخاصة في بعض مناطق بروكلين مثل بينسونهورست [Bensonhurst]، باي ريدج [Bay Ridge] وحدائق كارول [Carroll Gardens]) الذين يسعون إلى الحفاظ على الثقافة الإيطالية.

وتؤكد أرقام التعداد الواردة في عام 2014 أن أكثر من خمسمائة ألف نسمة من سكان نيويورك ترجع أصولهم إلى أجداد إيطاليين! ومع ذلك، فان الأهالي الراغبين في إنشاء فصول إيطالية ثنائية اللغة لا يعتقدون للحظة واحدة أن الوصول إلى عدد من أولياء الأمور المهتمين بالأمر، والذين بإمكانهم المساهمة في هذه المبادرة، سيكون أمراً سهلاً.

القوة الدافعة للمغتربين في القرن الحادي والعشرين

وصل هؤلاء الشباب الإيطاليين المتعلمين الذين يشكلون مجموعة ثنائية اللغة إلى الولايات المتحدة في السنوات العشر الماضية على أمل العثور على فرص عمل جديدة وحياة أكثر إثارة. ومثلهم كمثل العديد من المغتربين من الجيل الأول، سرعان ما تبنوا طريقة الحياة الأمريكية، ورزقوا بأطفال، وأصبحوا مرتبطين بالمجتمع الأمريكي.. ومع ذلك، فقد ظلوا مرتبطين جداً بإيطاليا، وبفضل وظائفهم المختلفة، ظلوا على اتصال منتظم ببلدهم وبلغتهم الأم، وكانوا يتحدثون اللغة أيضاً في البيت. وفي كثير من الأحيان، يستغلون فترة الأعياد والإجازات لزيارة إيطاليا مع أطفالهم للحفاظ على جذورهم الإيطالية.

إن الأعياد مثل عيد الميلاد والصيف هي من الأوقات المثالية للقاء الأجداد وزيارة أبناء عمومتهم، والسماح للأطفال بالتعمق في لغة وثقافة البلاد.

أدركت هذه المجموعة من الآباء أنه على الرغم من أنهم يتحدثون الإيطالية في المنزل، فإن أطفالهم كانوا أقل تطوراً في اللغة الإيطالية أثناء نشأتهم، وذلك لأنهم

يقضون ثماني ساعات كل يوم في روضة أطفال، محاطين بالمعلمين والطلاب الذين يتحدثون اللغة الإنجليزية فقط.

كان من الشائع أيضاً أن ينتقل أحد الوالدين إلى الإنجليزية عندما لا تكون اللغة الإيطالية لغته الأم، على الرغم من أن هذه العائلات بذلت جهودًا كبيرة للالتزام بالإيطالية، كما يشرح مارسيلو:

"نسعى بكل الطرق إلى تأصيل اللغة الإيطالية في عقول وحياة الصغار؛ عن طريق قراءة الكتب البسيطة في اللغة، وسؤالهم في كل مرة أسئلة لمعرفة ما إذا كانوا يتذكرون كلمة واحدة.. (كيف تقول النحلة بالإيطالية؟).. بعض الأفلام والرسوم المتحركة تساعدهم على استيعاب بعض اللغات. في بعض الأحيان نتحدث عن الأشياء والاختلافات، مثل (هنا المعكرونة كما نطهوها في إيطاليا)، ومقارنة الطريقة التي تتم بها الأشياء هنا وفي إيطاليا."[25]

تتطلب المحادثات الأكثر تعقيداً في اللغة الإيطالية مزيداً من الوقت والصبر من جانب الأهالي، حيث أن مفردات أطفالهم في هذه اللغة تكون أقل تطوراً من الإنجليزية وغالباً ما يميلون للإجابة باللغة الإنجليزية على سؤال تم طرحه باللغة الإيطالية، وأحياناً يتحدثون الإيطالية بلكنة إنجليزية قوية... على أي حال، بذل هؤلاء الأهالي المتحمسون قصارى جهدهم من أجل المحافظة على تراثهم اللغوي في المنزل، على الرغم من جهودهم، أدركوا بسرعة أنها ليست كافية. كانت الفصول ثنائية اللغة في إحدى المدارس العامة أفضل أمل لأطفالهم لكي يستطيعوا استخدام كلتا اللغتين بثقة وطلاقة.

تحدث الأهالي إلى إيلاريا كوستا (Ilaria Costa)، المديرة التنفيذية للجنة IACE، لجنة التعليم الإيطالية الأمريكية في نيويورك، ثم كانت هي نفسها قادرة على توجيههم إلى لوسيا باسكواليني (Lucia Pasqualini)، نائب القنصل العام لإيطاليا، وكارلو دافولي

25لقاء مع مارسيلو لوشيتا بتاريخ 25 يناير 2016.

(Carlo Davoli)، الملحق التعليمي الذي عمل في القنصلية الإيطالية. استطاعوا توصيل فكرتهم لجميع الإيطاليين على سجلات القنصلية، كما ربطت لوسيا المجموعة بجاك سباتولا (Jack Spatola) والذي التقت به خلال زياراتها المنتظمة إلى بنسونهورست، معقل الجالية الإيطالية في بروكلين.

كان جاك مديراً لمدرسة P.S. 172 في بروكلين، علاوة على ذلك، عضواً نشطاً جداً في المجتمع الإيطالي الأمريكي، كما كان رئيساً لاتحاد الجمعيات الإيطالية الأمريكية في بروكلين، وهي مؤسسة خيرية غير ربحية، تم إنشاؤها من خلال الجهود التي بذلتها اثنتا عشرة جمعية لجمع الموارد، وتقديم خدمات معينة للمجتمع الإيطالي في مدينة نيويورك. وبمجرد إنشاء هذه الروابط، كانت مجموعة الأهالي مستعدة لمسح المجتمع الإيطالي والوصول إلى العائلات التي يحتمل أن تكون مهتمة بمبادرتهم.

في أقل وقت ممكن، تمكنت لوسيا وألاريا من تنظيم اجتماع إعلامي في القنصلية الإيطالية. تم توزيع منشورات وإعلانات من خلال شبكات التواصل الاجتماعي، والمدونات، وقائمة القنصلية البريدية. لقد تفاجأ الجميع لرؤية الاستجابة الهائلة من المجتمع: تم تلقي المئات من الردود، كان يجب تنظيم الأمر لاستيعاب المشاركين الإضافيين في غرفة مليئة بالأشخاص، حيث تم تركيب جهاز تلفزيون حتى يتمكن جميع الضيوف من متابعة المحادثة. وقد أثار رد فعل المجتمع، المثير للإعجاب والحماسة، اهتمام وسائل الإعلام الإيطالية، التي حملت الكاميرات والصحفيين لتغطية الحدث. في النهاية، اجتذب الاجتماع أكثر من مائتي شخص وامتلأت الغرفتان الرئيسيتان للقنصلية لدرجة اضطرار بعض الأشخاص الوقوف في الممرات. كانت لحظة رائعة لمجموعة الأهالي ولمشروع برنامج ثنائي اللغة باللغة الإيطالية.

تم تنظيم الاجتماع على أربع مراحل، بدأت مع عرض عام حول فوائد ثنائية اللغة والتعليم بلغتين بقيادة باهار أوتكو (Bahar Octu)، وهي أستاذة تركية أمريكية في جامعة ميرسي (Mercy College) في نيويورك، متخصصة في التعليم ثنائي اللغة. وقد تمت دعوة مجموعة من الآباء الفرنسيين واليابانيين والروس الذين تمكنوا بالفعل من

تكوين البرامج ثنائية اللغة الخاصة بهم للتحدث ومشاركة تجربتهم مع الآخرين، وشرحوا كيف تمكنوا من تعبئة مجتمعاتهم المحلية، وتوظيف الأسر، وتقديم اقتراحاتهم إلى المدارس المختارة.

استمرت الأمسية مع العديد من المعلمين، بما في ذلك المدير السابق لمكتب متعلمي اللغة الإنجليزية في قسم التعليم في مدينة نيويورك، كلوديا أغيري (Claudia Aguirre)، وأنا.

وأخيراً، تم ترك الميكروفون للوالدين اللذين كانا قد اتصلا في البداية بالقنصلية، وجاك سباتولا اللذين عرض مساعدته عليهما.

ركز هذا الجزء من المناقشة على الجهود التي تبذلها المجموعة الإيطالية ثنائية اللغة؛ لتعيين الآباء المهتمين بالمبادرة، والخطوات الواجب اتخاذها لتحويل الحماس العام إلى واحد أو أكثر من البرامج ثنائية اللغة في مدارس بروكلين العامة أو مانهاتن. وقدمت المجموعة أيضاً المدونة التي أنشأتها، والتي تتمنى من خلالها جمع ردود العائلات المهتمة، وتقديم المعلومات والأخبار عن المشروع وتنسيق المقترحات المختلفة المقدمة للمدارس بحيث يمكن للآباء العثور على ما يحتاجون معرفته.

كما هو الحال مع معظم المشاريع ثنائية اللغة، من الضروري جمع ما يكفي من أولياء الأمور قبل التواصل مع مدير المدرسة. ولكي ينجح المشروع، من المهم أيضاً الحصول على دعم الجمعيات المجتمعية، وتقديم ضمانات مالية إضافية، والوصول إلى الكتب والموارد، ومعرفة المعلمين... بدون هذا، فإن المبادرة محكوم عليها بالفشل.

هذا ما حدث قبل ثلاث سنوات من انطلاق التيار ثنائي اللغة الحالي، كما أنه أدى إلى نهاية مبادرة مماثلة بقيادة أم إيطالية-أمريكية، كريستينا بروستانو (Christina Prostano).

تجارب ومحن المبادرات التي تقوم بها المجتمعات

كان أجداد كريستينا بروستانو قد هاجروا من إيطاليا إلى الولايات المتحدة في أوائل القرن العشرين، وفقدت اللغة الإيطالية على مر الأجيال.

خسارة مأساوية لكريستينا التي أرادت لأطفالها تعلم اللغة الإيطالية، على الرغم من أنها لا تعرف سوى القليل من الكلمات. وقد حاولت سد هذه الفجوة من خلال إعداد صفحة على (الفيس بوك)، وإنشاء استبيان لقياس الاهتمام بتعلم اللغة الإيطالية. عدّدت سبعين عائلة مهتمة، باللغتين الإنجليزية والإيطالية، ومع ذلك، لم تكن كريستينا قادرة على تلبية الشروط الضرورية، أي أن تجد مدرسة لديها الرغبة والوسيلة لبدء هذا البرنامج، لجمع الدعم والتمويل من الجمعيات الإيطالية، والعثور على المعلمين المؤهلين. لم تنجح محاولتها الشجاعة لإطلاق برنامج اللغة الإنجليزية-الإيطالية ثنائي اللغة، وتم التخلي عن المبادرة.

على الرغم من الحماسة التي استطاعت مجموعة الأهالي الإيطاليين إثارتها ومساعدة القنصلية، لم تتحقق مبادرتهم! وكان السبب الرئيسي لهذا الفشل هو غياب العائلات التي شاركت في التحضير للمبادرة عند اقتراب بداية العام الدراسي، ونقص الالتزام من جانب المدارس العامة التي تمت زيارتها.

ولكن رغم فشل مبادرتهم، إلا أن عملهم أدى إلى مبادرة جديدة في بينسونهورست، بقيادة جاك سباتولا واتحاد الجمعيات الإيطالية الأمريكية في بروكلين، التي افتتحت أول فصل من روضة الأطفال الإيطالية في عام 2015. كان قد فات الأوان بالفعل على أطفال مجموعة الأهالي أصحاب المبادرة الأولى، الذين تخطوا السن اللازم للانضمام إلى صف رياض الأطفال. بالنسبة للأسر المعنية منذ البداية، يكون الإحباط دائماً عظيماً عندما يحدث. يصف مارسيلو هذه الهزيمة:

"كنت سأحب حقاً تسجيل أولادي في مدرسة عامة. نحن هناك لسبب ما، ونحن نقدر ذلك. كان حلمي هو الحصول على برنامج ثنائي اللغة باللغتين الإيطالية والأمريكية

في مدرسة عامة، ليس فقط بسبب المال. المهم هو معرفة أن هناك أطفالاً أميركيين إيطاليين آخرين مثلهم وعائلات أمريكية أرادت أن يتعلم أطفالها لغة أخرى، لغتي. ربما كنت شخصاً مثالياً وحالماً، لكن هذه كانت فكرتي الأساسية."[26]

كان هذا الفشل أيضاً خسارة كبيرة للمجتمع، حيث كان للبرنامج أن يكون له تأثير إيجابي يتجاوز المجتمع الإيطالي، حيث يوفر للعديد من الأطفال إمكانية الوصول إلى لغة جميلة وثقافة غنية للغاية.

أما بالنسبة لمارسيلو والآباء الآخرين، فإنهم ما زالوا يأملون في سماع أطفالهم يتكلمون الإيطالية في يوم من الأيام، حتى لو كان ذلك يعني أن الأهالي يجب عليهم تعليم أبنائهم القراءة والكتابة باللغة الإيطالية في المنزل. هذه ليست الطريقة المثلى لتحقيق ثنائية اللغة وثنائية الثقافة، ولكن هذا كل ما يمكنهم فعله في الوقت الحالي.

لجأت بعض الأسر إلى مدرسة مانهاتن الخاصة، سكولا ديتاليا (Scuola d'Italia)، على الرغم من أن الرسوم الدراسية عالية، والمسافة إلى المدرسة كل يوم طويلة ومتعبة، وخاصة لأولئك القاطنين في جنوب بروكلين استعان آخرون بطلبة مزدوجي اللغة من إيطاليا، على الرغم من أن ذلك يتطلب غرفة إضافية في المنزل، وغالباً ما كان يصاحب هذا تغييرٌ سنوي نتيجة لمغادرة الطلاب. كما قدمت برامج السبت في المدارس للعائلات إمكانية التعرض للغة، بعضها بمساعدة المنظمات الإيطالية أو القنصلية الإيطالية. ومع ذلك، وكما هو الحال مع برامج ما بعد المدرسة على مدار الأسبوع، فإن الالتزام ببرنامج يوم السبت على رأس جدول مزدحم بالفعل، قد يكون في بعض الأحيان أكثر من اللازم بالنسبة لطفل صغير.

توضح هذه العقبات – من حيث السعر والوقت وعوامل نمط الحياة – صعوبة الحفاظ على لغة التراث خارج الفصل الدراسي لنظام التعليم العام.

---

[26] لقاء مع مارسيلو لوشيتا بتاريخ 25 يناير 2016.

دور المجتمعات التراثية

يبدو أن الجهود الأولى للمجموعة لم تذهب سدى. في نهاية المطاف تحققت رؤيتهم من قبل جاك سباتولا الذي أدت خبرته في النظام المدرسي وشبكة علاقاته العامة الواسعة إلى إنشاء أول برنامج ثنائي اللغة الإيطالية-الإنجليزية في نيويورك. وبدلاً من أن يقوده الإيطاليون الوافدون حديثاً، أصبح المشروع الآن في أيدي الإيطاليين من الجيل الثاني أو الجيل الثالث، الذين عاشت عائلاتهم نفس الشيء قبل ثلاثين أو أربعين سنة، وكانوا هم أنفسهم من الآباء الذين يتحدثون الإيطالية في المنزل أثناء التحاقهم بمدارس نيويورك العامة، بشكل حصري باللغة الإنجليزية. لقد شهدوا مباشرة الضرر اللغوي الذي عانى منه جيلهم أو أهلهم، وأرادوا العمل لعكس هذه الظاهرة من فقدان اللغة في مجتمعهم.

بشكل عام، وصل المهاجرون الإيطاليون من جيل الآباء أو الأجداد لهذه المجموعة إلى الولايات المتحدة دون أي تعليم تقريباً. كان المجتمع الذي رحب بهم مختلفاً تماماً عن مجتمع المغتربين الذي وصل حديثاً إلى هذا البلد. وبدلاً من البحث عن عمل يتوافق مع توقعاتهم، ألقى هؤلاء المهاجرون الأوائل أنفسهم في وظائف سمحت لهم بالبقاء على قيد الحياة.

على عكس الجيل الحالي من الإيطاليين في نيويورك، فإن الغالبية العظمى منهم يتحدثون الإنجليزية والإيطالية بطلاقة. فقد واجه هذا الجيل السابق صعوبة في التواصل باللغة الإنجليزية. علاوة على ذلك، لم تكن لغتهم الإيطالية بشكل عام متجانسة كما هي اليوم. كانوا يميلون للحفاظ على اللهجات المنطوقة في قراهم وبلورتها عند وصولهم إلى الولايات المتحدة.

يتمتع الإيطاليون الأمريكيون اليوم بفرصة ورفاهية تمكنهم من اتخاذ قرارات مستنيرة بشأن تعليم أطفالهم. لم تحتفظ العديد من العائلات الإيطالية الأصلية بلغتها

في المنزل، على الرغم من أصولها الإيطالية. ومع ذلك، فقد تطورت رغبتهم في الحفاظ على تراثهم اللغوي مع مرور الوقت. يشرح جاك سباتولا:

"في رأيي، خاصة في المجتمع الإيطالي الأمريكي، يدرك الآباء أهمية الحفاظ على تراثهم وثقافتهم، وأرى هذا أكثر من ذلك في أوساط المهنيين الشباب.. أراها ضرورة للحفاظ على تلك اللغة والثقافة التي لم تكن موجودة من قبل."[27]

بالنسبة لهذا الجيل الجديد، لا تكفي فصول اللغة المسائية، أو في عطلة نهاية الأسبوع؛ لتحقيق أهدافهم المتمثلة في إقامة روابط عميقة مع جذورهم الثقافية واللغوية، وجعل الأمريكيين الإيطاليين ثنائي اللغة. يؤكد جاك ذلك:

"الأمريكيون الإيطاليون، مثل المجموعات العرقية الأخرى التي اندمجت بشكل جيد في الولايات المتحدة؛ هم الآن قادرون على فهم أهمية وقيمة أصولهم. ربما يكون من خلال نوع من التقليد "البعض يفعل ذلك، فلماذا لا نفعل ذلك نحن أيضاً؟" أو، عن دراية وفهم للفوائد التي يمكن أن يجلبها العقل القادر على التفكير بلغتين."

هذا الحماس لثنائية اللغة وفوائدها المعرفية والمهنية والاجتماعية للأطفال؛ يجتذب اهتماماً متزايداً من المجتمع الإيطالي الأمريكي.[28]

وبالإضافة إلى تعزيز العلاقة التي تربط العائلات بتراثها الثقافي واللغوي، فإن البرامج والفصول ثنائية اللغة تعطي الأطفال مهارات تساعدهم طوال حياتهم. تزيد هذه المهارات من التطوير الشخصي إلى المزايا الأخرى الموجودة في الطبقات ثنائية اللغة التي يرغب المجتمع الإيطالي في أن تتضاعف.

---

[27] لقاء مع مدير مدرسة P.S. 172، جاك سباتولا. بتاريخ 9 مارس.
[28] لقاء مع مدير برامج اتحاد المنظمات الإيطالية الأمريكية، جوزيف ريزي. بتاريخ 13 نوفمبر 2016.

وأخيراً النجاح

في عام 2015، وبفضل الدعم الثابت الذي قدمه جاك سباتولا، انضم اتحاد الرابطات الإيطالية الأمريكية في بروكلين، ومدرسة P.S. 112 إلى الفريق المتحمس لإنشاء أول برنامج ثنائي اللغة باللغة الإيطالية في مدينة نيويورك. تمكن الفريق من العثور على لويز ألفانو، وهو مخرج إيطالي أمريكي متحمس بشكل خاص، ومسؤول عن P.S. 112 في بينسونهورست.

عندما تم الإعلان عن افتتاح هذا البرنامج، تلقت المدرسة مائتين وسبعين ملفاً لعشرين مكان فقط. كان ما يقرب من مائة وأربعين من هؤلاء الأطفال من الأمريكيين الإيطاليين الذين أراد آباؤهم الحفاظ على هويتهم الثقافية الموروثة من الأجيال السابقة. كان من المتوقع حتى أعداد أكبر في السنة التالية. بالنسبة للمنظمين، فإن مشاهدة أكبر عدد ممكن من الأسر التي لديها أطفال صغار مهتمين بالبرنامج ثنائي اللغة كانت مفيدة للغاية؛ كانوا يعلمون أن هناك إمكانية، ولكنهم لم يفهموا تماماً عدد الأشخاص المعنيين حتى بدأ الأهالي في التسجيل.[29]

في بيان مشترك، قال جاك سباتولا ورئيس الاتحاد كارلو سكيسورا (Carlo Scissura):

"استجابة السكان استثنائية! لقد تلقينا العديد من المكالمات على هذا البرنامج. نحن نؤمن بأن إنشاء برامج ثنائية اللغة لخدمة مجتمع متنوع مثل مجتمعنا أمر حيوي؛ لأنهم سوف يساعدون في الحفاظ على ثقافة كل شخص مع تعزيز التفاهم والاحترام بشكل أكبر لاختلافنا العرقي والثقافي.[30]

على الرغم من الإخفاقات الماضية، كان من الواضح أن المجتمع مستعد الآن لدعم المبادرة وأنه كان هناك ما يكفي من الحماس لتطوير المزيد من البرامج.

---

29 لقاء مع مديرة مدرسة P.S. 112، لويز الفانو. بتاريخ 13 نوفمبر 2016.

30مقتطف من *New York's First Italian Dual Language Preschool Coming to Bensonhurst* (Bensonhurst Bean) لراشيل سيلبرستين.

كما أظهرت المشاريع السابقة، ليس من السهل دائماً إنشاء برنامج ثنائي اللغة يبدأ من الصفر. تظهر هذه القصة الإيطالية أيضاً أن الأسر المؤسسة أحياناً تفتقد – للأسف – الفرص التي عملت عليها كثيراً، وذلك ببساطة لأن البرامج لا يتجسد بالسرعة الكافية بحيث يمكن لأطفالهم الاستفادة منها. وتوضح قصتهم أيضاً أهمية المثابرة، والصلات المجتمعية، ومثابرة العائلات للحفاظ على تراثها اللغوي.

لا ينبغي التقليل من شأن الرغبة في إعادة تنشيط مجتمع لغوي أو ثقافي، خاصة في سياق بوتقة الولايات المتحدة التي تجمع بين القصص الفردية للعديد من المجتمعات. هناك العديد من الفوائد متعددة الأجيال من الرغبة في الحفاظ على التراث الثقافي، أو أدب بلد المنشأ أو تاريخ المرء. كما أنها وسيلة لتنمية الشعور بالانتماء والفخر والهوية كعضو في مجموعة من التراث الثقافي نفسه.

تمكّن الفصول والبرامج ثنائية اللغة الأطفال من الحفاظ على تراثهم الثقافي واللغوي مع تطوير قدراتهم وهواياتهم، مما يجعلهم فخراً بمجتمعهم. كم هو جميل أن نرى كيف أصبح هذا البرنامج ثنائي اللغة حقيقة واقعة في المجتمع الإيطالي في نيويورك، وذلك بفضل تدفق الدعم من مئات العائلات. كما تقول مقولة أنجلو سكسونية قديمة: "إذا لم تنجح في البداية، حاول، حاول مرة أخرى (إذا لم تنجح في المرة الأولى، حاول مرة بعد أخرى)".

ساهم كل ممثل في هذه القصة في نجاح برنامج ثنائي اللغة، بغض النظر عن دوره. وأخيراً، مع الكثير من المثابرة والعلاقات الجيدة وقليلٍ من الحظ، يمكن للتعليم ثنائي اللغة أن ينجح في تحويل مجتمعاتنا وتنشيطها.

الفصل الرابع

العقول الاستراتيجية: تاريخ البرنامج الألماني ثنائي اللغة

في صيف عام 2015، كانت مجموعة من الآباء من كيندرهاوس (Kinderhaus)، روضة أطفال ألمانية تساعدهم على الانغماس في المجتمع الأمريكي من بارك سلوب (Park Slope) في بروكلين، تناقش الخيارات المتاحة لهم في المدرسة الابتدائية. كان كل والد في المجموعة يحدوه الأمل في أن يتمكن طفله من مواصلة تعليمه بلغتين: الألمانية والإنجليزية. لحسن الحظ، كان بعض هؤلاء الآباء يعرفون عمل سيلفيا ويلهوفر (Sylvia Wellhofer)، وهي أم ألمانية في الحي، تسعى إلى إنشاء أول برنامج ألماني ثنائي اللغة في مدينة نيويورك. بعد أن تم التواصل بينهم، قرر الأهالي من كيندرهاوس وسيلفيا الجمع بين جهودهم. فاجتمعت سيلفيا وسيلين كشيشيان (Celine Keshishian)، أمريكية كان ابنها ألمانياً ثنائي اللغة، وتولتا قيادة المجموعة. ولقياس اهتمام العائلات التي كانت على اتصال مباشر بالمجموعة، تم تنظيم حدث يبتدئ هذا المشوار بعد بضعة أسابيع، وتم تعيين فِرَق المشروع، ومديري المشاريع في نفس الوقت؛ للمساعدة في البحث المدرسي، وتوظيف أولياء الأمور، وتم وضع خطة استراتيجية. انضم إلى المجموعة بسرعة حلفاء مؤثرون، من بينهم كاتيا فيسبروك دونوفان (Katja Wiesbrock-Donovan)، رئيس القسم الثقافي في القنصلية الألمانية في نيويورك، وأندريا بفيل (Andrea Pfeil)، مدير قسم اللغات في معهد جوته (Goethe Institute)، وهو مركز ثقافي يعزز الألمانية ويحافظ على مختلف التعاون الثقافي. بالإضافة إلى توفير خبرتهم في مجال التعليم ثنائي اللغة، جعلت هذه العلاقات الجديدة هذه المبادرة

معروفة للمجتمع الألماني في الأحياء الخمسة في نيويورك وبقية المجتمع الألماني بشكل عام.

الجذور الألمانية في الولايات المتحدة

مع المزيد من العائلات الناطقة بالألمانية في بروكلين، اعترفت المدينة مؤخراً أنه من الضروري إضافة الألمانية إلى المناهج الدراسية. إن المجتمع الناطق بالألمانية في نيويورك كبير ومتنوع، ويتألف من الألمان والنمساويين والسويسريين والبلجيكيين والألزاسيين ولكسمبرغيرس والإيطاليين الشماليين والأميركيين الألمان. يمثل الألمان واحدة من أكبر مجموعات التراث اللغوي في الولايات المتحدة، والعديد من الأميركيين من أصول ألمانية لديهم مصلحة شخصية في الحفاظ على لغتهم وثقافتهم. ومع ذلك، لم يكن الحفاظ على هذا الميراث على قيد الحياة دائماً أمراً سهلاً بالنسبة للمجتمع الألماني، حيث إنه يفرض مسبقاً العديد من الأفكار والافتراضات السلبية.

بالنسبة للأميركيين الألمان الذين وصلوا إلى الولايات المتحدة خلال فترة ما بعد الحرب في خمسينيات القرن العشرين، كان من الضروري الاندماج في الثقافة الأمريكية وكثيراً ما كانوا يخفون حقيقة التحدث باللغة الألمانية، وخاصة للأطفال في المدرسة. كان لهذا القمع المتعمد للغة والمشاعر المعادية للألمانية التي غزتها روح ما بعد الحرب عواقب وخيمة بالنسبة إلى اللغة الألمانية، وصيانتها في الولايات المتحدة، بما في ذلك نيويورك. لحسن الحظ، مع مرور الوقت، اختفت هذه التحيزات مع تطور المواقف.

إن الرغبة الحالية في الحفاظ على الثقافة الألمانية في الولايات المتحدة تأتي بشكل رئيسي من الأندية والدوائر الألمانية التي ما زالت نشطة حتى اليوم، من كوينز إلى لونغ آيلاند إلى كونيتيكت وفيلادلفيا. تنظم هذه الأندية فعاليات حيث نجد الجيل الثالث أو الرابع من الألمان.

يعد دويتشر فيرين (Deutscher Verein)، على سبيل المثال، ثاني أقدم نادي نشط في نيويورك. تأسس في عام ١٨٤٢، سمح لرجال الأعمال فقط ليصبحوا أعضاء، وهو

يفتخر بضمه فريدريك أوغست أوتو (Frederick August Otto)، شوارتز (Schwartz)، وإميل فايزر (Emile Pfizer) والأخوة ستاينواي (Steinway Brothers). وعلى الرغم من أن أعضاء النادي لا يتحدثون بالضرورة الألمانية فيما بينهم اليوم، إلا أنهم يعملون بنشاط للحفاظ على تراثهم الثقافي.

هذا الإرث الآن مرئي فقط في بعض المؤسسات التقليدية في نيويورك، مثل جزارة شالر وويبر (Schaller & Weber Butchery)، ومطعم هايدلبرغ (Heidelberg Restaurant)، أو بيت شباب كولبنغ هاوس (Kolping House Youth Hostel)... ومع ذلك، فإن الكنيسة الإنجيلية الألمانية اللوثرية سانت بول دي تشيلسي (Saint Paul de Chelsea) التي تبلغ من العمر 175 عاماً، ما زالت تحتفل بالمكتب الألماني، وتستمر في حشد العائلات الشابة في جماعة أسلافها.

كما يتضح الاحتفاء بالثقافة الألمانية بشكل كبير من خلال مسيرة الستوبين (Steuben Parade) في الحي الخامس (Fifth Avenue) في نيويورك، حيث يجتمع الآلاف من الأميركيين الألمان كل عام حول الأغاني القديمة مرتديين الأزياء التقليدية. حتى إذا كان المغتربين الألمان الجدد لا يشاركون بالضرورة بأنفسهم في هذا النوع من التقاليد، فإنه واضح للجميع أهمية الدور الذي يلعبونه في الحفاظ على التراث الثقافي الأمريكي - الألماني في نيويورك. الثقافة الألمانية في المدينة تشهد أيضاً ما يمكن أن يسمى نهضة حيث تشهد صناعة المطاعم على سبيل المثال انتعاشاً بفضل افتتاح العديد من الشباب الأمريكيين الألمان مطاعم ألمانية أو ذات طابع ألماني.

يهتم الألمان المهاجرون حديثاً إلى الولايات المتحدة، بشكل كبير بالحفاظ على ثقافتهم ولغتهم؛ غالباً بهدف تحسين حياتهم المهنية، وخصوصاً وأن العديد منهم لم يخططوا للبقاء في الولايات المتحدة لفترة طويلة. مبادرة التعليم ثنائي اللغة جعلتهم يعيدون النظر في هذا الموقف، لأنهم أصبحوا يرون في المدارس العامة بديلاً ممتازاً للمدارس الألمانية الخاصة، التي قد تكون ذات تكلفة عالية. تمثل هذه العائلات من

المهاجرين الجدد جزءاً هاماً من المشهد الألماني في نيويورك، بالإضافة إلى مجتمع التراث الألماني الموجود بالفعل في المدينة.

هناك العديد من الأمثلة المثيرة للاهتمام عن المنظمات والجمعيات التي تسعى إلى جمع وتوحيد قطبي المجتمع الألماني في نيويورك. تمثل سيتي كيندر (CityKinder) واحدة من الجمعيات التي تنظم احتفالات وأنشطة يتجمع حولها الألمان في نيويورك من مختلف الأجيال، مثل النزهات في الحدائق، والمشاركة في مسيرة الستوبين، واحتفالية يوم الخريف (Fall in the Park) التي يشارك فيها العديد من العائلات، ويلتفون حول الطائرات الورقية، والتفاح المشوي، والألعاب التاريخية.

أما الحدث الأكثر أهمية؛ فهو مسيرة المصابيح بسانت مارتين التي يشارك بها الأطفال؛ حيث يقومون بعبور بروسبكت بارك (prospect park) في بروكلين حاملين المصابيح المصنوعة يدوياً ومرددين أغانٍ تراثية.

بفضل مؤسستها، جابي هيجان (Gabi Hegan)، تتعاون سيتي كيندر مع المجتمع الألماني في نيويورك، وتستعين بها المراكز الثقافية والكنائس والمدارس الألمانية؛ لتعزيز أنشطتها، والوصول إلى الأُسَر الشابة.

لعبت الجمعية أيضاً دوراً رئيسياً في دعم مبادرة التعليم الثنائي اللغة، من خلال ربط العائلات من خلفيات لغوية وثقافية مختلفة، والجمع بينها حول مشروع يمكن أن يخدم المجتمع بطريقة مدهشة.[31]

جمعت مبادرة التعليم الألماني ثنائي اللغة بين العائلات متعددة الثقافات واللغات والجنسيات. ويمكننا ملاحظة ذلك من خلال حي بروكلين، حيث عاشت هذه العائلات ذات الأعراق والمصالح والمهن المختلفة: رجال الأعمال، الإداريون، الفنانون أو الطلاب... كانت بعض هذه العائلات من أصل ألماني، ولكنها تحدثت باللغة الإنجليزية فقط،

---

[31] لقاء مع مؤسسة City Kinder، جابي هجين. بتاريخ 19 فبراير 2016.

والآخرون تعود أصولهم إلى الأسر التي هاجرت ولكن لم تخطط للبقاء في الولايات المتحدة لفترة طويلة جداً.

جاءت هذه العائلات من خلفيات دينية واجتماعية اقتصادية متنوعة، وهذا التنوع هو الذي أعطى قوة لبرنامج التعليم الألماني ثنائي اللغة.

التنفيذ

كانت الجهود التي بذلتها مجموعة الصناعة الألمانية ثنائية اللغة لوضع استراتيجية في أقرب وقت ممكن عاملاً حاسماً في نجاحها. استخدم الفريق المنظم نهجاً مرحلياً، وتحديد المواعيد النهائية والأهداف للمضي قدماً في المشروع في الوقت المحدد. على سبيل المثال: استقر الفريق على مهلة حتى شهر ديسمبر لاختيار مدرسة؛ حتى يتسنى لهم توفير الوقت الكافي للطلاب للتسجيل والبدء في المدرسة في سبتمبر من العام التالي، بالإضافة إلى ذلك، اضطرت لجنة التوعية التي شكلت من الأسر المهتمة بإنشاء برنامج تعليم ألماني ثنائي اللغة إلى إعداد ملف قوي للبرنامج؛ لأن ليس كل المدارس التي تم الاتصال بها كانت بالضرورة منفتحة أو مقبلة على فكرة إنشاء مثل هذا البرنامج، أو لم تكن على دراية بالفوائد التي يعود بها على الأطفال والمجتمع المدرسي. بالنسبة لبعض قادة المدارس، أجبرهم ذلك على التفكير بشكل غير تقليدي، والاستماع لآراء وأفكار مختلفة عما اعتادوا عليه، وهي خطوة بدت صعبة للغاية.

ورغم الصعوبات والتحديات، استمرت المجموعة في التقدم بعناية فائقة لتوثيق العمل الذي سيقدم فيما بعد إلى أولياء الأمور المهتمين. تصف سيلفيا ويلهوفر أولى خطوات فريقها:

"في الأساس، اتبعنا خريطة الطريق الخاصة بالمبادرة الفرنسية، ونقوم بإجراء التعديلات عندما نرى ذلك ضرورياً. لم نحدد الأحياء في المرحلة الأولية، وركزنا على الأهالي أكثر من المؤسسات. ركزنا جهودنا على إنشاء قاعدة بيانات من شأنها أن تسمح لنا بمناقشة قضيتنا وتحديد عدد من الأشخاص المتحدثين بالإنجليزية المبتدئين. لقد

كان هذا مفيداً جداً. بعد اجتماع الانطلاق، تم تحديد ثلاث مجموعات من الأهالي، والتواصل مع المدارس والأشخاص المسؤولين عن المنطقة التعليمية."[32]

حددت الأسر هدفها الأساسي؛ وهو إيجاد خمسة عشر طفلاً يتحدثون الألمانية، وخمسة عشر طفلاً من غير المتحدثين بالألمانية؛ من أجل تقديم ملف قوي إلى السلطات المدرسية. ولتلبية الشروط اللازمة في مدينة نيويورك، كان من الضروري أيضاً تحديد عدد الأطفال من الذين يتحدثون باللغة الإنجليزية كمبتدئين في كل منطقة تعليمية؛ لإلحاقهم بالبرنامج، وشكل تنوع الأسر المعنية بالمبادرة الأساس لنجاح لمشروعهم.

منذ البداية، تبادل فريق البرنامج الألماني ثنائي اللغة المعلومات بانتظام مع جميع المشاركين في المشروع من أجل وضع استراتيجية لتعيين الأهالي المهتمين بالأمر، وتسجيل أبنائهم في البرنامج والفصول والحفاظ على التزامهم. من أجل العثور على المجموعة المدرسية المناسبة التي ستساعد على تحقيق هذه الأهداف، استهدفوا ثلاث مناطق في بروكلين، وشكلوا ثلاثة مجموعات عمل مستقلة تقدم تقارير عن كل منطقة بناءً على بيانات ميدانية. حتى وإن كانت إحدى هذه المجموعات ترغب في إنشاء البرامج، أو إطلاق مبادرة مماثلة في أحياء أخرى، إلا أن الجميع أرادوا عدم إساءة استخدام الوقت والطاقة التي ينشرها الأهالي من خلال تقسيمها على عدة مبادرات في وقت واحد.

مع وضع تاريخ الافتتاح في الاعتبار، كان على الفريق المسؤول عن العثور على المدرسة اتخاذ قراره النهائي حول مكان تركيز جهود المجموعة، على حسب العناصر اللازمة لإنجاح المشروع، مثل مستوى الدعم من إدارة المدرسة، أو مساحة وعدد الفصول الدراسية المتاحة. كان على المدارس المختارة أن تكون متعاونة وجاهزة لمواجهة العقبات المختلفة التي تصاحب دوماً فتح فصلٍ ثنائي اللغة.

32لقاء مع سيلفيا ويلهوفر. بتاريخ 29 يناير 2016.

كل مدرسة محتملة كان يتم اختيارها من قبل المجموعة المسؤولة عن اختيار المدارس؛ كان يتم زيارتها من جميع قادة المجموعات الأخرى. بعد ذلك يتم مشاركة المعلومات عن هذه المدارس مع العائلات المهتمة بالمشروع.

أدركت المجموعات بعد زيارتها للمدارس أن المدارس ذات التقييم المنخفض سوف تنتفع بشكل أكبر مع البرنامج الثنائي اللغة، لأن هذه البرامج عادة ما تجذب الطلاب الجدد، والأسر التي تبحث عن مدارس لتسجيل أبنائها، والمتحمسين للمبادرة الثنائية اللغة، وللمشاركة في المجتمع المدرسي. غالباً ما تكون العائلات الجديدة متحمسة أكثر للتطوع في المدرسة، أو المساعدة في المكتبة، أو التبرع، أو إيجاد موارد إضافية للفصول الدراسية. تساعد زيادة عدد الطلاب الملتحقين بالمدرسة من أجل البرنامج والفصول ثنائية اللغة على تأمين تمويل إضافي من المدينة، ووزارة التعليم الأمريكية. هذه العوامل، فضلاً عن قبول برنامج ثنائي اللغة من قبل الفريق الإداري للمدرسة المحتملة، جعلت من الممكن تفعيل قرارات مجموعة البرنامج الألماني ثنائي اللغة.

استراتيجية منظمة وفعالة

بالنسبة إلى المروجين للمشروع الألماني ثنائي اللغة، كان من المهم تقديم استراتيجيتهم بوضوح وبدء العمل. قبل إطلاق مبادراتهم، كانت هناك بالفعل خمس مدارس ألمانية خاصة في مدينة نيويورك، ثلاث من هذه المدارس كان مقرها في بروكلين: المدرسة الألمانية بروكلين (German School Brooklyn)، كيندرهاوس (kinderhaus) وورتسبايلي (Wortspiele).

لم يرغب قادة المشروع في التنافس مع هذه المدارس، أو وضع أنفسهم في موقف يُنظر فيه إلى مبادرتهم على أنها تهديد. كان قادة المجموعة مقتنعين بالحاجة إلى عرضٍ أوسع، ورأوا إنشاء برنامجهم في مدرسة عامة كحل تكميلي لتلك الحلول التي قدمتها المدارس الخاصة. كانت المجموعة حريصة على عدم تضخيم أو افتعال التوترات غير

الضرورية في عمل صعب بالفعل. من ناحية أخرى، تمثل المدارس الخاصة الألمانية خياراً جيداً بالنسبة لبعض العائلات التي تستطيع تحمل تكاليف مثل هذا النوع من التعليم، ولذلك التعاون مع المدارس الخاصة يضمن ترحيب المجتمع الألماني في نيويورك ببرنامج ثنائي اللغة باللغة الألمانية في المدارس العامة، والذي سوف يكون إضافة قيمة للمجتمع.

عرفت المجموعة أنه من الضروري كسب ثقة الوالدين، والحفاظ على شبكة ممتازة من الاتصالات والعلاقات؛ فكان من الضروري الاستماع لبعض المقترحات، وضمان مراعاة طلبات واحتياجات الأهالي والطلبة، بشكل يتسق مع استراتيجية المجموعة وأهدافها. وهذا ما أوضحته سيلفيا ويلهوفر:

"أنا أعمل بطريقة منهجية، ومتأكدة من أن هناك طريقة أخرى للعمل على هذه المبادرة، لكني كنت أتخيلها دائماً كعمل تجاري، أو منظمة غير حكومية بدون أي تمويل. أطلقنا صفحة على شبكة التواصل الاجتماعي فيسبوك، وصممنا شعاراً، وأنشأنا موقعاً على شبكة الإنترنت. عندما كان الأمر مهماً حقاً، كنت أقوم بإرسال بالرسائل الإلكترونية أو المكالمات الهاتفية، وقد تم نقل المعلومات حول البرنامج ثنائي اللغة باللغة الألمانية عبر CityKinder.com، وهو منصة إلكترونية عبر الإنترنت، والرسالة الإخبارية للقنصلية، والرسالة الإخبارية لمعهد جوث (Goethe Institute). كما قمنا بتوزيع المنشورات، وحاولنا نشر الأخبار عن مبادرتنا في المنتزهات، أو في الأنشطة التي شاركنا فيها."[33]

وكثيراً ما يتواجد الأهالي في الأماكن المفتوحة أو مقاهٍ في الحي أو في الملاعب، ساعد ذلك على تدفق المعلومات بشكل ثابت، وساهمت الشراكات بين المجموعة والمنظمات المختلفة علي تثبيت مصداقية وفعالية مبادرتهم، فعلى سبيل المثال، عرض معهد جوته تلبية جميع احتياجات مواد الفصل الدراسي، واستخدم شبكته للعثور على الموارد

33لقاء مع سيلفيا ويلهوفر. بتاريخ 29 يناير 2016.

وإعداد البرامج وجمع السير الذاتية للمدرسين، كما تم إنشاء روابط مع المدارس التي أقامت بالفعل برامج ثنائية اللغة، مثل البرنامج الفرنسي من P.S. 110، والبرنامج الياباني من مدرسة P.S. 147، للتعلم من تجاربهم والاستفادة من نصائحهم.

خيبة أمل ومحاولات مستمرة

وبفضل البيانات التي تم جمعها والتواصل الواضح مع الأطراف المعنية، تمكنت المجموعة من الحصول على اتفاق مبدئي مع مدرسة 17.P.S في بروكلين، ثم بدأت مجموعة الأهالي المنظمين البحث عن عائلات لينضم أطفالهم إلى رياض الأطفال في نفس العام، وتحدثت إلى مجموعات من مختلف المناطق التعليمية في بروكلين وكوينز، لكن للأسف قبل أسابيع قليلة من بداية العام الدراسي، تخلت الكثير من الأسر عن عملية التسجيل؛ لرغبتهم افتتاح البرنامج في محيط وظروف أفضل.

لم يتجسد مشروع البرنامج الثنائي اللغة في مدرسة 17.P.S بسبب عدم تعاون إدارة المدرسة، والصعوبات الإدارية شديدة التقييد.

يوضح هذا المثال والأمثلة الواردة في فصول أخرى من الكتاب الحاجة إلى التحقق بانتظام من اهتمام أولياء الأمور والتزامهم بالمشاركة في المبادرة. من المهم أيضاً أن يستمر قادة المشروع في التركيز والاستمرار في البحث عن مدرسة بديلة، كما فعلت هذه المجموعة.

بفضل الدعم الدائم من مسؤول المنطقة التعليمية، استمر الفريق الراغب في افتتاح برنامجاً ألمانياً ثنائي اللغة في البحث عن بدائل، وكان الأهالي مصممين على الوصول لهدفهم يوماً ما، وأدى ذلك إلى افتتاح برنامج بعد اليوم الدراسي لإثراء اللغة الألمانية في مدرسة P.S. 18 والتي عرضت أيضاً دمج المحتوى الألماني في المناهج الدراسية والحفاظ على الارتباط بالثقافة الألمانية في المدرسة.

وقد أدت الجهود التي بذلها فريق برنامج اللغة الألمانية إلى اعتماد برنامج ألماني ثنائي اللغة في مدرسة P.S. 18، وذلك من خلال الإخلاص لمهمتهم المتمثلة في توفير

برنامج ثنائي اللغة باللغتين الألمانية والإنجليزية في مدارس نيويورك العامة، فإن مثابرة المجموعة مثالية بالتأكيد ومؤشر إيجابي على مزيد من النجاح في المستقبل.

شكل أولياء الأمور الذين شاركوا في المبادرة الألمانية الثنائية اللغة مجموعة منظمة تنظيماً جيداً. لقد قاموا بوضع استراتيجية رائعة للعثور على المدارس وتوظيف الأسر، وأبقت الاتصالات بين الأطراف واضحة في جميع الأوقات. كانوا منفتحين على جذب متحدثين غير ألمان في المجموعة، وكانوا حريصين على العمل مع المدارس الخاصة والمنظمات الثقافية كشركاء، وليس منافسين.

وعلى الرغم من أن العديد من العائلات كانت محبطة بسبب تأجيل البرنامج، إلا أن الكثير قد تم إنجازه، وما زالت الآمال برؤية المزيد من البرامج الثنائية اللغة باللغة الألمانية في نيويورك مرتفعة. لقد تم إعداد الأساس لثورة ثنائية اللغة ناجحة باللغة الألمانية بطريقة منظمة ومدروسة جيداً.

الفصل الخامس

قصة حيين: المجتمع الروسي في هارلم وبروكلين

كان الاجتماع الذي عقد في معهد هاريمان (Harriman) بجامعة كولومبيا في نيويورك في عام 2016 تتويجاً للبرنامج الثنائي اللغة الروسي بقيادة والدتين هما: جوليا ستويانوفيتش (Julia Stoyanovich) وأولغا إلياشينكو (Olga Ilyashenko). جمع الاجتماع مجموعة رائعة من المؤيدين، من بينهم تيم فري (Tim Frye)، وهو أمريكي يتحدث الروسية وأستاذ في الدراسات الروسية وأوروبا الشرقية، ماريا كوت (Maria Kot)، وهي من أصل روسي وساهمت في إنشاء وحفظ البرنامج الروسي ثنائي اللغة في بروكلين، وتاتيانا كلين (Tatyana Kleyn)، وهي معلمة ثنائية اللغة في جامعة سيتي في نيويورك (City College)، والتي جاءت إلى الولايات المتحدة كمتحدثة روسية شابة من لاتفيا، وكان عليها أن تتعلم اللغة الروسية مرة أخرى كشخص بالغ. وشمل الاجتماع أيضاً شخصيات مهمة في الولايات والمدن مثل لويس رييس (Luis Reyes)، عضو مجلس إدارة نيويورك ريجنتس، وميلادي بايز (Milady Baez)، نائبة مستشارة التعليم السابقة كارمن فارينا، ومسؤولين محليين آخرين منتخبين، ومديري المدارس، والمدرسين وممثلي الجمعيات الثقافية وأولياء الأمور. كان هذا الاجتماع مجرد عرض صغير للجهد المذهل على مدار سنوات لإنشاء برنامج ثنائي اللغة بالروسية في الجزء الغربي العلوي من مانهاتن، فلقد نجحت عدة مجموعات من الأسر في تخطي العقبات وإقناع الإدارات المدرسية بالحاجة إلى برنامج روسي ثنائي اللغة في هذا الجزء من المدينة. على الرغم من العديد من الصعوبات، فإن هذه الدعوة للعمل توحد مجموعة من الأفراد ذوي التوقعات والأهداف المختلفة نحو هدف واحد.

مجتمع لغوي بروح العولمة

كل الحاضرين في هذا الاجتماع لم يكونوا بالضرورة من روسيا، في الواقع كان عدد قليل منهم فقط من أصول روسية، عاش الكثيرون منهم في نيويورك، ولكنهم نشأوا في منازل حيث كانوا يتحدثون الروسية، وجاء آخرون من دول أو مناطق الاتحاد السوفييتي السابقة التي أصبحت دولًا جديدة مثل لاتفيا. خلال هذا الاجتماع، عندما سُئلوا عن اللغات الأخرى التي يتحدثون بها في المنزل، استحضرت العائلات كل من اللغة الإيطالية واليونانية والأوكرانية والتترية والأرمنية والإسبانية والفرنسية والألمانية والإيطالية والعبرية أو الهنغارية أو الصربية أو الأردية... وذلك على سبيل المثال لا الحصر، بالإضافة إلى الروسية والإنجليزية.

تألفت المجموعة بأكملها من مائة وخمس وعشرين أسرة، مع مائة وستين طفلاً ولدوا بين عامي 2011 و2016، أي بمعدل ميلاد ثلاثين إلى أربعين طفلاً في السنة، والذين كان من المتوقع دخولهم قسم (متوسط أو كبير) من رياض الأطفال في العام التالي.

بالنسبة للعديد من هؤلاء الآباء، كانت اللغة الروسية هي اللغة الأم أو لغة العائلة. آخرون لم يكن لديهم أي فكرة عن ذلك. ما يقرب من نصف الأطفال كانوا يتحدثون اللغة الروسية في المنزل، وتحدث ربعهم كل من الروسية والإنجليزية، بينما كان ربع آخر يتحدثون اللغة الروسية فقط أو لغة أخرى.

كانت الأسر التي تمثلها هذه المبادرة متنوعة مثل المدينة التي كانوا يعيشون فيها: متعددة اللغات، ومتعددة الثقافات، وتتوق إلى خلق فرص جديدة لأطفالها.

الشهادات التي تم جمعها من عائلات معينة تعطي فكرة جيدة عن أهمية هذه المبادرة في حياتهم الشخصية والعائلية. كان على بعض الآباء أن يكافحوا لتعلم اللغة الروسية كلغة ثانية، بعد أن تأخروا في ذلك، ولم يرغبوا في أن يعاني أطفالهم من نفس الصعوبات. كان لدى بعض الأطفال آباء وأمهات، أحدهم يتحدث اللغة الروسية

والآخر يتحدث اللغة الإنجليزية، مما جعل التواصل باللغة الروسية أمراً صعباً للغاية في المنزل.

كان هؤلاء الآباء مقتنعين بأن البرنامج الثنائي اللغة الروسي سيكون وسيلة لا تقدر بثمن للحفاظ على هويتهم، والسماح لطفلهم بالتحدث باللغة الروسية بطلاقة. على سبيل المثال: كان لدى إحدى العائلات طفل ثلاثي اللغات بالفعل، يستطيع التحدث باللغة الإنجليزية والروسية والصينية، أرادوا تسجيله في برنامج ثنائي اللغة حتى يتمكن من القراءة والكتابة في لغتين على الأقل من هذه اللغات الثلاث.

أشار بعض الأهالي أيضاً إلى الفوائد الثقافية التي سيحصل عليها كل من الأطفال الناطقين بالروسية وغير الناطقين بالروسية، حيث سيكون لديهم القدرة على اكتشاف كنوز الثقافة الروسية بأنفسهم خارج نطاق اللغة.

عائلة جوليا ستويانوفيتش (Julia Stoyanovich)، مؤسِّسة البرنامج الثنائي اللغة الروسي، تتحدث باللغة الروسية فقط في المنزل؛ لأن جوليا وزوجها أرادوا أن يكون ابنهما قادراً على فهم أو حتى قول النكات بلغتهما الأم. أرادوا منه أن يكون قادراً على التواصل مع أجداده في كوينز، موسكو أو بلغراد، الذين كانت لغتهم الإنجليزية محدودة للغاية.

تعتبر العديد من العائلات نفسها "روسيين في العالم"، وهو مصطلح يشير على نطاق واسع إلى خليط من الثقافات الناطقة باللغة الروسية والمتعلمين في الغرب، ويعتبر بمثابة جواز سفر مختوم بشكل جيد ويحمل آراء غربية ليبرالية. هؤلاء الأهالي مقتنعون بأن البرنامج ثنائي اللغة الروسي سيكون وسيلة لا تقدر بثمن للحفاظ على هويتهم عن طريق نقل لغتهم الأم وثقافتهم لأطفالهم.

كانت الرسالة التي نقلتها هذه العائلات عميقة وبسيطة في آن واحد: E Pluribus Unum أي الاتحاد في التنوع. كانوا يأملون في الجمع بين خلفياتهم المتنوعة وأصولهم ومصالحهم لخلق برنامج ثنائي اللغة مزدهر، ومشاركة حبهم للثقافة الروسية وثقافة بلادهم مع بقية المجتمع.

ليس من النادر سماع الروسية في الجانب الغربي العلوي من مانهاتن. لدى مدينة نيويورك عدد كبير من العائلات الناطقة بالروسية أكثر من أي مدينة أخرى في الولايات المتحدة، ووفقاً لإحصاء حديث، فإن هناك أكثر من مائتي ألف متحدث روسي يعيشون هناك، وهذا يجعل اللغة الروسية رابع أكثر اللغات تحدثاً في المدينة، بعد الإنجليزية والإسبانية والصينية.[34]

هناك ما يقرب من ثلاثة آلاف وأربعمائة طفل يتحدثون اللغة الروسية في نيويورك، ويعتبرون كمبتدئين باللغة الإنجليزية، ويستوفون معايير خدمات التعليم ثنائي اللغة. يستطيع العديد من الطلاب الآخرين من الناطقين بالروسية الدخول إلى المدرسة عن طريق التحدث باللغة الإنجليزية الأساسية، وبالتالي يجب أن يكونوا قادرين على قراءة اللغة الإنجليزية وكتابتها وفهمها بشكل مثالي.[35]

يمكن أن يستفيد البرنامج الروسي ثنائي اللغة من جميع الأطفال، بغض النظر عن خلفيتهم اللغوية، حتى أولئك الذين يتحدثون الإنجليزية فقط. طرق كثيرة لم تكن متصورة سوف تفتح لهم، سواء كانوا ثقافيين أو محترفين أو شخصيين. لم يتوقف المؤسسون عن الإصرار على رغبتهم في مشاركة لغتهم وثقافتهم مع أعضاء آخرين في مجتمع نيويورك. واقتناعاً منهم بأن التيار ثنائي اللغة سيكون هدية لا تقدر بثمن لأطفالهم والمجتمع بأكمله، كانوا على استعداد لفعل أي شيء لجعل حلمهم حقيقة.

الكفاح من أجل الصعود إلى الأعلى

قبل العودة إلى الأمين الروسيتين في مانهاتن، نحتاج إلى سرد القصة الأصلية للبرامج ثنائية اللغة باللغة الروسية في نيويورك.

---

[34] مسح المجتمع الأمريكي لعام 2015. (American Community Survey, 2015).
[35] لقاء مع تاتيانا كلين، أستاذة التعليم الثنائي اللغة بجامعة سيتي كولاج بولاية نيويورك (City College de New York) بتاريخ 11 مارس 2016.

تبدأ هذه القصة في بروكلين، هذا هو المكان الذي كافحت فيه ماريا كوت، وهي إحدى الأمهات الناطقات بالروسية، من أجل تعليم ثنائي اللغة بالروسية لابنتها ومئات من الطلاب الآخرين الذين يتحدثون لغتين في مدارس.[36] .P.S. 200 et I.S. 228. نظمت ماريا فعاليات واجتماعات في محيطها، وخطط عمل متطورة وأقامت روابط مع الجماعات الأخرى، وجمعيات الأحياء، والعائلات الروسية والوكالات الحكومية. وهي الآن مندوبة من رابطة التربية والتعليم ثنائية اللغة في ولاية نيويورك، حيث يمكنها إشراك مصالح الأهالي من مختلف المجتمعات اللغوية.

جاء أول تفاعل لماريا مع البرنامج ثنائي اللغة الروسي عندما التحقت ابنتها في المدرسة الابتدائية في P.S. 200. عندما سجلت ابنتها بالمدرسة، علمت ماريا أن البرنامج سيلغى بعد وصول مدير جديد، بالإضافة إلى ذلك، اشتكت العديد من مجموعات الأقليات في المدرسة من أن أطفالهم يتلقون خدمة أقل من الأطفال في القسم ثنائي اللغة. تشرح ماريا الصعوبة التي واجهتها في إقناع الأهالي وإدارة المدرسة بأهمية هذا البرنامج:

"في ذلك الوقت، لم يكن الوضع كما هو، ولم تكن فكرة وجود برنامج ثنائي اللغة موضع ترحيب، لذلك كان علينا الكفاح، استغرق الأمر معركة مع وزارة التعليم لضمان أن أطفالنا لديهم الحق في التعليم ثنائي اللغة. أنا أفضل أن أحذركم، يجب تجنب هذا قدر المستطاع؛ لأنه مرهق للجميع ولا يجب عليكم القيام به".[37]

بعد معركة قانونية قاسية ضد وزارة التعليم، حصلت ماريا والأهالي المهتمين ببرنامج اللغة الروسية الثنائي على الحق في تسجيل ابنتها وأطفال آخرين في البرنامج.

استندت دعوتهم إلى قضية سابقة تعرف بقضية لاو ضد نيكولز (Lau vs. Nichols) ، وسيتم مناقشتها بمزيد من التفاصيل في الفصل الثالث عشر بخصوص حق متعلمي اللغة الإنجليزية في الحصول على تعليم ثنائي اللغة. من خلال سجلات

---

36 I.S. تعني *Intermediate School* مدرسة إعدادية من الصف السادس إلى الصف الثامن.

37لقاء مع ماريا كوت، أحد أولياء الأمور القدامى بمدرسة P.S. 200. بتاريخ 4 مارس 2016.

هؤلاء الطلاب، تمكنت ماريا ومجموعتها من الأهالي من الحفاظ على البرنامج الروسي ثنائي اللغة في بروكلين. مع مرور الوقت، استمرت المبادرة في النمو. افتتح البرنامج الثاني في الولايات المتحدة في مدرسة I.S.228. كان الإعداد لهذا البرنامج أسهل بكثير من الإعداد الأول بفضل مدير استثنائي، كما وصفته ماريا:

"كانت هذه المرة أسهل بكثير وأكثر هدوءاً وأكثر نجاحاً. لقد وجدت مديراً أراد تحسين مدرسته، اتصلت به وشرحت له الفرص التي يمكن أن توفرها فصول ثنائية اللغة لمدرسته. استغرق الأمر عدة زيارات قبل أن يفهم حقاً فكرة التعليم ثنائي اللغة، ثم أصبح داعماً رائعاً لهذا المفهوم. ومنذ ذلك الحين، افتتح برنامجاً روسيًا ثنائي اللغة وآخر باللغة الصينية. في العام التالي، فتح برنامجاً ثنائي اللغة باللغة الإسبانية، وآخر باللغة العبرية.

في الوقت الحاضر، لدى المدرسة أربعة برامج ثنائية اللغة، والآن لدينا دعم وتشجيع المدير لمواصلة السير في هذا الطريق."[38]

سمحت جهود ماريا لتطوير البرامج ثنائية اللغة الروسية لمجتمعات لغوية أخرى أن تتاح لها الفرصة للقيام بالمثل. تم اختيار مدرسة P.S. 200 على أنها "مدرسة ثنائية اللغة نموذجية للسنة الدراسية 2015 - 2016" من قبل مستشارة التعليم السابقة في نيويورك كارمن فارينا. كل هذه الإنجازات تظهر قوة مشاركة أولياء الأمور. كل مبادرة لديها القدرة على تحويل المشهد التعليمي للمجتمع.

تحويل الحلم إلى حقيقة

في الوقت نفسه، بينما كانت البرامج الروسية ناجحة جداً في بروكلين، كان مشروع مانهاتن لا يزال في حالة تجمد.. كان الجميع على دراية بفشل المحاولات السابقة لإنشاء تيار ثنائي اللغة الروسية في مانهاتن، ولكن ذلك لم يكن سبباً كافياً لإقناع أولغا وجوليا

---

[38] نفس المصدر السابق.

بالتخلي عن مشروعهما؛ بل على العكس، قامتا بحشد الاهتمام والدعوة إلى العمل. تصف جوليا رؤيتهم للمبادرة بقولها:

"إنه حلمنا، وحلمنا، على وجه التحديد، على ناصية شارعنا. وهو عبارة عن إنشاء برنامج روسي ثنائي اللغة في الجانب الغربي العلوي من مانهاتن، نحن نريد برنامجاً ثنائي اللغة ذو نوعية جيدة، يجب أن تساعد هذه البرامج الأطفال الروس المبتدئين في تعلم اللغة الإنجليزية على تعلم اللغة بطريقة بناءة وخالية من الإجهاد وفي بيئة ممتعة، كما يجب أن يساعد الأطفال الذين لا يتحدثون اللغة الروسية على تعلم اللغة، وتقديرها، والشعور بها معنا، ومع بقية المجتمع الروسي ومع العالم. نحن نريد صراحة أن يكون هذا البرنامج في مدرسة ابتدائية عامة، ونعتقد أنه سيكون قادراً على إعطائنا جميع المزايا التي ستقدمها مدينة نيويورك: التعددية الثقافية والتنوع والتكامل وجمال هذه المدينة التي نسميها بكل سرور بيتنا."[39]

بالإضافة إلى الجمع بين مجتمعهم الناطق باللغة الروسية، وضعت الأمهات استراتيجية لجذب الأشخاص الذين لا يتحدثون اللغة الروسية.

تألفت هذه الاستراتيجية من ثلاثة عناصر أساسية: الرجال الملتحين، والصواريخ، وختم ثنائية التعليم. بروح مرحة كبيرة، وصفت جوليا كيف أن إتقان اللغة الروسية مهد الطريق لثقافة البلاد وتقاليدها الأدبية، التي كانت العديد من مساهماتها من قبل الرجال الملتحين، مثل تشايكوفسكي وليو تولستوي أو تشيخوف. ويشير الصاروخ إلى فرص التطوير الوظيفي والمهني التي توفرها اللغة في المجالات السياسية والتكنولوجية والعلمية. أخيراً، في عدد قليل من الولايات، بما في ذلك نيويورك، ختم ثنائية التعليم، "ختم محو الأمية المزدوج"، يكافئ خريجي المدارس الثانوية الذين حققوا قيادة ممتازة بلغة واحدة أو أكثر بالإضافة إلى اللغة الإنجليزية، وبالتالي منح شرعية أكثر للبرامج ثنائية اللغة في البلاد.

39لقاء مع جوليا ستوينوفيتش وأولغا إليشنكو. بتاريخ 25 فبراير 2016.

تم تجميع معظم المكونات اللازمة لإنشاء برنامج ثنائي اللغة ناجح على الجانب العلوي الغربي من مانهاتن في مساء يوم الاجتماع بجامعة كولومبيا.

كانت المجموعة بحاجة إلى أهالٍ متحمسين، وكان العديد منهم في الحضور، كانوا بحاجة إلى موارد من إدارة التعليم في نيويورك وغيرها من الجمعيات والشراكات الخارجية؛ وبالفعل كان العديد من ممثليهم أيضاً في الحضور عندما لم يكونوا بالفعل جزءاً من المقدمين.

كانوا بحاجة إلى تحديد المعلمين المؤهلين تأهيلاً عالياً، ويمكنهم القيام بذلك عن طريق العمل مع المدارس، وكان العنصر الأساسي الأخير هو الطلاب، لكن المجموعة لم تكن بحاجة للقلق بشأن ذلك نظراً لعدد أولياء الأمور المتحمسين والملتزمين الموجودين في الجمعية، ومع ذلك، ذكّر المديرون المبادرين الجدد للبرنامج بأهمية الاحترام والاندماج في مجتمع مدرسي أنشئ بالفعل، وتشجيعهم على العمل مع أولياء أمور المدارس الذين قد يشعرون بالتهديد من جراء هذه التغييرات.

السمة الرئيسية للمبادرة الروسية هي إصرار هؤلاء الأمهات على التزامهن بعدم خلق فقاعة معزولة داخل المدرسة لطلاب هذا البرنامج. على العكس، فقد كن مصممات على بناء برنامج من شأنه أن يفيد المجتمع المدرسي بأكمله. كانت هذه الحالة الذهنية ضرورية لنجاح مشروعهم ثنائي اللغة، عندما يعتمد البرنامج ثنائي اللغة على مفاهيم الاحترام والتقدير والتعاون، تصبح المدرسة الأساس الذي يمكن أن يزدهر المجتمع من خلاله.

تقدم لنا المبادرتان للبرنامج الثنائي اللغة بالروسية، الأول في بروكلين والأخر في مانهاتن، قصصاً متناقضة، مع تقديم نصائح مماثلة.

في بروكلين، أدت معركة قانونية صعبة إلى ازدهار برنامج ثنائي اللغة، وجعله ملجأ يرحب بالمجتمعات المتنوعة ويقويها اليوم. في مانهاتن، يستمر الجهد في العثور على مؤسسة لتأسيس برنامج ثنائي اللغة للعديد من العائلات الروسية المهتمة بالأمر.

في وقت كتابة هذا الكتاب، تجري مناقشة مبادرة اللغة الروسية ثنائية اللغة مع مدرسة في هارلم تبدو مرحبة بمثل هذا الاقتراح. على الرغم من أن مشاريع مانهاتن وبروكلين قد اتبعت مسارات مختلفة، فقد دافعت عن التنوع واحترام الاختلافات داخل مجتمعاتها. تسعى هذه المجتمعات إلى تعزيز اللغات والثقافات التي تشكلها، في حين تشاركها وتحتفي بها مع الآخرين.

وأخيراً، بغض النظر عما إذا كان أطفالهم يروون النكات أو يرقصون في الباليه أو يقرؤون تولستوي، ستعمل هذه العائلات دائماً على الحفاظ على تراثها الثقافي الفريد، في مدينة متعددة الثقافات من أجل تحقيق أحلامهم.

الفصل السادس

تأثير الدومينو: تكاثر البرامج الفرنسية ثنائية اللغة

بدأ الأمر كله في أبريل 2006، عندما تواجدت ثلاثة أمهات متحمسات في مكتب جيزيل ماكغي (Giselle McGee) في مدرسة كارول جاردنز (P.S.58 of Carroll Gardens) في بروكلين، على أمل إقناعها بأن برنامجاً خارج المنهج الدراسي باللغة الفرنسية يستحق أن يضاف إلى مدرستها. هؤلاء الأمهات الثلاث مثلهم كمثل العديد من الأسر الفرنكوفونية في الحي تبحثن عن وسيلة للحفاظ على اللغة الفرنسية لأطفالهن خارج منزل العائلة.

لم يكن لدى الأمهات الثلاث أي شك أن جيزيل سوف تقبل فكرة إضافة برنامج بعد اليوم الدراسي على الفور، بل ستكون على استعداد أيضاً للتعاون بشكل أكبر من ذلك بكثير.

أدت مناقشتهم إلى إنشاء برنامج ثنائي اللغة باللغة الفرنسية، وهو أول برنامج في نيويورك. يسلّط تاريخ البرنامج الفرنسي ثنائي اللغة الضوء على تأثير الدومينو القوي للثورة ثنائية اللغة، وبفضل قوة المجتمع المتحمس والمُلتزم، يمكن مضاعفة البرامج ثنائية اللغة التي من الممكن أن يستفيد منها عدد متزايد من الطلاب الذين يجيدون لغتين.

تأثير الدفاع المتكاتف

كانت جيزيل طفلة تتحدث لغتين حتى بلغت الخامسة من عمرها. كانت تتحدث الفرنسية في المنزل مع والدتها، والإنجليزية مع والدها. لكن عندما بدأت مرحلة روضة الأطفال في جزيرة ستاتن (Staten Island) في نيويورك، أخبرت جيزيل والدتها أنها لم تعد تتحدث الفرنسية، لأنه لم تعرف أي من زميلاتها الأخريات اللغة.

كان ذلك في عام 1960، عندما كان المهاجرون الوافدون حديثاً إلى الولايات المتحدة يحاولون التأقلم مع اللغة والثقافة الجديدة بدلاً من الحفاظ على لغتهم الأم. في ذلك الوقت، لم تدرس المدارس الابتدائية اللغات الأجنبية، ولذلك لم يكن لدى الأطفال إمكانية تنمية مهاراتهم في اللغة الإنجليزية من خلال فصول من شأنها الحفاظ على لغتهم الأم.

هكذا فقدت جيزيل، وهي ناطقة بالفرنسية عمرها خمس سنوات، لغتها الأم. قصة شائعة جداً في الولايات المتحدة في ذلك الوقت. لحسن الحظ، يتخذ التعليم ثنائي اللغة الآن اتجاهات جديدة ويسعى إلى عكس هذا الاتجاه.

مع وضع ماضيها في الاعتبار، قامت جيزيل، مديرة المدرسة الآن، بتأسيس البرنامج الفرنسي في مدرسة P.S. 58 في عام 2007. لقد مهد اللقاء المفيد بين جيزيل والثلاث أمهات (كاثرين بويسون/Catherine Poisson، آن-لوري فيارد/Anne-Laure Fayard وماري باول توماس/Mary-Powel Thomas) الطريق أمام العديد من المبادرات الأخرى لتكرار جهودهم.

اجتمع الأهالي الآخرون ونظموا أنفسهم ليصبحوا "كتلة متماسكة"، وحصلوا على دعم والتزام العديد من العائلات.. كل هذا أدى إلى إنشاء برامج ثنائية اللغة، ليس فقط في نيويورك؛ ولكن أيضاً في مدن أخرى في الولايات المتحدة خلال السنوات العشر الماضية. وقد شجع النجاح المستمر لبرنامج مدرسة P.S.58 هؤلاء الأهالي على الاتصال بالمدارس لتزويدهم ببرامج مماثلة، والاستثمار في مواصلة الجهود المبذولة بالفعل من

أجل برامج اللغة الفرنسية ثنائية اللغة. حتى يومنا هذا، يرى اختصاصيو التوعية والباحثون في جميع أنحاء العالم هذا البرنامج كنموذج مثالي لما يجب أن يكون عليه التعليم ثنائي اللغة في القرن الحادي والعشرين.

بينما بدأت مجتمعات أخرى في المدينة تسمع عن نجاح P.S. 58، ظهر تآزر واضح بين مختلف الجمعيات والمؤسسات. ومن بين هؤلاء، الخدمات الثقافية التابعة للسفارة الفرنسية، وعدد من الجمعيات الخيرية وغير الربحية، ووسائل الإعلام المحلية باللغة الفرنسية[40]، وجمعية التعليم باللغة الفرنسية في نيويورك (Education en Français)، وهي جمعية للمتطوعين تتمثل مهمتها في تقديم أنشطة إضافية وبرامج ثنائية اللغة في المدارس العامة في المدينة. شجع هذا التآزر على مضاعفة عدد البرامج ثنائية اللغة الفرنسية عبر المدينة في فترة زمنية قصيرة للغاية وزرع بذور ما سيطلق عليه قريبا "الثورة ثنائية اللغة الفرنسية".[41]

خيار المدارس العامة

وانطلاقاً من الاهتمام المتزايد في مجال التعليم بلغتين في المجتمع الفرنكفوني، تحولت هذه الثورة إلى ضرورة تقديم دعم أفضل للأسر الناطقة بالفرنسية داخل نظام المدارس العامة. في عام 2012، كان هناك في تقديري الشخصي مائة وعشرون ألف شخص في نيويورك يتحدثون الفرنسية في المنزل. ومن بين هذه الأسر، كان هناك اثنان وعشرون ألف طفل تتم تربيتهم في منزل متحدث باللغة الفرنسية، وهو ما يكفي لملء أكثر من خمسين مدرسة ثنائية اللغة إضافية.[42]

40ومن أمثلة الإعلام الفرنسي في الولايات المتحدة:.French Morning et France-Amérique.

41لمعرفة المزيد عن هذه القصة، يمكنك قراءة مقال جين روس وفابريس جومون *Building bilingual communities: New York's French bilingual revolution.*

42من مقال How schools' French dual-language programs are changing NYC neighborhoods لإيمي زيمر والذي تم نشره على موقع DNA Info بتاريخ 26 مايو 2015.

في مدينة نيويورك، الأسر الناطقة بالفرنسية الوافدة، وكذلك الأسر الدولية المهتمة بمجال التعليم الفرنسي والذين يستطيعون تحمل تكاليف المدارس الخاصة في الولايات المتحدة؛ لديهم الفرصة للاختيار بين عدة عروض ممتازة.

تقدم مؤسسات راسخة، مثل المدرسة الفرنسية في نيويورك (The Lycée Français de New York)، مدرسة الأمم المتحدة الدولية (United Nations International School)، مدرسة كينيدي الدولية (Lyceum Kennedy International School)، والمدرسة الفرنسية الأميركية في لارشمونت نيويورك (The French-American School of New York at Larchmont)، المدرسة الدولية في بروكلين (International School of Brooklyn)، مدرسة نيويورك الدولية (International School of New York)، والأكاديمية الأمريكية الفرنسية (The French American Academy)، والمدرسة الأمريكية الفرنسية في برينستون (French American School of Princeton) نوعية عالية من التعليم بلغتين من خلال برامج معترف بها وتتوافق مع المعايير التعليمية الفرنسية. تسمح هذه المدارس للعائلات الاستمتاع بالمزايا والفرص التي يوفرها التعليم الثنائي اللغة مقابل رسوم دراسية، ويحصل أطفالهم على تعليم جيد ويتحدثون الإنجليزية والفرنسية بمستوى عالٍ جداً.

في أوائل عام 2000، شهدت منطقة نيويورك عدداً كبيراً من العائلات الفرنكوفونية الصغيرة غير القادرة على تحمل الرسوم المدرسية التي تطلبها هذه المدارس، وفي الوقت نفسه، شهدت عدة أحياء في بروكلين وهارلم وكوينز وبرونكس ازدياداً في عدد سكانها الناطقين بالفرنسية، ليس فقط من المهاجرين من أوروبا وكندا، ولكن أيضاً من أفريقيا ومنطقة البحر الكاريبي.

كان هؤلاء المهاجرون الجدد يأملون في الحفاظ على مهارات أطفالهم بالفرنسية بينما يساعدونهم على التعامل مع حياتهم الجديدة في الولايات المتحدة، ونتيجة لذلك، ازداد الطلب على البرامج ثنائية اللغة الفرنسية بشكل كبير، كما كانت هناك زيادة أيضاً بسبب وجود متحدثين فرنسيين، مِمَّن لم تلاحظهم السلطات المدرسية؛ لأن

العديد منهم قد وصلوا لتوهم، وتحدثوا أيضاً بلغات أخرى مثل: الولوف، والبامبارا والكريول، وتم تصنيفهم على أنهم من المتحدثين بهذه اللغات. بالإضافة إلى ذلك، فإن البرامج الفرنسية ثنائية اللغة تحظى بشعبية خاصة لدى العائلات الأمريكية والدولية، التي تكون لغتها الأولى ليست الفرنسية، حيث تغريها فكرة توفير التعليم الثنائي اللغة لأطفالها.

تعزيز الثورة

تستقبل البرامج التي افتتحت في عام 2011 في مدرسة P.S. 110 في جرين بوينت (Greenpoint) وP.S. 133 في بوريم هيل (Boerum Hill) مئات الطلاب كل عام، على الرغم من وجود أماكن أقل متوفرة في برامج اللغة الفرنسية ثنائية اللغة في مدارس الحضانة.

بدأت هذه البرامج من قبل الأهالي الذين يتحدثون اللغة الفرنسية، بعضهم ولدوا في الولايات المتحدة، وآخرين في كندا أو في فرنسا. غالبية المتقدمين يأتون من عائلات ناطقة باللغة الإنجليزية ليس لديهم روابط ثقافية أو لغوية بفرنسا. في مدارس أخرى في بروكلين، مثل P.S. 20 في كلينتون هيل (Clinton Hill) أو P.S. 03 في بدفورد ستوفيزنت (Bedford-Stuyvesant)، تم البدء في هذه البرامج من قبل العائلات الأمريكية التي لا تتحدث الفرنسية، أو من قبل المعلمين الذين يرغبون في مساعدة الأسر المهمشة من الدول الفرنكوفونية.

كان لدى الأهالي المتحمسون مثل فيرجيل دي فولدير (Virgil de Voldère) وسوزان لونغ (Susan Long)، وهما زوجان فرنسيان أميركيان أرادا أن يكون ولدهما ثنائي اللغة والثقافة، فكرة إطلاق مشروع من شأنه أن يؤدي إلى إنشاء برنامج لغوي فرنسي ثنائي اللغة في الجانب الغربي العلوي من مانهاتن في عام 2008. يفسر فيرجيل بداية المبادرة خاصة به كالآتي:

"جاءت زوجتي، سوزان، بفكرة وجود برنامج لغوي فرنسي ثنائي اللغة. كلنا اجتمعنا لبدء تنظيم افتتاح هذا البرنامج في بداية شهر سبتمبر، كان ذلك في شهر فبراير.. في شهر مايو، جمعنا بالفعل معلومات من مائة عائلة في الحي، وعملت روبن سوندك (Robin Sundick)، مديرة مدرسة 84.P.S في ذلك الوقت، مع رؤسائها للتعامل مع جميع الإجراءات المطلوبة. في سبتمبر، بأعجوبة، كان لدينا برنامج. ما أقوله لجميع الأسر الناطقة بالفرنسية، وخاصة أولئك الذين يأتون من فرنسا والذين اعتادوا على نظام مدرسي تديره الدولة، هو أنه في أمريكا يمكنهم حقاً تغيير الأشياء، يمكنهم التنظيم والمطالبة بالحق في رؤية لغتهم الأم في المدرسة."[43]

ولتحقيق مثل هذا المشروع، طلبت فيرجيل وسوزان المساعدة من أحد أولياء الأمور في المدرسة، وهي تالكوت كامب (Talcott Camp)، محامية في مجال الحقوق المدنية وأم لطفلين، متحدثة بالفرنسية وأرادت أن يصبح أطفالها ثنائيي اللغة. أصبحت فيما بعد رئيسة جمعية تعليم اللغة الفرنسية في نيويورك. وقد شرحت كيفية مشاركتها في المشروع:

"لقد كنت مهتمة بتعلم اللغات، لكن السبب الحقيقي الذي دفعني لتسجيل أطفالي في برنامج ثنائي اللغة؛ هو أنني لا أريدهم أن يكبروا وهم يتحدثون لغة واحدة فقط، هذا شيء سيء للغاية! كنت أريدهم أن ينشأوا بأكثر من لغة واحدة، نت أجل فوائد التعددية اللغوية، والمنظور الذي ستجلبه سياسياً وثقافياً وحتى فكرياً. كنت معجبة بفكرة برنامج تعليمي ثنائي اللغة بالفرنسية، ولكن لم أعتقد أن هذا يمكن فعله. إنه حقاً فيرجيل الذي قال: (لمَ لا؟). أخبرته المديرة آنذاك روبن سوندك: (إذا وجدت لي ما يكفي من الأسر الناطقة بالفرنسية، فأنا سأقوم به). وهنا بدأ العمل."[44]

كما كان متفق عليه، قدمت فيرجيل وسوزان وتلكوت عدد الأطفال اللازمين لإنجاز مشروع البرنامج الفرنسي. إن المدرسة المختارة، مدرسة ذا ليليان ويبر (P.S. 84 The

---

43لقاء مع فريجيل دي فولدير، أحد أولياء الأمور بمدرسة 84.P.S. بتاريخ 10 أبريل 2013.

44لقاء مع تالكوت كامب، أحد أولياء الأمور بمدرسة 84.P.S. بتاريخ 10 يونيو 2016.

(Lilian Weber School)، هي مدرسة رائدة في مجال التعليم ثنائي اللغة باللغة الإسبانية، وتمكنت من استخدام هيكلها الإداري ثنائي اللغة الموجود بالفعل للسماح بالافتتاح السريع والفعال للبرنامج الفرنسي في سبتمبر 2008، اليوم، يستفيد من هذا البرنامج ما يقرب من مئتين وخمسين طالباً من أوروبا وكندا ومنطقة البحر الكاريبي وإفريقيا، جميعهم ثنائيي اللغة تماماً، ومع وصولهم للصف الخامس يصبح لديهم فهم قوي للثقافات الفرنسية والأمريكية.

كان النجاح المذهل لهذا البرنامج ثنائي اللغة الفرنسي ممكناً؛ بفضل حفنة من أولياء الأمور الذين قدموا هذه الفكرة إلى مديرة المدرسة، وقاموا بمراجعة رأي الحي، تصميم الملصقات، التواصل على مواقع إلكترونية حديثة، وتنظيم لقاءات فيما يعرف بـ "اليوم المفتوح".

منذ سبتمبر 2007، افتتحت أربع عشرة مدرسة عامة في نيويورك برامج فرنسية ثنائية اللغة، لا تزال عشر منها قيد التشغيل، وفشلت التدفقات الأربعة التي أغلقت في نهاية المطاف بسبب سوء التنظيم أو التغيير في إدارة المدرسة؛ وهي حواجز كبيرة أمام تحقيق التعليم ثنائي اللغة.

من بين قصص النجاح، هناك سبعة برامج ثنائية اللغة في المرحلة الابتدائية في المدارس العامة في مانهاتن وبروكلين، ومدرسة تعاقدية عامة في هارلم، مدرسة نيويورك الأمريكية - الفرنسية المستقلة. تسمح ثلاث كليات بدورات ثنائية اللغة باللغة الفرنسية حتى الصف الثامن: M.S 51 في حي بارك سلوب، وM.S 256 في الحي الغربي في مانهاتن، ومدرسة بوريم هيل للدراسات الدولية في بروكلين، وتقوم هذه المدرسة حالياً بتنفيذ نموذج جديد يدمج في نهاية المطاف برنامج البكالوريا الدولية مع برنامج ثنائي اللغة، مما يخلق مدرسة ثانوية عامة فريدة في الولايات المتحدة. إنها تخطط لدعم الطلاب في برنامج ثنائي اللغة من الصف السادس إلى الصف الأخير، مع دبلوم من البكالوريا الدولية بالفرنسية.

ومع وصول المزيد والمزيد من الطلاب الذين درسوا في رياض الأطفال ثنائي اللغة إلى المدرسة الثانوية. فمن الأهمية أن تضمن هذه المدارس استمرارية تعليمهم باللغتين الإنجليزية والفرنسية.

تستضيف البرامج الثنائية اللغة باللغة الفرنسية في مدينة نيويورك حالياً أكثر من ألف وسبعمائة طالب، وقد سحبت وأغلقت الدورات مع تحرك العائلات، تم التقدير أنها خدمت مرتين على الأقل هذا الرقم منذ افتتاح أول برنامج في 2007، بالإضافة إلى ذلك، يمكن أن يستفيد سبعة آلاف طالب إضافي من هذه البرامج بحلول عام 2020، إذا استمر الزخم الحالي والحماس من قبل مدراء المدارس الجدد وأعضاء مختلف المجتمعات المحلية والعائلات.

النمو والنجاح

لسوء الحظ، تباطأت الثورة ثنائية اللغة الفرنسية، ليس بسبب عدم الاهتمام؛ بل بسبب عدم وجود أماكن كافية، وبالتالي، هناك عدد أكبر من العائلات (الفرنكوفونية أو غيرها) التي تم رفضها عن العائلات التي قُبلت في البرنامج ثنائي اللغة الفرنسية. عدد الأماكن المتاحة في المدارس في المدينة لا يزال محدوداً للغاية. هذه القيود تترجم إلى منافسة شرسة بين المرشحين لهذه المدارس. لحسن الحظ، هذه مشكلة يمكن حلها من خلال إنشاء شراكات مع مدارس أخرى، وإشراك المزيد من أولياء الأمور. فإن تطوير البرامج ثنائية اللغة الفرنسية سيجعل الوصول إليها أكثر سهولة في نيويورك وخارجها.

لكن الأماكن المتاحة في المدارس ليست هي المشكلة الوحيدة التي تعوق تطوير البرامج ثنائية اللغة، في حين أن عدد البرامج الفرنسية مستمر في الزيادة، فإن الحاجة إلى المعلمين المؤهلين أصبحت أكثر إلحاحاً أيضاً، وكثيراً ما يقترن ذلك بالصعوبة التي تواجهها المدارس في توظيف معلمين أكفاء ومؤهلين ومتحدثين بلغتين مستعدين للعمل

في الأماكن العامة، في حين أن المدارس غالباً ما تكون غير قادرة على منح تصاريح عمل للمعلمين الأجانب.

حالياً، معظم المرشحين لمناصب التعليم ثنائي اللغة هم من الأمريكيين أو لديهم بطاقة خضراء، وغالباً ما تكون هناك حاجة للحصول على شهادة في التعليم ثنائي اللغة. وفي ولايات مثل نيويورك تصبح هذه الشهادة ضرورية للحصول على رخصة للتدريس في مدرسة عامة؛ لذلك فإن العثور على عدد كاف من المعلمين المؤهلين أمر صعب ويبطئ إنشاء برامج جديدة.

ولتلبية هذه الحاجة، أضافت جامعة هانتر كوليدج (Hunter College) في مانهاتن، التي تقدم درجة الماجستير في التعليم ثنائي اللغة باللغة الإسبانية منذ عام 1983، إلى برامجها برنامجاً خاصاً للتعليم بلغتين باللغة الفرنسية؛ لتشجيع الطلاب على التسجيل في هذا البرنامج، بالإضافة إلى برامج أخرى لتشجيع التعليم الثنائي اللغة، فقد قامت جمعية مجتمع المعلمين الفرنسيين والفرنكوفونيين في أمريكا (Société des Professeurs de Français et Francophones d'Amérique) بتأسيس منحة دراسية جديدة لتشجيع تأهيل المعلمين الجدد.[45] تلعب المنح الدراسية والدبلومات من هذا النوع دوراً حيوياً في استدامة البرامج ثنائية اللغة.

بالإضافة إلى مسألة المعلمين المؤهلين، هناك نقص في المواد الدراسية المناسبة، لا سيما الكتب التي تسندها المهارات اللغوية لكل تخصص. يتم تلبية هذه الاحتياجات في كثير من الأحيان من خلال جمع التبرعات المنظمة داخل المدرسة.

إن أولياء الأمور الذين يتمتعون بالكفاءة في هذا المجال، والذين اعتادوا على إدارة حملات جمع التبرعات الكبيرة، يساهمون بانتظام في جمع التبرعات. لعب فريق مكون من العديد من الآباء والأمهات أيضاً دوراً رئيسياً في الحملة التي تقوم بها الخدمات

---

45 منذ تأسيسها في عام 1904، دعمت جمعية مجتمع المعلمين الفرنسيين والفرنكوفونيين في أمريكا (Société des Professeurs de Français et Francophones d'Amérique) المعلمين والمهتمين باللغة الفرنسية والثقافة الفرانكفونية.

الثقافية لسفارة فرنسا وشريكتها مؤسسة FACE[46]، في إنشاء صندوق على مستوى المدينة، ومساعدة العديد الأطفال الفرنكوفونيين، لا سيما أولئك الذين يقطنون في الأحياء المحرومة في برونكس وكوينز وبروكلين، للاستفادة من التعليم ثنائي اللغة. وقد تحولت هذه المبادرة الآن إلى برنامج وطني، والصندوق الفرنسي المزدوج اللغة، تحت إشراف بينيدكت دي مونتلور (Bénédicte de Montlaur)، المستشارة الثقافية لسفارة فرنسا. هدف هذا البرنامج هو إنشاء شبكة من البرامج ثنائية اللغة، والانغماس في اللغة الفرنسية تستمر على المدى الطويل، وترتكز بقوة في المشهد التعليمي الأمريكي. إن الصندوق الذي افتتحه رئيس الجمهورية، إيمانويل ماكرون، تلقى دعم المانحين السخي والمؤسسات والشركات والمؤسسات العامة، حتى أصبحت بعض المنظمات من ضمن المدافعين المتحمسين عن البرامج باللغتين في نيويورك، ومنهم المعهد الفرنسي (The French Institut)، لجنة الجمعيات الفرنسية، ومؤسسة ألفريد وجين روس، وحكومة كيبيك، وأعضاء مجلس الشيوخ الذين يمثلون فرنسا في الخارج.[47]

لعبت جين روس (Jane Ross)، وهي خبيرة في التعليم المقارن والدولي، ومدرسة لغة إنجليزية سابقة في المدرسة الفرنسية في نيويورك، دوراً رئيسياً في إعداد برنامج اللغة التراثية الفرنسية، بقيادة السفارة الفرنسية ومؤسسة FACE.

على مدى السنوات العشر الماضية، دعم البرنامج مئات المهاجرين الفرانكوفونيين الشباب الذين وصلوا مؤخراً إلى الولايات المتحدة، وساعدهم على الحفاظ على تراثهم اللغوي والثقافي وإثرائه، مع دمجهم في المجتمع الأمريكي. ويقدم أيضاً دورات لغة فرنسية مجانية في شبكة من المدارس الثانوية التي ترحب بالمهاجرين الجدد وهي:

46أنشأت مؤسسة FACE عام 1955 كمؤسسة غير ربحية تهدف إلى تعزيز العلاقات الفرنسية - الأمريكية من خلال مشاريع دولية مبتكرة في الفنون والتعليم والتبادل الثقافي. تقع FACE في مكتب الخدمات الثقافية التابعة للسفارة الفرنسية في نيويورك، ويشرف عليها مجلس الأمناء، وتقدم شبكة واسعة من العملاء من خلال برامجها السينمائية وتقدم الدعم لمختلف المبادرات من خلال شراكتها مع الخدمات الثقافية في السفارة الفرنسية.

47من مقال A big advocate of French in New York's schools: France لكيرك سامبل والذي نشر في نيويورك تايمز بتاريخ 30 يناير 2014.

الشبكة الدولية للمدارس العامة (Internationals Network for Public School)[48].
يستخدم برنامج اللغة التراثية اللغة الفرنسية كأداة لتسهيل دمج الشباب في المدرسة وفي المجتمع الأمريكي.

معظم الطلاب المسجلين في هذا البرنامج يأتون من غرب أفريقيا وهاييتي. من خلال الدعم الأكاديمي والخارجي، يساعد البرنامج هؤلاء الطلاب على تحسين مستواهم في اللغة الفرنسية المكتوبة والشفوية، ومن ثم تسريع تعلمهم للغة الإنجليزية، كما يسمح لهم جزء من البرنامج أيضاً بالحصول على أرصدة جامعية عن طريق إجراء اختبارات متقدمة.

بشكل عام، استفاد أكثر من ثلاثة آلاف طالب من رياض الأطفال إلى الصف الأخير من برنامج اللغة التراثية الفرنسية منذ إنشائه في عام 2006. أصبح البرنامج جزءاً لا يتجزأ من التعليم الفرانكفوني في نيويورك، وهو شريك مهم للبرامج ثنائية اللغة، وله دور رئيسي في الثورة ثنائية اللغة الفرنسية.

إن تضافر برامج اللغة الفرنسية ثنائية اللغة في نيويورك هو توضيح مثالي للدور الرئيسي الذي يلعبه الأهالي والمعلمين في تطوير مثل هذه البرامج، بالإضافة إلى تأثيرهم على جميع الجهات الفاعلة في المجتمع، وهي بدورها تساعد وتساهم في الجهد بطرق عديدة. هذه الأمثلة هي دليل على أن المجتمع اللغوي يمكنه أن يوحد قواه وينشئ حملات لجمع التبرعات لتلبية احتياجات المدارس، مع خلق شراكات مبتكرة عندما تكون المشاكل كبيرة للغاية أو معقدة بالنسبة للعائلات.

من الواضح أن آلاف الأطفال قد استفادوا من هذه الجهود المشتركة، التي قام بها أفراد مكرسين جهودهم لقضية التعليم ثنائي اللغة في المدارس العامة في نيويورك. هناك أمل كبير في أن يستفيد الآلاف من الأطفال الإضافيين في المستقبل القريب.

---

[48] Internationals Network for Public Schools هي جمعية تعليمية تدعم المدارس الثانوية والأكاديميات الدولية، تخدم المهاجرين غير الناطقين بالإنجليزية، عند وصولهم حديثًا إلى نيويورك، كاليفورنيا، كنتاكي، ميريلاند، فيرجينيا، وواشنطن العاصمة. كما تحتفظ شبكة Internationals Network بشراكات مع مدارس أخرى ومقاطعات أخرى في الدولة.

ترمز قصة مبادرة نيويورك الفرنكوفونية إلى كل ما تقدمه ثورة ثنائية اللغة: خلق برامج ثنائية اللغة عالية الجودة في المدارس العامة لخدمة جميع الأطفال، بغض النظر عن أصولهم أو لغتهم أو خلفيتهم الاجتماعية والاقتصادية. إذا استمرت الثورة ثنائية اللغة في الانتشار بسرعة، فمن يدري إلى أي مدى ستذهب.

الفصل السابع

التغلب على التحيزات: البرامج ثنائية اللغة باللغة العربية في المدينة

أُنشئ أول تيار ثنائي اللغة العربية - الإنجليزية في مدينة نيويورك في أكاديمية خليل جبران الدولية، وهي مدرسة حكومية في بروكلين فتحت أبوابها أمام ستين تلميذاً في الصف السادس في سبتمبر 2007. خليل جبران، الذي تم إطلاق اسمه على المدرسة، كان فناناً شاباً، وكاتباً لبنانياً أمريكياً، وعضواً في رابطة القلم بنيويورك. وصل جبران إلى الولايات المتحدة عندما كان طفلاً، وعاش في بوسطن مع أسرته، حيث كان مسجلاً في صف خاص للمهاجرين... هناك، كان قادراً على إتقان اللغة الإنجليزية مع الحفاظ على اللغة العربية بطلاقة. أصبح جبران في نهاية المطاف شخصية أدبية يتم الاحتفاء بها وبقيمتها في كلتا اللغتين، وكان معروفاً بأنه بطل التفاهم بين الثقافات، مجسداً روح التعليم ثنائي اللغة حتى يومنا هذا.

كانت أكاديمية خليل جبران الدولية أول مدرسة حكومية في الولايات المتحدة تقدم منهجاً ثنائي اللغة (إنجليزي – عربي)، يركز على دراسة اللغة والثقافة العربية. تلقت العديد من التأييد، بما في ذلك من المركز الطبي اللوثري (Lutheran Medical Center)، واللجنة العربية الأمريكية لمكافحة التمييز (American-Arab Anti-Discrimination Committee)، ومركز دعم الأسرة العربي الأمريكي (Arab-American Family Support Center). وعملت مؤسستها ديبي المنتصر (Debbie Almontaser) كل ما هو ممكن لإنشاء مدرسة ثنائية اللغة على أساس احتياجات المجتمع.

كان من المقرر أن تبدأ المدرسة في الصف السادس، وتستمر حتى نهاية المرحلة الثانوية؛ للسماح للأطفال بأن يصبحوا ثنائي اللغة وثنائي الثقافة.[49]

أراد المتحدثون بالعربية، الذين يمثلون مجموعة من الأديان والآراء السياسية المختلفة، توفير نموذج تعليم باللغتين العربية والعبرية. لكن، أثبت هذا النموذج أنه طموح للغاية، لدرجة أنه لا يمكن تحقيقه على أرض الواقع، خاصة عندما تؤخذ جميع معايير التعليم العام في ولاية نيويورك في الاعتبار. في النهاية، قررت المجموعة تغيير هدفها الأساسي لتطوير برنامج ثنائي اللغة باللغة العربية، يدافع عن قيم الشمولية والتعددية. وقد تم تصور المدرسة كطريقة جيدة لتعزيز التسامح، خصوصاً في وقت أصبحت فيه الإسلاموفوبيا والعنصرية في تزايد مستمر.[50]

الفشل والدروس المستفادة

لسوء الحظ، لم ينجُ البرنامج ثنائي اللغة لأكاديمية خليل جبران الدولية من الهجمات التي شنتها الصحافة، وعدة مجموعات كانت تتجادل ضدها. على الرغم من مهمته المكتوبة والواضحة، أصبحت الأكاديمية هدفاً لأعمال عدائية. تم تنظيم مظاهرة حتى أمام مبنى بلدية نيويورك من قبل مجموعة تسمى "أوقفوا المدرسة". وقف العديد من الأشخاص أمام المدرسة لعدة أيام متتالية حاملين اللافتات في أيديهم، واحتجوا على القسم الثنائي اللغة، وخشوا مما يطلقون عليه تلقين الأطفال الأفكار الإسلامية المتطرفة.

كانت ردود الفعل هذه نتيجة للشعور العام لدي بعض الأمريكيين بعد أحداث الحادي عشر من سبتمبر. وقد ألحقت هذه الردود الضرر بالفعل بالمؤسسات العربية

---

[49] من مقال The Slow Death of Khalil Gibran International Academy لدونا نافال والذي نشر على موقع شالك بيت (Chalkbeat) بتاريخ 20 أبريل 2011.
[50] نفس المصدر السابق.

والإسلامية في نيويورك، ووصفتها صحيفة نيويورك تايمز بأنها "حركة منظمة لإعاقة المواطنين المسلمين الذين يرغبون في لعب دور أكثر أهمية في الحياة العامة الأمريكية".[51]

ومع ذلك، قدم البرنامج الثنائي اللغة باللغة العربية نتائج أكاديمية مقنعة، حيث واصلت المدرسة جهودها لتطوير المناهج ثنائية اللغة. ومع ذلك، توقفت المدينة في عام 2007 عن دعم المدرسة، وأجبرت مديرتها ديبي المنتصر على الاستقالة، في وسط اضطراب إعلامي كامل، على الرغم من التزام المواطنين ومساهمتهم في الحوار بين الأديان في نيويورك.

في وقت لاحق، حكمت دعوى قضائية رفعتها لجنة تكافؤ فرص العمل (*Equal Employment Opportunity Commission*) أن المنتصر قد تعرضت للتمييز من قبل وزارة التعليم في نيويورك، لكن هذا الحكم لم يغير وضع أكاديمية خليل جبران الدولية، التي اضطرت إلى التخلي عن برنامجها الثنائي اللغة.. نهاية حزينة نظراً لجهود مديرته.

اليوم تواصل أكاديمية خليل جبران الدولية ومجتمعها المدرسي رسالة جبران للسلام؛ فإنها لم تعد مدرسة إعدادية للطلاب، وإنما مدرسة ثانوية.

هذه هي مهمتها:

تطوير ودعم وتدريب الطلاب الشباب طوال حياتهم من خلال تزويدهم بالأدوات التي تمكنهم من فهم المنظورات الثقافية العديدة، مع إلهامهم أيضاً للتعلم والتطلع إلى التميز والنزاهة. ترغب المدرسة في تعزيز التعليم الشامل للطالب، وتشجيعه على تنمية مهاراته الاجتماعية والعاطفية والجسدية والفكرية... "مع شركائنا، نحن ملتزمون بتقديم الدعم الذي يركز على الطلاب، وكذلك خلق بيئة داعمة لهم تمكنهم من

---

[51] من مقال *Muslim educator's dream branded a threat in the U.S* لأندريا إليوت والذي نشر في نيويورك تايمز بتاريخ 28 أبريل 2008.

استغلال إمكاناتهم بشكل كامل ليصبحوا مواطنين عالميين مسؤولين وقادرين على تمثيل المجتمع من حولهم."[52]

تواصل المدرسة برنامجها العربي ولكن ليس في شكل برنامج ثنائي اللغة. قد لا يتخرج الطلاب من المدرسة وهم يجيدون اللغة العربية ولكن سيظل لديهم المهارات التي تسمح لهم بالتعامل بشكل أفضل مع الفرص المهنية التي ستقدم لهم، على سبيل المثال: في مجال التجارة أو العلاقات الدولية.

على الرغم من أن تاريخ أكاديمية خليل جبران لا تزال له جوانب إيجابية، حيث استطاع البرنامج الثنائي اللغة أن يرى النور في المدرسة الثانوية، لكن السكان الناطقين بالعربية لا يزالون مستهدفين ومهمشين. كان الخوف من التمييز واسع الانتشار بين الأمريكيين العرب والناطقين بالعربية في الولايات المتحدة منذ 11 سبتمبر، وغالباً ما يتم تصويرهم سلبياً في وسائل الإعلام، وينظر إليهم بشكل مريب، وذلك ببساطة بسبب أصولهم اللغوية والعرقية، أو مظهرهم الخارجي.[53] وغالباً ما يتم تصنيف كل العرب كمسلمين، بينما معظمهم في الحقيقة مسيحيين، أو أتباع ديانات أخرى.

ولا تزال الخلافات والهجمات من جميع الأنواع مستمرة، على الرغم من أن السلطات الحكومية والوكالات الفيدرالية تسعى جاهدة لتوظيف المزيد من المتحدثين باللغة العربية في وظائف مترجمين فوريين ومترجمين ووظائف أخرى. هذا الاهتمام غير المواتي بشكل كبير هو مصدر للتوتر وعدم الراحة والاضطراب في المجتمع العربي الأمريكي، كما توضح زينا زكريا، المحاضرة في التعليم الدولي والمقارن في جامعة ماساتشوستس في بوسطن:

"أعتقد أن الوضع السياسي ليس هو نفسه بالنسبة للمجتمعات العربية، هذا سيكون له عواقب؛ لأن الأشخاص المنتمين إلى هذه المجتمعات لا يريدون أن يكونوا

52مقتطف من الموقع الإلكتروني للمدرسة بتاريخ 26 أغسطس 2016.

53من مقال *The people perceived as a threat to security: Arab Americans since September 11* لراندا كايلي.

محط الأنظار أو الملاحظة، لا يريدون التسبب في مشاكل، ولا يعرفون ما إذا كانت المطالبة بشيء تعادل البحث عن المشاكل."[54]

هذا القلق واضح بين الناس الذين يتحدثون العربية في الأماكن العامة، وحتى في المنزل بين الآباء والأمهات والأطفال. في كثير من الأحيان، تفضل الأسر أن أطفالهم لا يتعلمون اللغة العربية، كما تؤكد زينة:

"وضع اللغة العربية حالياً ليس جيداً، السياسات حول اللغة العربية معقدة للغاية، الأمر ليس سهلاً حتى في لبنان، حيث كنت مديرة مدرسة ثنائية اللغة، فلقد التقيت بالآباء العائدين من الولايات المتحدة مع أطفالهم للعيش في لبنان، والعديد منهم قال: "لا أريد لطفلي أن يتعلم اللغة العربية".[55]

إن تآكل اللغة العربية الذي تصفه زينة في الولايات المتحدة وبقية العالم أمر مثير للقلق. وكما رأينا في مجتمعات لغوية أخرى، فإن الخوف من التمييز والرغبة العميقة في الاندماج في المجتمع الأمريكي هما عاملان قويان يعملان ضد ثنائية اللغة في أمريكا. أصبحت اللغة العربية تواجه العديد من الشدائد، وأصبحت الضحية الأخيرة في قائمة طويلة من اللغات في الولايات المتحدة التي خضعت لضغوط متزايدة نتيجة إلى التحيزات الاجتماعية والعرقية.

بداية جديدة

لحسن الحظ، نجح بعض الآباء والمهنيين في مجال التعليم في الحد من هذه التحيزات إلى حد ما، ويبدو أن تعلم اللغة العربية في نيويورك قد ولد من جديد. في عام 2013، تم الاتصال بكارول هيرامان (Carol Heeraman) من قِبل مكتب متعلمي اللغة الإنجليزية في إدارة التعليم في نيويورك من أجل إنشاء برنامج ثنائي اللغة

---

[54] لقاء مع زينا زكريا بتاريخ 23 يونيو 2016.
[55] نفس المصدر السابق.

في مدرستها P.S./I.S 30 ببروكلين، وفكرت كارول على الفور باللغة العربية كلغة محتملة لمثل هذا البرنامج؛ لأنها اللغة التي تتحدثها الغالبية العظمى من طلاب مدرستها في منازلهم. استقرت عائلات من اليمن و مصر ولبنان و سوريا في الحي، ونتيجة لذلك، تزايدت الحاجة إلى برامج عربية ثنائية اللغة في المدارس الحكومية بين العرب الأميركيين والمتحدثين باللغة العربية في الحي. تلقت كارول هيرامان ردود فعل متحمسة من أولياء الأمور على إنشاء هذا البرنامج، لأن اللغة العربية نُظِرَ إليها بالفعل بشكل إيجابي وجيد في المدرسة والمجتمع المحيط بها؛ فلم يكن من الصعب الترويج لهذا البرنامج، والأهم من ذلك، أن المديرة والفريق الإداري لم يكن لديهم أي تحيز حول اللغة العربية، وكانوا على دراية جيدة بالإمكانات التي يمكن للغة تقديمها في إعداد الطلاب للنجاحات المستقبلية.

وقد سنحت الفرصة لمدرسة 30P.S./I.S عن طريق إنشاء برنامج ثنائي اللغة (العربية - الإنجليزية) لعمل شراكة مع مؤسسة دولية، وهي جمعية مكرسة لتعليم اللغة والثقافة العربية.

عملت المدرسة والمؤسسة معاً لجعل البرنامج ثنائي اللغة جهداً جماعياً.[56] مكّنت هذه الشراكة توفير التمويل وتنظيم البرنامج والمعدات اللازمة لبدء المشروع.[57] أعطوا شرعية للمبادرة، وشاركوا خبراتهم عن التعليم باللغة العربية. كما قدمت المؤسسة الأموال لتوظيف ميمي ميت (Mimi Met)، وهي خبيرة استشارية في الاندماج اللغوي. بالإضافة إلى ذلك، زارت إدارة المدرسة الجمعية العربية الأمريكية (الواقعة على مقربة من المدرسة، في الجادة الخامسة في بروكلين) التي كانت مهمتها هي "دعم وتعزيز مجتمع المهاجرين العرب والعرب الأمريكيين عن طريق تقديم الخدمات

---

[56] لقاء مع مديرة البرامج في مؤسسة دولية، كارين آلاف بتاريخ 2 فبراير 2016.
[57] لقاء مع المستشارة تعليمية، ميمي مت بتاريخ 8 مارس 2016.

لمساعدتهم على أن يصبحوا معتادين على بيئتهم الجديدة ويصبحوا أعضاءً نشطين في المجتمع، مع الحفاظ على الاستقلال والإنتاجية والاستقرار."[58]

أرادت الناشطة المعروفة ليندا صرصور، وهي أمريكية – فلسطينية، وكانت مديرة الجمعية في ذلك الوقت، أن تشرك شبكة علاقاتها الخاصة لتعزيز وتطوير البرنامج ثنائي اللغة. ومكنت هذه الشراكات المبادرة العربية من الاستفادة من الأموال التي تحتاجها ودعم المجتمع، وهما عنصران أساسيان لضمان النجاح.

على الرغم من التعصب والأحكام المسبقة التي تحيط بالمجتمع الناطق بالعربية اليوم، فإن القدرة على التحدث باللغة العربية هي مهارة ذات قيمة خاصة على المستوى المهني، وخاصة في الولايات المتحدة.

في سياق ما بعد 11 سبتمبر، تتطلب العديد من الوظائف معرفة باللغة العربية لتلبية الفرص المهنية المتزايدة المتعلقة بالعالم العربي. على الرغم من أن الجامعات في الولايات المتحدة تشهد نمواً سريعاً في دورات اللغة العربية، إلا أن ميزة تعلم لغة في عمر أصغر لا يمكن إنكارها، الأمر الذي يعزز الاهتمام ببرنامج ثنائي اللغة في المدارس العامة.[59]

وبالفعل، فإن الطلاقة في اللغة العربية تجعل من الممكن التمييز بين المرشحين الذين يتنافسون أثناء عمليات القبول في الجامعات الكبرى، أو الحصول على منح دراسية أو الوصول إلى برامج التفوق. إن معرفة اللغة والثقافة العربية لها ميزة في توفير وصول أفضل إلى المهن في مجالات التجارة والدبلوماسية والصحافة والدفاع والسياسة العامة والعديد من المجالات الأخرى.[60]

---

[58] "مهمتنا"، مقتطف من الموقع الإلكتروني للجمعية بتاريخ 10 أغسطس 2016.
[59] نفس المصدر السابق.
[60] مقتطف من موقع «I Speak Arabic» بتاريخ 5 أغسطس 2016.

تشهد اللغة العربية حالياً تطوراً سريعاً في الولايات المتحدة، حيث يوجد أكثر من مليون أمريكي يتكلمون العربية في منازلهم.[61]

ومع ذلك، تشير المديرة، كارول هيرامان، إلى أن العديد من العائلات المهتمة بالبرنامج الناطق بالعربية تتحدث لغة أخرى في المنزل، مثل اللغة الروسية أو الصينية، بسبب المشهد متعدد الثقافات لمنطقة المدرسة.

ترى هذه العائلات البرنامج ثنائي اللغة كجسر لتحسين تعليم أطفالهم، تماماً مثل الفصول الخاصة للطلاب الموهوبين في جميع أنحاء الولايات المتحدة. وهكذا فإن تعليم اللغة العربية يصل إلى الوضع الذي غالباً ما تم رفضه في الماضي. الآن، لا تفوت العائلات في الحي فرصة رؤية أطفالهم يتقنون لغة ثانية أو ثالثة.

تحديد المهمة

خلال تطورها، كان على مبادرة اللغة العربية ثنائية اللغة أن تجيب على عدد معين من الأسئلة التي طرحها الآباء وأفراد المجتمع الذين طلبوا تعريفاً أكثر دقة ووضوح لإطار هذا البرنامج.

أولاً، غالباً ما يُنظر إلى التعليم باللغة العربية على أنه وسيلة للمشاركة بشكل أفضل في التقاليد الدينية الإسلامية، مثل قراءة القرآن بلغته الأصلية. بالنسبة لبعض الآباء المسلمين غير الناطقين بالعربية، كان هذا أحد الأسباب التي دفعتهم إلى تسجيل أبنائهم في هذه المبادرة، ونتيجة ذلك، كان العديد من الآباء يخشون أن يركز المنهج على الدين بدلاً من اللغة، بينما يُعقد التعليم في مدرسة عامة. طمأنت كارول هيرامان الآباء على الفور، موضحة أن المدرسة ليس لها علاقة بالدين وأن مهمتها تربوية بحتة.

---

[61] من مقال *One in five U.S. Residents speaks foreign language at home* لكارين زيلجر وستيفن كاماروتا والذي نشر في أكتوبر 2015.

كان هدفها المصمم بعناية هو دعم وتطوير طلاب ثنائيي الثقافة واللغة باللغتين الإنجليزية والعربية. تأكيد هيرامان على مهمتها ساعدت المبادرة على التغلب على الشكوك المستمرة أو الشكوك التي كان لها تأثير سلبي على البرامج ثنائية اللغة العربية الإنجليزية في الماضي.

بعد أشهر من التعاون والتخطيط، تم افتتاح البرنامج اللغة العربية ثنائي اللغة في مدرسة P.S./I.S. 30 في سبتمبر 2013. تم تصميم البرنامج على أساس تقسيم اليوم الدراسي إلى جزئين: فصول الصباح تدرس باللغة العربية، والفصول في فترة ما بعد الظهر باللغة الإنجليزية، أو العكس. في الوقت الحالي، يتم العمل بهذا النظام من الروضة إلى الصف الثالث، ويتم إضافة برنامج جديد كل عام، مع توسع البرنامج الأصلي. كارول هيرامان، وهي أيضاً رئيسة مؤسسة I.S. 30، تخطط لتقديم برنامج ثنائي اللغة باللغة العربية حتى نهاية الدراسة الجامعية.

ساعدت الأهمية المؤكدة للغة العربية كلغة دولية جميع المشتركين في زيادة شعبية مدرسة P.S./I.S. 30 في المجتمع، كما أكدت كارول هيرامان:

"الأهالي المتعلمون يدركون ما يحدث في جميع أنحاء العالم، ومنفتحون على العالم، هم على استعداد لفعل أي شيء لتسجيل أطفالهم في هذا البرنامج. في العام القادم، نأمل أن نفتح فصلين في رياض الأطفال بدلاً من فصل واحد... لا أستطيع الانتظار لتخرج هؤلاء الأطفال الذين هم في الصف الثاني، وعند وصولهم للصف الثامن يصبح الطلاب ثنائيي اللغة والثقافة. سيكون أمراً لا يصدق.. سيقام حفل تخرج كامل باللغة العربية. إنها ظاهرة، وكل هذا يمكن تحقيقه."[62]

هذه الرؤية للمستقبل التي خلقتها ودعمتها المديرة هيرامان هي مصدر إلهام حقيقي، وتستمر قيادتها وحماسها في التأثير على حياة جميع الأطفال والأسر في المبادرة التي أتاحت لهم الفرصة للتعلم والنمو بلغتين.

62لقاء مع مديرة مدرسة P.S./I.S. 30، كارول هيرمان، بتاريخ 8 مارس 2016.

على الرغم من الصعوبات والنكسات الأخيرة، نجح المجتمع الناطق باللغة العربية في نيويورك في إنشاء برنامج ثنائي اللغة باللغة العربية في مدرسة ابتدائية، فضلاً عن مدرسة ثانوية مع تعزيز التعلم باللغة العربية. وينبع الكثير من هذا النجاح من الدعم المستمر من مديري المدارس والمؤسسات الخاصة وجمعيات المجتمع المحلي. هذه الشراكات هي التي سمحت بوجود هذا البرنامج وكانت ذات أهمية حاسمة في المناخ السياسي الحالي. تكمل قصة اللغة العربية ثنائية اللغة تاريخ الثورة ثنائية اللغة بطريقة ضرورية للغاية، ولكنها غير متوقعة إلى حد ما.

يصور بشق الأنفس أهمية التعاون بين مختلف الجهات الفاعلة في مجال الجمعيات والدور الذي يلعبه كل منهما. في هذه المرة، لم يكن الآباء الناطقون باللغة العربية هم من بادروا بالمشروع، على الرغم من أنهم لا يزالون مشاركين في البرنامج ثنائي اللغة، من خلال المساهمة في نجاحه والقيام بدور نشط في أنشطة المدرسة.

يقال إن تربية الطفل تتطلب جهود قرية بأكملها... بالنسبة للبرنامج العربي الثنائي اللغة في نيويورك، تطلب الأمر قرية بأكملها حتى تسمح له ببدء ثورته ثنائية اللغة.

الفصل الثامن

الاحتفال بالثقافة: البرنامج ثنائي اللغة في المجتمع البولندي

حي جرين بوينت شمال بروكلين، هو موطن لأول برنامج ثنائي اللغة باللغة البولندية في نيويورك. افتتح البرنامج في سبتمبر 2015 في مدرسة 34.P.S مع فصل رياض الأطفال وخطط لتطوير البرنامج كل عام عن طريق إضافة قسم جديد. لأكثر من قرن ونصف، تم اعتبار مدرسة 34.P.S كمؤسسة تنتمي لحي جرين بوينت، وهو حي معروف بتواجد كبير للجالية البولندية الأمريكية، وغالباً ما يطلق عليه "بولندا الصغيرة".

وفقاً لبعض التقارير، فإنه يمثل أكبر تركيز للمتحدثين البولنديين في الولايات المتحدة بعد شيكاغو[63]؛ بسبب العديد من المستوطنين البولنديين الذين جاؤوا في أواخر القرن العشرين.[64] حي مانهاتن هو قلب بولندا الصغيرة. هناك محلات لبيع اللحوم البولندية مع سلاسل من السجق البولندي المعروف ب (kielbasa)، ومخابز بيع الخبز البولندي وحلوى البابكا البولندية (babkas)؛ وهي عبارة عن خبز بالشوكولاتة، ورفوف محال البقالة الكبيرة مليئة بالمخللات البولندية والمربى وأكياس الحساء ومخلل الملفوف أو ما يعرف بالكرنب المحمض.

63استبيان المجتمع الأمريكي لعام 2015. (American Community Survey, 2015).
64من كتاب For more than bread: Community and identity in American Polonia, 1880–1940 للكاتب وليام جالوش.

مع تأسيس البرنامج البولندي ثنائي اللغة، عادت 34.P.S إلى التاريخ الغني لغرين بوينت، وهو رمز للثورة ثنائية اللغة في بروكلين.

كان إطلاق برنامج ثنائي اللغة في حي بروكلين حدثاً تاريخياً وثقافياً مهماً، بالنسبة للمجتمع البولندي والمدينة بشكل عام. عندما تم تقديم هذا البرنامج رسمياً في العام الماضي، كان الأهالي والسلطات المحلية والبلدية وحتى الدبلوماسيون حاضرين، وكانت الصحف المحلية اليومية البولندية متواجدة أيضاً لتغطية الحدث.[65] هنأت مديرة المنطقة رقم 14، أليشيا وينيكي (*Alicja Winnicki*)، وهي مهاجرة بولندية ومديرة سابقة، المديرة كارمن أسيلتا (*Carmen Asselta*)، والمعلمين والأهالي المشاركين في افتتاح هذا البرنامج في قلب جرين بوينت. أشادت أرزوسلا جاسيك (Urszula Gacek)، القنصل العام لبولندا في نيويورك، بالبرنامج ثنائي اللغة الجديد الذي تقدمه المدرسة. نظراً لتاريخها الخاص (ابنة المهاجرين البولنديين، المولودة في إنجلترا، والتي نشأت في أكسفورد، وأصبحت عضواً في مجلس الشيوخ البولندي وعضواً في البرلمان الأوروبي)، أوضحت القنصل العام جاسيك: "لا أستطيع تخيل عدم دعم هذا البرنامج البولندي ثنائي اللغة". كان افتتاح هذا البرنامج لحظة فخر عظيمة لجميع المعنيين بافتتاحه، وتتويجاً لجهود الآباء والأمهات الملتزمين والمعلمين النشطاء المجتمعيين.

قوة الأهالي

وفقا لكارمن وأليشا، يرجع الفضل في افتتاح البرنامج إلى أولياء الأمور من المدرسة. في عام 2014، وبعد مشاهدة افتتاح البرامج ثنائية اللغة الأخرى المقدمة باللغات الإسبانية والصينية والفرنسية، قامت مجموعة من الآباء بالتحقيق فيما إذا كانت الأسر في المجتمع البولندي ستكون مستعدة لتسجيل أطفالها في برنامج بولندي ثنائي

65يمكنكم الرجوع لمقال كريستوفر جونجولسكي ومايكل ساسرجيك *Two languages, one home* الذي قدم تغطية لهذا الحدث ونشر في جرين بوينت نيوز Greenpoint News بتاريخ 16 سبتمبر 2015.

اللغة. وبالفعل، اتصلوا بكارمن وطلبوا منها النظر في افتتاح برنامج ثنائي اللغة باللغة البولندية. تتذكر جوليا كوتوسكي (*Julia Kotowski*) قائلة:

"ولدت الفكرة من نقاشات الأمهات البولنديات اللواتي يجلسن في الحديقة، وقالت إحداهن إن هناك قانوناً يسمح بإنشاء برامج ثنائية اللغة في المدارس. التقى البعض منا، وقمنا ببعض الأبحاث، وكتبنا رسائل إلى المديرة كارمن أسيلتا، لشرح رغبتنا في فتح مثل هذه البرامج. ثم التقينا أليشا وينكي، مديرة المنطقة التعليمية، والتي اقترحت الفكرة على وزارة التعليم."[66]

تبدأ العديد من البرامج ثنائية اللغة بحملة يشكلها الأهالي والعائلات، كما هو موضح في القصص في الفصول السابقة.

فيما يتعلق بالمشروع البولندي ثنائي اللغة في جرين بوينت، تلقى الأهالي دعماً غير عادي من رئيس المنطقة التعليمية والفريق الإداري والتربوي في مدرسة 34.P.S ولضمان نجاح هذا المشروع؛ اجتمع رؤساء المدارس مع العديد من المندوبين من مكتب متعلمي اللغة الإنجليزية لتقديم بيانات عن عدد طلاب في جرين بوينت والذين يحق لهم الحصول على خدمات ثنائية اللغة، بالإضافة إلى عدد العائلات المهتمة بالمشروع. وسرعان ما تم إطلاق المشروع، وبمساعدة المجتمع والنظام المدرسي، تمكنوا من تحقيق ذلك بسرعة كبيرة.

برنامج محدد الأهداف

يسعى البرنامج ثنائي اللغة في 34.P.S إلى توفير منهج تعليمي صارم باللغة البولندية والإنجليزية، سواء للمبتدئين في اللغة الإنجليزية أو للطلاب الذين يتقنون اللغة الإنجليزية بالفعل. يتم دمج الطلاب لغوياً في فصول مكونة من تلاميذ يعدون اللغة الإنجليزية لغتهم الأم وغيرهم من البولنديين. تشرح إليزابيث كستكوفيتش (Elizabeth

---

66لقاء مع جوليا كوتوسكي، إحدى أولياء الأمور بمدرسة P.S. 34 بتاريخ 16 يونيو 2016.

Czastkiewicz)، المعلمة البولندية في مدرسة الحضانة ثنائية اللغة، مزايا هذا التكوين الطبقي:

"يولد الأطفال هنا ويتحدث معظمهم اللغة البولندية في المنزل. أولئك الذين لديهم إخوة وأخوات يميلون إلى التحدث باللغة الإنجليزية عندما يكونون في المنزل، ولكن يقول لي الآباء أنه عندما يعودون، فإنهم يتحدثون البولندية جميعاً.. من الجيد أن نسمع أن اللغة الإنجليزية لم تعد اللغة السائدة. لدى الطلاب الآن المزيد من الثقة بالنفس، يمكنهم العودة إلى ديارهم وإظهار ما تعلموه. في هذا العمر، في رياض الأطفال والصف الأول، يريد الأطفال إظهار قدراتهم لعائلاتهم وأولياء أمورهم، يريدون أن يقولوا لهم "انظروا إلى ما تعلمته! هذا ما أتعلم"، وينتظر الآباء ذلك... من المهم جداً جعلهم يشعرون بالثقة حتى لا يخافوا من ارتكاب الأخطاء".[67]

تسمح هذه البنية للأطفال بالتحكم بشكل أفضل بلغتهم الأولى والقدرة على نقل هذه المهارات إلى لغتهم الثانية في يوم من الأيام. يتوقع من الطلاب أن يكونوا قادرين على الفهم والتحدث والقراءة والكتابة بكلتا اللغتين في نهاية البرنامج ثنائي اللغة في الصف الخامس.. لضمان أن يقوم الطلاب بذلك، تقوم إليزابيث بتطوير جميع البرامج مع زملائها في برنامج أحادي اللغة للتأكد من أن كل طالب يحقق الأهداف والتوقعات الأكاديمية واللغوية لكلتا اللغتين، وهي وسيلة لضمان مستقبل مشرق لهم كأفراد ثنائيي اللغة وثنائيي الثقافة.

كما يتم دمج تقنيات التعلم التجريبي والعملي في الفصول الدراسية من خلال القراءة بصوتٍ عالٍ، والأغاني، والمختبرات العملية، ومن خلال نزهات المدارس والاكتشافات متعددة الثقافات خارج الفصل الدراسي. تصف كارمن مثالاً على هذا النوع من النشاط الغني:

67لقاء مع اليزابيث ساستفيتش، معلمة بمرحلة رياض الأطفال بمدرسة P.S. 34. بتاريخ 16 يونيو 2016.

"مشروع مادلينكا (Madlenka) هو شيء شاركت فيه المقاطعة، وتطورت مشاريع كل مدرسة وفقاً لطابع المدرسة أو مهمة تدريسها. في مدرستنا، أسمح لكل فئة أن تختار مشروعاً من شأنه أن يمثّل ويسلط الضوء على كتاب مادلينكا. يمجد الكتاب التعددية الثقافية والثروة في منطقة مادلينكا. تسير هذه الفتاة الصغيرة حول حيها وتزور جيرانها، وكل واحد منهم يمثل جزءاً مختلفاً من العالم. قررت فصول رياض الأطفال الخاصة بي ببناء المنازل وإعادة إنشاء حي مادلينكا ولكن في جرين بوينت. هكذا اختارت هذه الطبقة تفسير الكتاب، مع جوارنا، نحتفل بجو جرين بوينت الثري متعدد الثقافات."[68]

بالنسبة لهذا المشروع، كان بعض الأطفال من البرنامج الثنائي اللغة البولندي يمثلون المخابز، والمحلات التجارية والمنازل المزينة بالعلم، والرموز، والحلي، وصور الشخصيات الوطنية البولندية. من خلال الاحتفال بتراثهم في حي متعدد الثقافات يمكن أن يطلق عليه اسمهم، أتيحت للأطفال الفرصة للتعبير عن انتمائهم للثقافة البولندية.

ومع ذلك، حتى الطلاب غير البولنديين كانوا متحمسين ومشاركين بشكل كامل في هذا النوع من النشاط. هؤلاء الأطفال لديهم أيضاً الكثير من الفرص للاستفادة من البرنامج البولندي. تهتم أعداد متزايدة من العائلات التي ليس لها خلفية بولندية بالبرنامج ثنائي اللغة. تصف كارمن تطوّرها والأسباب التي ينجذب من أجلها الأهالي إلى هذه البرامج:

"هذه الروضة هي مثيرة جداً للأهمام.. من الآن فصاعداً، اختارت خمس عائلات ليس لها أصل بولندي هذا البرنامج البولندي لأطفالهم. أجد ذلك شيئاً مثيراً للاهتمام؛ لأن الآن هناك خمس عائلات ترى اللغة البولندية كخيار لمجرد أنهم يريدون تعرض أطفالهم لهذه اللغة.

---

[68] لقاء مع مديرة مدرسة P.S.34، كارمن أسيلتا، بتاريخ 16 يونيو 2016.

في البداية، قد يتحدثون بضع كلمات فقط، أو لا شيء على الإطلاق. الأهالي يريدون ما أسميه "نضال مثمر"، عندما نصل دون معرفة أي شيء، نقاتل، ونخرج بعد أن أنجزنا شيئاً، هذا ما أسميه الصراع المفيد. هذه العائلات تريد هذا النضال النافع لأطفالها".[69]

من الآن فصاعداً، هناك قائمة انتظار طويلة للمدرسة، ومن الضروري التحلي بالصبر؛ إذا أراد المرء دمج البرنامج البولندي ثنائي اللغة في رياض الأطفال. على الرغم من سقف القبول، إلا أن بعض العائلات أصبحت حتى جاهزة لتسجيل أطفالها في فصول التعليم العام على أمل دفعهم إلى النظام العام الذي يتحدث لغتين. وكما هو الحال في كثير من الأحيان بالنسبة للبرامج ثنائية اللغة، أصبح الطلب أقوى من العرض، والعرض مازال محدوداً بشكل كبير من حيث الموارد، والأماكن المتاحة. ولحسن الحظ، فإن البرامج ثنائية اللغة لديها ما يمكن توسيعه لتلبية احتياجات مجتمعها المتنامي بشكل أفضل.

طرق مختلفة للحفاظ على تراثنا

بالإضافة إلى برنامج ثنائي اللغة، يتم تقديم برامج مسائية أو خارج المدرسة للحفاظ على الهوية الثقافية واللغوية للمجتمع البولندي. لفترة طويلة، كانت مدرسة السبت وسيلة كافية لتحقيق ذلك في نظر العائلات البولندية في نيويورك التي أرادت أن ينغمس أطفالها بالكامل في فصل اللغة الإنجليزية. تشرح أليشا وينكي، مديرة المقاطعة، تصورات العائلات المختلفة عن هذين البرنامجين:

"لفترة طويلة، حتى عندما كنت مديرة لمدرسة P.S. 34، جاء أكثر من خمسين في المائة من الطلاب من عائلات تتحدث اللغة البولندية، لم يكن الأهالي يرغبون في وجود برنامج ثنائي اللغة، إنهم يريدون فقط أن يتعلم أطفالهم اللغة الإنجليزية في أسرع وقت

69لقاء مع اليزابيث ساستفيتش، معلمة بمرحلة رياض الأطفال بمدرسة 34.P.S بتاريخ 16 يونيو 2016.

ممكن. أرسل المجتمع البولندي أطفاله إلى المدارس العامة لتعلم اللغة الإنجليزية ولتحقيق النجاح هنا. التراث البولندي، الثقافة، اللغة... كان دور مدرسة السبت، ولم يبدأ هذا الاتجاه إلا في الآونة الأخيرة، مع وجود الكثير من الأسر الأصغر سناً.

إن الأجيال الشابة هي التي تريد أن يحصل أطفالها على فرصة للانضمام إلى برنامج ثنائي اللغة؛ حتى يمكنهم تعلم لغتين في وقت واحد.[70]

نتج عن هذا التغيير في المواقف رؤية جديدة للبرامج ثنائية اللغة البولندية، وورش العمل يوم السبت، بالإضافة إلى قدرتهم على تحقيق الفائدة الأفضل للمجتمع. توضح جوليا كوتوفسكي، من مؤسسي البرنامج البولندي ثنائي اللغة في مدرسة P.S. 34، ما يلي:

"تدرس مدرسة السبت الثقافة البولندية والتاريخ.. إنه شيء لن يكون لديهم هنا، ليس على هذا المستوى. إنه شيء تعلمناه في المدرسة عندما كنا في بولندا. لذلك ليس بديلاً على الإطلاق، إنه أشبه بإضافة مستوى آخر.. إنها ميزة إضافية للتحدث لغتين في المدرسة".[71]

أدرك الأهالي أن مدرسة السبت كانت طريقة فعالة للغاية للحفاظ على الروابط مع تراثهم الثقافي. قدم البرنامج ثنائي اللغة لأطفالهم الفرصة لتحسين مهاراتهم في اللغة الإنجليزية والبولندية، بطريقة منظمة ومستمرة. وبالتالي، فإن المؤسستين البولندية والإنكليزية يكملان بعضهما البعض، حيث تقدم منهجاً ثقافياً ولغوياً صارماً وشاملاً للعائلات البولندية.

نتائج إيجابية

يرحب البرنامج البولندي ثنائي اللغة بأطفال منفتحين من مجموعة متنوعة من الأصول والخلفيات. بالنسبة لمجتمع نيويورك البولندي المتنوع والقوي، يجمع البرنامج بين

70لقاء مع أليشا وينسكي، المدير العام للمنطقة التعليمية رقم 14 بتاريخ 16 يونيو 2016.

71لقاء مع جوليا كوتوسكي، أحدي أولياء الأمور في مدرسة P.S. 34 بتاريخ 16 يونيو 2016.

العائلات الوافدة الجديدة وأسر الجيل الثاني والثالث والرابع من المهاجرين الذين يسعون إلى إعادة الاتصال بجذورهم. تصف كارمن تركيبة وإنجازات برنامجها بقولها:

"لدينا الأهالي الذين هم من الجيل الأول البولنديين والآخرين الذين ولدوا هنا أو الذين هاجروا كأطفال، دون ذكرى لحياتهم في بولندا. لدينا أيضاً أطفال أجدادهم بولنديون لكنهم لم يتعلموا اللغة أبداً! لديهم الآن فرصة لتعلم لغتهم الأسرية والقيام بذلك في المدرسة."[72]

إن قدرة البرامج الثنائية اللغة على الجمع بين الأجيال المختلفة من خلال التعليم هي واحدة من أهم خصائصها. بفضل البرامج ثنائية اللغة، يمكن تجديد الروابط البعيدة أو التي لا يمكن الوصول إليها من أفراد العائلة نفسها بطريقة مذهلة.

بالنسبة للعائلات، لا سيما في المجتمعات المهاجرة، يوفر هذا فرصاً جديدة للحفاظ على العلاقات بين الأجيال، وتمكين الأطفال من التعرف على عاداتهم وثقافتهم ونسبهم. وقد أظهرت الحياة المجتمعية النابضة بالحياة، والأعمال التجارية، والمراكز الثقافية، والمنظمات الثقافية مثل دوبرا بولسكا سزكوولا (Dobra Polska Szkoła)، التي لعبت دوراً هاماً في تعزيز الثورة ثنائية اللغة البولندية، تدفق الدعم للمسعى ثنائي اللغة، أبدت اهتماماً راسخاً بتعزيز جيل من البولنديين الأمريكيين المرتبطين بأصولهم. هكذا تصف أليشا الروابط التي توحدها مع أصولها البولندية:

"لدينا إحساس قوي بالانتماء والعلاقات القوية لتاريخنا، ونضالاتنا كأمة، وهذا ما أبقانا معاً. غالباً ما أذهب إلى المكتبة البولندية في غرين بوينت، ببساطة للبقاء على اتصال مع كل ذلك، وأغمر نفسي في الأدب والثقافة والشعر.

اعتادت ابنتي على الاستماع إلى والدها يقرأ قصائد طويلة كان يعرفها عن ظهر قلب... لقد تعرضت للجذور التي تربط بيننا وبين من نحن. هذا جزء من تراثنا وأعرف مدى أهمية المجتمع البولندي."[73]

---

[72] لقاء مع مديرة مدرسة P.S.34، كارمن اسيلتا، بتاريخ 16 يونيو 2016.
[73] لقاء مع أليشا وينسكي، المدير العام للمنطقة التعليمية رقم 14 بتاريخ 16 يونيو 2016.

تؤكد الشهادة المؤثرة لأليشيا على أهمية التجربة الحية للثقافة والتراث. تؤدي اللحظات الرهيبة في الأدبيات أو حتى النقاش مع العائلة والأصدقاء دوراً بالغ الأهمية في طريقة كل أسرة، كل طفل، يشعر كل فرد بثقافته الخاصة.

إن المجتمع في جرين بوينت محظوظ لأنه نجح في الحفاظ على جذوره البولندية والاحتفال بها؛ مثال على نمط حياة متعددة الثقافات لبقية البلاد والعالم. إن البرنامج البولندي ثنائي اللغة هو بمثابة شهادة على الفخر بأن المجتمع يشعر بتراثه ورغبته في نقل تقاليده الثقافية واللغوية. تعد مجتمعات التعددية الثقافية شركاء ممتازين للمبادرات ثنائية اللغة التي بدورها تخرج طلاب ثنائيي اللغة وثنائيي الثقافة. إن هذه الشراكات، مجتمعةً، في كل حي، تضع الأساس لثورة ثنائية اللغة مستدامة تدعم تراثًا لغويًا ثمينًا وتثري المجتمعات، مدرسة تلو الأخرى.

الفصل التاسع

تمهيد الطريق: رواد التعليم ثنائي اللغة باللغة الإسبانية

الإسبانية هي ثاني أكثر اللغات تحدثاً في نيويورك. إنها اللغة الأم لما يقرب من ربع سكان نيويورك، ونتيجة لذلك، فإن العديد من برامج المدينة القديمة والجديدة بلغتين هي باللغتين الإسبانية والإنجليزية.

وغالباً ما تزدهر في الأحياء التي لديها الكثير من متعلمي اللغة الإنجليزية. يتجاوز نطاق هذه البرامج الأنشطة الناطقة بالإسبانية، حيث يقوم بتوظيف الطلاب من خلفيات مختلفة ومهارات لغوية متعددة.

الثورة الثنائية اللغة باللغة الإسبانية هي في مقدمة الثورة اللغوية، حيث أن أكثر من عشرة آلاف طفل مسجلون الآن في برنامج إسباني إنجليزي في نيويورك. إن نجاح البرامج الثنائية اللغة يرجع في جزء كبير منه إلى عمل أولئك الذين عملوا على بدء المبادرات والمشاريع باللغة الإسبانية، بالإضافة إلى الإبداع والتفاني من المعلمين والإداريين. إن طريقتهم في إدراج أقسام ثنائية اللغة لخدمة المجتمع الناطق بالإسبانية بشكل أفضل هي ملهمة وتحفيزية، وتوضح المسار الذي سلكه التعليم ثنائي اللغة في العقود الأخيرة.

كيف بدأت الحكاية؟

من المغري أن نتصور أن البرامج الثنائية اللغة هي مجرد فكرة حديثة. ومع ذلك، فإن التأكيد على ثنائية اللغة وتعدد الثقافات التي يقدمها التيار الحالي، تشبه إلى حد

كبير ما تخيله الناشطون والمعلمون البورتوريكيون في الستينيات أثناء قيامهم بحملة من أجل البرامج ثنائية اللغة الأولى.. هذا ما تشرحه أوفيليا جارسيا:

"إن التعليم ثنائي اللغة، إذا كان منظماً بشكل جيد، هو بالضبط ما كانت تأمل إليه المجتمعات البورتوريكية لأولادها في البداية. طالب هؤلاء الآباء بحق أولادهم في التعليم بلغتين، بغض النظر عن خصائص اللغة".[74]

ومع ذلك، على الرغم من أن هؤلاء النشطاء الأوائل كانوا يطالبون ببرنامج ثنائي اللغة يسمح لأبنائهم بالنمو باللغتين، لم يكن هذا هو ما حصلوا عليه في البداية. إن تاريخ التعليم ثنائي اللغة في نيويورك والولايات المتحدة محفوف بالمعارك السياسية والاجتماعية التي أسفرت عن نتائج مختلفة في الفصول الدراسية. لا يزال هذا الجدل حول ما هو التعليم ثنائي اللغة، أو ما ينبغي أن يكون قائماً، وغالباً ما يتحول هذا الجدل إلى نقاش حاد حول قضايا الهجرة والتكامل في الولايات المتحدة. تصف أوفيليا جارسيا التوترات الكامنة في الماضي ونتائجها على التعليم ثنائية اللغة كما يلي:

"لم يكن التعليم ثنائي اللغة في ذلك الوقت على ما هو عليه اليوم: في تلك السنوات كانت المدينة إلى حد كبير بورتوريكية. أراد هؤلاء الطموحون برنامجاً ثنائي اللغة من شأنه أن يعتني بكل من هو مهتم بثنائية اللغة في المجتمع وليس فقط أولئك الذين لم يتحدثوا الإنجليزية، وفقدت البرامج المنشأة بسرعة اهتمامها بالمجتمع، الذي تعلم الآن اللغة الإنجليزية ولم يعد يفي بمعايير هذه البرامج. كان هناك دائماً توتر حول ما أرادته المجتمعات المحلية، وما كانت السلطات المدرسية على استعداد لمنحه، وعندما بدأت هذه الحركة ثنائية اللغة بالكامل، كان هناك وعي وإحساس لدى الأسر أنه يتم تركهم جانباً".[75]

---

[74] من مصدر سبق ذكره في المقدمة.
[75] لقاء مع أوفيليا جارسيا، أستاذ في كلية الدراسات العليا بجامعة سيتي في نيويورك (City University of New York (CUNY) بتاريخ 14 يونيو 2016.

وبدلاً من توفير مسارات تعتمد على قدرات هؤلاء الطلاب في اللغة الإنجليزية والإسبانية، كان الهدف من البرامج المقدمة للعائلات هو تعزيز أحادية اللغة وتعلم اللغة الإنجليزية. تم تقديم هذه البرامج فقط للطلاب الذين واجهوا صعوبات في اللغة الإنجليزية، واستخدام اللغة الإسبانية فقط كأداة لتعلم اللغة الإنجليزية. لذلك تم استبعاد العديد من الأطفال الناطقين بالإسبانية الذين ولدوا في الولايات المتحدة، والذين لديهم بالفعل معرفة باللغة الإنجليزية.

ومع ذلك، كان الاتجاه ينعكس في قطاع التعليم ثنائي اللغة. ولقد نُشرت دراسات تسلط الضوء على فوائد التعليم بلغتين. ووصل بعض النشطاء ثنائيي اللغة إلى مناصب مرموقة داخل المناطق التعليمية وحكومات نيويورك، وبدأوا في طرح القضايا ثنائية اللغة على جدول الأعمال.

نجحت كارمن دينوس (*Carmen Dinos*)، وهي أستاذة تعليم متقاعدة ورائدة في التعليم الثنائي اللغة، في إنشاء أول برامج مدرسية ثنائية اللغة في نيويورك في الستينيات، وتروي هذه التجربة التي تمثل نقطة تحول في تاريخ التعليم ثنائي اللغة فيما يلي:

"نحو نهاية حركة الحقوق المدنية، تم تطوير المكتب الثنائي اللغة كمكتب في وزارة التعليم، مع هرنان لافونتين (*Hernan LaFontaine*)، المدير السابق لمدرسة 25.P.S، في برونكس، وهي أول مدرسة ثنائية اللغة. كان على لافونتين كمدير أن يغطي المدينة بأكملها سياسياً، هنا أدركت عن كثب مدى ارتباط التعليم بالسياسة.. كان المجال مزدهراً وفي الوقت نفسه، أثبت باحثون كنديون كثيراً فوائد التعليم ثنائي اللغة.. فجأة، لم يعد الأمر صعباً، كان لدينا دليل ملموس على أنه مفيد للأطفال".[76]

76لقاء مع كارمن دينوس بتاريخ 19 مايو 2015.

بعد ذلك بدأ مدراء المدارس بالمشاركة في أسلوب اللغة المزدوجة الجديد الذي كان يتطور في البلاد، متجاهلين بشكل ماهر كلمة ثنائية اللغة، في الوقت المشحون بالأفكار المسبقة السلبية.

تصف أوفيليا جارسيا منطق المدير المؤسس واستراتيجيته الخاصة بإعداد برامج مماثلة في مدرسته:

"في ذلك الوقت، كانت هناك بعض الأسماء الكبيرة، من بينها سيد موريسون (Sid Morrison)، مدير مدرسة 84.P.S في منتصف الثمانينيات، بدأ سيد موريسون، يقول: "ما نعرفه لا يفيد الآن، لقد تغير المجتمع، إنها ليست فقط لغة إسبانية أحادية، فهي في خضم تجديد الحياة، ويجب أن يكون لدينا طريقة لكل من يريد الانضمام إلى برنامجنا". من أجل تمييز نفسه عن برامج الانتقال ثنائية اللغة الأخرى، فكر في مصطلح "اللغة المزدوجة" الذي بدأ بالفعل في اكتساب شعبية في البلاد".[77]

نجحت هذه الاستراتيجية، وبمساعدة المعلمين والمديرين وأولياء الأمور الملتزمين، صار من الممكن اليوم إطلاق برامج في نيويورك ثنائية اللغة مع خمسة وأربعين مدرسة، وأكثر من عشرة آلاف طالب مسجلين، من رياض الأطفال إلى المدرسة الثانوية.

وقد ركزت إدارة مستشارة التعليم السابقة لولاية نيويورك، كارمن فارينا، بطريقة غير مسبوقة على تطوير التعليم ثنائي اللغة. تصف نائبة كارمن، ميلادي بايز، فلسفة الإدارة التي تم وضعها كالتالي:

"نحن نفهم أن التعليم ثنائي اللغة له تاريخ في الولايات المتحدة، تاريخ ليس دائماً إيجابياً، لذلك اضطر كثير من الناس للكفاح.. كان علينا إقناع الأسر والأهالي بأن أطفالهم بحاجة إلى التعليم بأكثر من لغة واحدة. نحن نعلم أن الأطفال لديهم القدرة على نقل معرفتهم من لغة إلى أخرى.. نحن نعلم أنه عندما يتحدث الطلاب بأكثر من

---

[77] من نفس اللقاء المذكور في الملحوظة السابقة.

لغة واحدة، فإنهم يتقدمون بشكل أفضل من أولئك الذين يتحدثون لغة واحدة فقط."[78]

هذا النوع من الدعم الشامل للتعليم ثنائي اللغة على أعلى مستوى إداري هو أمر لا يصدق، هؤلاء القادة يمتلكون المفتاح لإنشاء مئات من البرامج ثنائية اللغة.

لدى ميلادي، وهي متحدثة إسبانية، روابط عميقة وشخصية بفكرة التعليم ثنائي اللغة. عندما وصلت ميلادي إلى الولايات المتحدة كانت طفلة وطالبة في المدرسة، ولم تكن قادرة على فهم اللغة المستخدمة في فصلها، ثم أصبحت في نهاية المطاف معلمة ثنائية اللغة في نيويورك، ثم مديرة مدرسة في حي چاكسون هايتس في ضاحية كوينز. هناك، تمكنت من إنشاء ما أسمته "مدرسة أحلامها"؛ حيث افتتحت دورات ثنائية اللغة وإثراء المهارات في اللغة الإسبانية، بحيث "يتم منح كل طالب وكل عائلة الفرصة للوصول إلى المستوى التعليمي الذي يطمحون إليه".

حالياً ميلادي هي المسؤولة عن إدارة وإنشاء دورات لمتعلمي اللغة الإنجليزية، وتشجع باستمرار الأهالي على الكفاح من أجل حقهم في التعليم ثنائي اللغة في المدارس العامة. في بعض الأحيان، عليك فقط أن تطلب ذلك، كما تصفه ميلادي:

"نظام التعليم لدينا يعطي أولياء الأمور الكثير من القوة، فهم لا يعرفون أنه من خلال العمل معاً والمطالبة بهذه البرامج، يُطلب من المديرين أن يضعوها موضع التنفيذ في مدرستهم."[79]

تتكون التحالفات القوية بين معلمين وإداريين مثل ميلادي غالباً بحركة من الأهالي وطلب بسيط منهم. إن إرادة ميلادي تجاه هذه البرامج والفرص التي توفرها للأطفال من خلفيات لغوية متنوعة، وكذلك التزامها الشخصي بخدمة العائلات، هي نموذج مثالي للدور الإيجابي الذي يمكن أن يلعبه المديرون في دعم الثورة ثنائية اللغة.

78من خطاب المستشار النائبة للمدارس، ميلادي بياز، أثناء الاجتماع للترويج لبرنامج ثنائي اللغة الروسي في نيويورك في جامعة كولومبيا بتاريخ 12 مايو 2016.

79من نفس المصدر المذكور في الملحوظة السابقة.

بعض الأمثلة المجربة

من ضمن النماذج العديدة من الدورات الإسبانية ثنائية اللغة في مدينة نيويورك هي مدرسة P.S. 133 في بروكلين. هنا، تم افتتاح أول صف ثنائي اللغة في روضة الأطفال في عام 2012.

كل عام يتطور البرنامج مع نمو المجموعة الأولية، نظراً للتنوع الكبير في العالم الناطق بالإسبانية، يمكن للأطفال الذين يشاركون في برنامج P.S 133 الاستفادة من العلاقة القائمة منذ فترة طويلة بين المجتمع الإسباني ومدينة نيويورك، والتعلم من تاريخها. يتبع هذا البرنامج نموذج 50/50: خمسون في المئة من طلابها يتحدثون اللغة الإنجليزية، في حين أن الخمسين في المئة المتبقية هم من الناطقين باللغة الإسبانية.

يتم تقسيم اليوم إلى النصف، مع نصف الدروس في الإسبانية والنصف الآخر باللغة الإنجليزية. في العام الماضي، كانت مدرسة P.S. 133 من بين خمس عشرة مدرسة في نيويورك تم تعيينها كنماذج للبرامج ثنائية اللغة من قبل مستشارة التعليم السابقة في نيويورك، كارمن فارينا[80].

مثال آخر؛ هو مدرسة أميستاد المزدوجة اللغة (Amistad Dual Language School)، التي أسستها مجموعة من المعلمين وأولياء الأمور بقيادة إيليا كاستو (Elia Casto)، وهي معلمة ثنائية اللغة، بمساعدة ليديا باسيت (Lydia Bassett) المديرة السابقة لمدرسة دابليو هايورد (W. Hayward School)، ومن قبل منظمة نيو فيجن للمدارس العامة (New Visions for Public School)، وهي منظمة غير ربحية تعمل على تنشيط وتحسين المدارس العامة في نيويورك.

---

[80] تسرد وزارة التعليم في مدينة نيويورك، تحت قيادة المستشارة فارينا أسماء 15 مدرسة من البرامج النموذجية ثنائية اللغة.

تم افتتاح مدرسة أميستاد في عام 1996 في شمال مانهاتن، وتقدم للطلاب في مناطق واشنطن هايتس، هاملتون هايتس أبان إينوود التعليم ثنائي اللغة الإسبانية - الإنجليزية للطلاب الناطقين باللغة الإسبانية والناطقين باللغة الإنجليزية.

تتركز الأسس التعليمية لأميستاد على فكرة أن يتعلم الطلاب لغة ثانية بنفس الطريقة التي يتعلمون بها اللغة الأولى. يستخدم المعلمون العديد من تقنيات تعلم الإنجليزية كلغة ثانية لتعليم اللغة الإسبانية كلغة ثانية. كانت هذه الطريقة فعالة، بغض النظر عن لغة الطفل الأولى. تستخدم المدرسة منهجاً تعليمياً متعدد التخصصات، يقدم برنامجاً كاملاً في الموسيقى والرقص والفنون البصرية والمسرح، بالإضافة إلى فصول دراسية منتظمة.

مع هذه الطريقة التعليمية القائمة على المشاريع والخبرات، تقوم أميستاد بتنمية الإبداع والفضول الفكري لدي الطلاب بينما تساعدهم على تحقيق الكفاءة اللغوية والنجاح الأكاديمي.

يوضح بيان مهمة المدرسة نهجهم الفريد للتعليم ثنائي اللغة:

"تجمع مدرسة أميستاد المزدوجة اللغة للغات مجموعة من الطلاب الذين يتقبلون الرحلة الفريدة لكل فرد على حدة، ولكن معاً، نحافظ على الشعور بالمسؤولية الجماعية والتضامن، نحتفل بالثقافات واللغات والتنوع، أطفالنا يكبرون، مستعدين لتلبية التوقعات الأكاديمية والاجتماعية للمجتمع ككل، حاملين معهم سحر الاكتشاف وقوة لغتين.

تختلف سياسة التوزيع اللغوي لدينا حسب الفئة لتلبية احتياجات التعلم الأكاديمي والاستخدام اليومي للغة".[81]

تلقت مدرسة أميستاد خمس نجوم من الموقع الإلكتروني (*Great Schools*)، وهو موقع على الإنترنت يوضح أداء المدارس في البلاد. إن نجاح المدرسة، التي تخرج طلابها

81مقتطف من الموقع الإلكتروني للمدرسة بتاريخ 20 أغسطس 2016.

يتمتعون بلغتين تماماً، هو السبب الرئيسي وراء اهتمام العائلات. وفقا لمريم بيدراجا (Miriam Pedraja) مديرة المدرسة السابقة، فإن حوالي سبعين في المائة من المتحدثين الإسبان ملتحقون بالمدرسة منذ أن أصبحت رياض الأطفال جيدة في اللغة الإنجليزية كما هو الحال في اللغة الإسبانية في الصف الثالث.[82]

اختارت مدرسة سايبرس هيلز المجتمعية (Cypress Hills Community School) في بروكلين منهجاً مختلفاً، حيث تقدم برنامجاً ثنائي اللغة باللغة الإسبانية لجميع طلابها، وتخدمهم كمدرسة ومركزٍ في الجوار.

في عام 1997، بمساعدة منظمة نيو فيجن للمدارس العامة، أسس الآباء والأمهات وشركة سايبرس هيلز المحلية للتنمية (Cypress Hills Local Development Corporation) مدرسة سايبرس هيلز المجتمعية، وهي مدرسة عامة تعتمد على نموذج مبتكر للبرامج الإسبانية-الإنجليزية ثنائية اللغة المشاركة القوية لأولياء الأمور هي واحدة من الخصائص الرئيسية للمدرسة. تتذكر الأم، ماريا جايا (Maria Jaya)، والتي تشغل حالياً منصب نائب مدير المدرسة كيف كافح الأهالي من أجل تعليم أبنائهم:

"بدأت الثورة قبل ثلاثين عاماً، لكن البرنامج ولد بعد عشر سنوات. كان أطفالنا في البرنامج "ثنائي اللغة" المزعوم، ولكن هذه البرامج كانت سيئة التصميم للغاية وتعاني من سوء الإعداد.

لم يحصل المعلمون على الأذونات الصحيحة.. لم يكن لدى أولياء الأمور المعلومات الصحيحة.. لم يكن الأطفال مسجلين في البرامج ثنائية اللغة وفقاً لاحتياجاتهم، ولكن فقط بسبب اسمهم الصوتي "اللاتيني". كانت جميع اجتماعات الآباء باللغة الإنجليزية، لذلك طلبنا مترجماً. أخيراً بدأوا بالترجمة؛ لكن أرسلوا كل من احتاجها إلى نهاية الغرفة. لقد وضع الكثير من الضغط على أكتاف أولئك الذين ترجموا ولم يتمكن أولياء الأمور

---

[82] من مقال *Principal Miriam Pedraja teaches Uptown children two languages at a time* والذي نشر على موقع شالك بيت (Chalkbeat) بتاريخ 16 أبريل 2012.

من إعطاء انطباعاتهم منذ أن تم ترحيلهم إلى ركن من الغرفة. كانت هذه أول معركة لنا: المشاركة، المشاركة في تعليم أطفالنا.. لحسن الحظ، أدرك المعلمون بسرعة أننا مجموعة من الآباء الذين أرادوا تغيير الأشياء وبدأوا في النقاش معنا".[83]

تروي قصة مدرسة سيبرس هيل التجارب التي يواجهها المدافعون عن التعليم الثنائي اللغة في نيويورك، وكفاح أولياء الأمور للحصول على حق أولادهم في برامج وفصول ثنائية اللغة. استغرق الأمر الكثير من المثابرة والشجاعة للمطالبة بالخدمات والبرامج التي يريدوها ويستحقوها، خاصة بعد سنوات من العروض التعليمية التي لم تكن متوافقة مع توقعات المجتمع الناطق باللغة الإسبانية.

لكن العقبات التي واجهتها مدرسة سيبرس هيل لم تتوقف عند الفصول الدراسية واجتماعات الآباء. خلال الثلاث عشرة سنة الأولى، عملت مدرسة سيبرس هيل المجتمعية في مباني مدارس أخرى، دون أن يكون لها مقرها الخاص. لم يكن بإمكان المدرسة الوصول إلى صالة للألعاب الرياضية، ولم يكن لديها مكتبة أو قاعة خاصة بها، وعانت من الاكتظاظ.

في عام 2010، انتقلت المدرسة إلى مبنى جديد؛ تتويجاً لأعوام من العمل الدؤوب والشاق لأولياء الأمور والطلاب ومجتمع سيبرس هيل والمسؤولين المنتخبين... وأخيراً، كان دعم البلدية، و إدارة التعليم، وهيئة بناء المدارس أمراً حاسماً في خلق مساحة تعكس اقتراحات الطلاب وأولياء الأمور والمعلمين. هذا الإخلاص والمثابرة التي لا تتزعزع جلبت إلى المدرسة برامج مناسبة ودروس مختارة بعناية بالوسائل التكنولوجية الحديثة: مشتل، مختبر، مكتبة كبيرة مليئة بالكتب، مساحات مخصصة للفن، كافتيريا على غرار حانة صغيرة وصالة للألعاب الرياضية متعددة الأغراض.[84]

---

[83] لقاء مع الأم، ماريا جايا، المؤسسة والمدير المشارك لمدرسة سايبرس هيلز المجتمعية (Cypress Hills Community School) بتاريخ 19 سبتمبر 2016.
[84] لمزيد من المعلومات عن المدرسة، أنصحكم بقراءة دراسة لورا اسنزي مورانو ونيلسون فلوراس بعنوان A Case Study of Bilingual Policy and Practices at the Cypress Hills Community School.

تواصل المدرسة تطويرها، حيث تقدم فرصاً تعليمية مختلفة لتعميق لغتين. يقدم مركز تعلّم سيبرس هيل ثلاث ساعات من العمل الإضافي خلال الأسبوع؛ لتوفير الإثراء الأكاديمي المبتكر، وتعلّم مختلف الفنون والرقص والموسيقى والرياضة، وحل النزاعات والدعم الأكاديمي، كما تتعاون المدرسة مع الجمعيات مثل: جمعية جمهور نيويورك الشاب (Young Audiences New York)، وبروكلين كوينز كونسرفتوار للموسيقى (Brooklyn Queens Conservatory of Music). تعتبر برامج ومبادرات سيبرس هيل نموذجاً يمكن لأي شخص مهتم بالتعليم ثنائي اللغة استخدامه لإنشاء نموذجه الخاص.

هذه البرامج والفصول الإسبانية هي مصدر إلهام لجميع رواد التعليم ثنائي اللغة. فإنهم يشجعونهم على تخطي العقبات من خلال خلق فرص جديدة لجميع الأطفال ليصبحوا ثنائيي اللغة، أو حتى متحدثين بلغات متعددة.

منذ إنشائها، فتحت هذه البرامج الناطقة بالإسبانية الطريق إلى التعليم ثنائي اللغة في الولايات المتحدة، وبدون العزيمة والالتزام ورؤية أولياء الأمور والمربين الذين ناضلوا من أجل الحق في خلق برامج ثنائية اللغة مفتوحة للجميع، فإن الثورة ثنائية اللغة لن تكون موجودة اليوم.

الفصل العاشر

الهدف الأعلى: المدرسة الثانوية للغة المزدوجة والدراسات الآسيوية

بينما يسعى أولياء الأمور والمعلمون من المدارس ثنائية اللغة جاهدين لإيجاد سبل لتحسين مدارسهم وتلبية احتياجات الطلاب ومعارضة الثقافة التعليمية المبنية على أساس تلقي الطالب للملاحظات فقط، يتساءل بالتأكيد عدد من العاملين في هذا المجال عن الطريقة المثلى لتحقيق هذه المساعي. تتطور البرامج ثنائية اللغة غالباً عضوياً، من دون الكثير من الاتساق والتماثل، مما يؤدي إلى العمل على البرامج بطريقة أشبه بـ "إعادة اختراع العجلة" لكل برنامج جديد، ولهذا السبب، من الضروري تعزيز المعرفة وخلق المعايير، وتوفير الموارد، والمواد المدرسية، وضمان أن تكون طرق التعلم متسقة مع تلك الخاصة ببرامج ثنائية اللغة أخرى أثبتت نجاحها بالفعل. ومن أجل مواصلة الثورة ثنائية اللغة وتقليل حجم العمل الذي يصاحب إنشاء عروض تعليمية جديدة، من المهم جداً التعلم من المدارس الرائدة ومن أولئك الذين طوروا بالفعل مواردهم الخاصة ومهدوا الطريق للنجاح.

نموذج مثالي

تعتبر المدرسة الثانوية للغة المزدوجة والدراسات الآسيوية (*High School for Dual Language and Asian Studies*) مثالاً يمكن من خلاله تعلم العديد من الدروس. إن المدرسة التي تأسست في عام 2003، تعتبر من المدارس التنافسية للغاية، ويشمل تنوع طلابها المتحدثين باللغة الإنجليزية والمتحدثين باللغة الصينية. تقع

المدرسة في جنوب مانهاتن، في الطابق الخامس من مبنى مدرسة قديمة، وتضم أكثر من أربعمائة طالب من عائلات تتحدث الإنجليزية والإسبانية والبنغالية والعديد من اللهجات الصينية مثل الماندرين والكانتونية ولغة شانغهاي ولغة منطقة فوزهون أو منطقة وانزو.

كانت المدرسة الثانوية قادرة دائماً على إثبات تفوق نتائجها في اللغة الإنجليزية والرياضيات، من بين مواد أخرى. على الرغم من وجود عدد كبير نسبياً من الطلاب ذوي الخلفيات المهمشة مجتمعياً، تستمر المدرسة في منافسة المدارس الأخرى في تصنيف ولاية نيويورك وفي تصنيف الدولة. تستند هذه التصنيفات على اختبارات الولاية الإجبارية واستعداد الطلاب للالتحاق بالجامعة.[85] إليكم كيف تصف المدرسة نفسها في بيان مهمتها: "تكرس المدرسة جهودها لتزويد الطلاب بالتعليم الجيد والإرشاد لتسهيل نموهم الاجتماعي والأكاديمي، بالإضافة إلى مهاراتهم اللغوية وفهم الثقافات والعالم من حولهم."[86]

والأهم من ذلك، في حين أن أغلبية كبيرة من الجداول الثنائية اللغة تنتهي فجأة بعد الصف الخامس، هذه المدرسة لديها وضع فريد كمدرسة ثانوية نادرة في الولايات المتحدة لتقديم مثل هذا البرنامج.

المدرسة الثانوية للغة المزدوجة والدراسات الآسيوية هي واحدة من المدارس التي وُضعت ضمن دراسة بعنوان: "مدارس يجب التعلم منها"، وهي دراسة رائعة أجرتها جامعة ستانفورد بمساعدة مؤسسة كارنيجي في نيويورك في هذه الدراسة، نظر المؤلفون بالتفصيل في البرنامج ثنائي اللغة لفهم سبب نجاح هذه المدرسة بعينها في إعداد طلابها للجامعة ولعالم العمل. من خلال المقابلات التي تم إجراؤها مع الطلاب والأهالي والمعلمين، شدد الباحثون على "التزام المجتمع المدرسي بلا كلل بخدمة الطلاب والاهتمام بنقاط قوتهم واحتياجاتهم."[87]

---

[85] مقتطف من تقرير لـ U.S. نيوز بعنوان *U.S. News Report High School Rankings: High School for Dual Language and Asian Studies* والذي نشر بتاريخ 23 أغسطس 2016.

[86] "المهمة" مقتطف من الموقع الإلكتروني للمدرسة بتاريخ 23 أغسطس 2016.

[87] مقتطف من مقال *Schools to Learn from: How Six High Schools Graduate College and Career Ready*.

إن المديح الذي يمنحه واضعو الدراسة للمدرسة يعطي شرعية خاصة للجهود الكبيرة التي يبذلها المجتمع المدرسي الذي برز كلاعب رئيسي في مشروع التعليم ثنائي اللغة هذا. وقد دفعت أخلاقيات العمل المشتركة بين الجميع والإجراءات المتخذة بشكل جماعي ونتائج الطلاب المدرسة على الصعيدين الوطني والدولي، وهذا يعتبر تتويج لجهود المعلمين والأسر.

ولادة برنامج فريد من نوعه

إننا ندين بتطوير المدرسة الثانوية للغة المزدوجة والدراسات الآسيوية إلى رون وو (Ron Woo) وهو أستاذ قانون التعليم والاستشاري في مركز جامعة نيويورك للأبحاث حول الإنصاف في تطوير المدارس، تحت إشراف المستشار التعليم في ذلك الوقت، جويل كلاين (Joel Klein). يقول رون:

"في عام 2003، طلب مني المستشار مساعدته في إعداد برنامج مبتكر. اقترحت مدرسة ثانوية ثنائية اللغة. تقع المدرسة الآن في مدرسة سيوارد بارك الثانوية (Seward Park High School)، التي كانت مدرسة ثانوية في ذلك الوقت، وكانت ذات نتائج سيئة. كنا في بداية إدارة بلومبرج كعمدة لولاية نيويورك، وكانوا يغلقون هذا النوع من المؤسسات ضعيفة الأداء. لكن هذه هي المشكلة: فقد أنشأوا مدارس صغيرة ونسوا إنشاء مدرسة للمهاجرين الصينيين العديدين الذين كانوا في سيوارد بارك، لذا اجتمعنا وقلنا: "لماذا لا نحاول إنشاء برنامج ثنائي اللغة باللغة الصينية؟"، هذا من شأنه أن يجعل من الممكن تسجيل السكان المهاجرين الصينيين، وسيتبعها الآخرون لتعلم اللغة الصينية كلغة أجنبية".[88]

تم دعم مدرسة المهاجرين الصينيين بشكل كامل من قبل مستشار التعليم. كانت أول مدرسة من نوعها في البلاد. كلف الفريق التأسيسي بتحديد الموارد اللازمة لإنشاء

---

[88] لقاء مع رون وو، أستاذ في كلية بنك ستريت (Bank Street College) ومستشار في مركز متروبوليتان في جامعة نيويورك للبحوث حول الإنصاف وتحويل المدارس New York University Metropolitan Center for Research on (Equity and the) Transformation of Schools بتاريخ 16 يونيو 2015.

المدرسة، وكان على أعضاء الفريق أن يلتقوا بالمعهد الصيني في أمريكا[89] *(China Institute of America)* وجمعية آسيا في نيويورك[90] *(Asia Society)*، والتي ساعدت في تطوير المناهج الدراسية. وعين الفريق لي يانغ *(Li Yang)* مدير المدرسة الحالي، الذي حول مفهومهم إلى ما هو اليوم المدرسة الثانوية للغات المزدوجة والدراسات الآسيوية.

صعوبات قبل الافتتاح

المدرسة هي واحدة من الرواد في قطاع تعليم اللغة في التعليم الثانوي. يقدم هذا النوع من المدارس الثانوية برنامجاً أكاديمياً صارماً للتحضير للجامعة، ولكنه في المقام الأول عبارة عن استمرارية تعدد اللغات الموجودة بالفعل في المدارس الابتدائية أو الثانوية. الآن وقد نجحت المدرسة الثانوية للغة المزدوجة والدراسات الآسيوية في أن تكون سمعتها لا مثيل لها، فإن القليل من الناس يتذكرون كم كان من الصعب إقناع الأسر بالتسجيل عندما افتتحت المدرسة. يقول مدير المدرسة لي يانغ:

"يجب أن يعتاد الناس على فكرة أن المدرسة جديدة! كان أولياء الأمور دائماً ما يقولون لي: (لقد فتحت مدرستك للتو! لماذا أسجل أولادي؟ ليس لديك شيء نراه لنقتنع). لقد واجهت الكثير من الصعوبات؛ لأن بعض الآباء لم يرغبوا في إرسال أطفالهم إلينا. كانت السنوات الثلاث أو الأربع الأولى صعبة للغاية. أراد الناس النتائج ولكن لم يكن لدي ما أعطيه لهم، كانت بمثابة لعبة؛ حيث كان علي العمل على إقناعهم كل الوقت، كان علينا التأكد أن أولياء الأمور سمعوا عن كل ما قمنا به في المدرسة، وكل التقدم الذي أحرزناه، وقد طُلب من كل طفل تقديم أعماله، وهذا

89إن المعهد الصيني في أمريكا (China Institute of America) مؤسسة لها مهمة تعليمية وثقافية من مدينة نيويورك، تأسست في عام 1926 من قبل مجموعة من المعلمين الأمريكيين والصينيين المشهورين، بما في ذلك جون ديوي، هو شيه، بول مونرو والدكتور كو بينغ-ون. إنها أقدم منظمة ثنائية الثقافات في الولايات المتحدة مخصصة بشكل خاص للصين.

90 أسس جون د. روكافلر جمعية آسيا في نيويورك (Asia Society) عام 1956 وهي منظمة بارزة تكرس مهمتها التعليمية لتعزيز التفاهم وتعزيز الشراكات بين الأفراد والقادة والمؤسسات في آسيا والولايات المتحدة.

ساعد في إقناع الكثيرين. وأخيراً، بدأوا في تسجيل أطفالهم. بعد أربع سنوات من تخرج الدفعة الأولى، بدأنا بالفعل في الحصول على سمعة جيدة.[91]

نتعلم الكثير من خلال النظر في المسار الذي تسلكه المدرسة. تبرز ملاحظات لي يانج ظاهرة مهمة غالباً ما تعوق خلق البرامج ثنائية اللغة: الخوف من المجهول، خوف متزايد مع نمو الطلاب، لا سيما في المدرسة الثانوية. تشعر الأسر بالقلق إزاء اختيار المدرسة المناسبة، وهي المدرسة التي ستعد أطفالها على أفضل وجه لدخول أفضل الجامعات، ومع ذلك، فإن كل برنامج ثنائي اللغة ناجح يقلل بشكل تدريجي من هذا الخوف، ويكتشف الأهالي فوائد لا تعد ولا تحصى من التعليم ثنائي اللغة. وكما يثبت يانج وزملاؤه وطلابه وعائلاتهم، فإن المدرسة الثانوية للغة المزدوجة والدراسات الآسيوية هي نجاح لا يمكن إنكاره.

برنامج ثقافي ولغوي

على عكس مدن أخرى، يتم تقديم طلبات الالتحاق بالمدارس الثانوية في نيويورك من خلال نظام نذر، حيث يمكن لكل طالب في المدرسة الثانوية اختيار ما يصل إلى اثني عشر مدرسة من قائمة توفرها إدارة التعليم لا يحتاج الطلاب إلى معرفة كيفية التحدث باللغة الصينية والإنجليزية؛ لأن هناك نوعين من البرامج في المدرسة، أحدهما للمتحدثين باللغة الإنجليزية والآخر للمتحدثين باللغة الصينية، لهذا السبب يبدأ بعض الطلاب إدماج لغتهم في وقت متأخر جداً.

يصف رون وو الأهداف الطموحة لهذا البرنامج:

"تم بناء النموذج على فكرة أنه عند مغادرة المدرسة الثانوية، سيكون الطلاب ثنائي اللغة تماماً. أولئك الذين سيبدؤون بدون أي فكرة عن اللغة الصينية، سيكون

---

[91] لقاء مع لي يان، مدير المدرسة الثانوية للدراسات الثنائية واللغة الآسيوية (High School for Dual Language and Asian Studies) بتاريخ 14 سبتمبر 2016.

لديهم أربع سنوات لتعلم اللغة، سيكون المتحدثون الصينيون ثنائيي اللغة بالفعل، أو يحسنون لغتهم الإنجليزية

إذا كانوا مهاجرين. وفي عامهم الثاني، يمكن أن نراهم بالفعل جنباً إلى جنب في نفس الفصول. هناك مجموعة من مستويات اللغة، مما يخلق بعض التوتر بالطبع، لكني أعتقد أننا سوف نحقق شيئاً ما.[92]

وكما يشير البروفيسور رون وو، فإن هذا الانتقال السريع من أحادية اللغة إلى ثنائية اللغة هدف نبيل، رغم أنه صعب في بعض الأحيان. إن السماح لطلاب المدارس الثانوية بإتقان لغة تبدأ دراستها في المدرسة الثانوية، كما هو الحال في المدرسة الثانوية للغة المزدوجة والدراسات الآسيوية، يعد إنجازاً مذهلاً.

سواء كانوا من الناطقين باللغة الصينية أو الناطقين بالإنجليزية، فإن الطلاب يأتون من خلفيات مختلفة تماماً، وولد بعضهم في الصين وتوجهوا إلى المدارس الابتدائية والجامعات هناك قبل أن ينتقلوا إلى الولايات المتحدة لينتهوا من تعليمهم الثانوي، وولد آخرون في الولايات المتحدة، ثم انتقلوا إلى الصين كأطفال قبل العودة إلى الولايات المتحدة لمواصلة تعليمهم. هاتان المجموعتان لديها بالفعل مفاهيم جيدة للغة الصينية. الطلاب الذين كانوا يعتبرون في السابق متعلمي اللغة الإنجليزية هم أيضاً من مجموعة متنوعة من الخلفيات اللغوية والثقافية، ويتحدثون الآن الإنجليزية بطلاقة.

تضم المدرسة أيضاً طلاباً لغتهم الأولى هي الإنجليزية، والذين لا يتحدثون حتى كلمة صينية عند وصولهم إلى المدرسة.. إنهم يريدون الانضمام إلى هذا البرنامج لأنهم مهتمون باللغة والثقافة الصينية، ورغبة المدرسة في تدريب طلاب ثنائيي اللغة والثقافة.

92لقاء مع رون وو، أستاذ في كلية بنك ستريت (Bank Street College) ومستشار في مركز متروبوليتان في جامعة نيويورك للبحوث حول الإنصاف وتحويل المدارس New York University Metropolitan Center for Research on (Equity and the) Transformation of Schools بتاريخ 16 يونيو.

تقدم المدرسة الثانوية للغة المزدوجة والدراسات الآسيوية للطلاب برنامجاً متعدد الأوجه، بالإضافة إلى موضوعات أخرى، يتعلم كل طفل لغة الماندرين لمدة أربع سنوات، كجزء من دروس الفنون البصرية أو فئة من اللغة الصينية كلغة ثانية. أولئك الذين تكون اللغة الإنجليزية هي اللغة الأم لديهم المزيد من ساعات اللغة الصينية في اليوم الواحد للتأكد من أنهم على استعداد لاتخاذ اختبارات اللغة المطلوبة مثل امتحان اللغة الصينية (*Chinese Regents*) وامتحان اللغة الصينية المستوى المتقدم (*Advanced Placement (AP) Chinese exams*)، بالإضافة إلى خمسة امتحانات أخرى مطلوبة للحصول على شهادة التخرج في ولاية نيويورك. يعمل المعلمون ومرشدو التوجيه ومندوبو الآباء معاً لمساعدة الطلاب على اختيار فصولهم وتقديم دعم إضافي للطلاب المتعثرين.

يأتي معظم الطلاب من عائلات كانت موجودة في الولايات المتحدة لمدة عشر سنوات فقط، إن لم يكن أقل، والعديد منهم في أوضاع مالية صعبة. يتطلب النجاح الأكاديمي لهؤلاء الطلاب مزيداً من الاهتمام والموارد، حيث لا يزال حاجز اللغة موجوداً، ويجب عليهم التكيف مع ثقافة جديدة. ولمساعدة ودعم أسرهم، يتم تقديم جميع محتويات المدرسة باللغات الإنجليزية والصينية والبنغالية والإسبانية. بالإضافة إلى ذلك، يمكن للمدير، والسكرتير، ومستشار التوجيه، وبعض المعلمين، الذين هم ثنائي اللغة، ترجمة أي مواد تقدمها المدرسة، والتي لا يمكن الوصول إليها بكلتا اللغتين.

تقدم المدرسة مسارًا للتفوق، مع التركيز على برنامج أكاديمي صارم في اللغة الإنجليزية والصينية للطلاب من خلفيات ثقافية واجتماعية اقتصادية متنوعة. تاليا بايزا ميلان (*Thalia Baeza Milan*)، التي هي الآن في الصف الأول في المدرسة الثانوية، كانت تتحدث بالفعل الإنجليزية والإسبانية عندما جاءت من غيانا قبل ثلاث سنوات. أرادت الاستفادة من هذه الفرصة لتعلم اللغة الصينية في المدرسة الثانوية للغات المزدوجة والدراسات الآسيوية، والتي تصفها على النحو التالي:

لقد ساعدتني هذه التجربة على تقدير الثقافات المختلفة وفهمها، لمواجهة التحديات التي قدمت إليّ حينما مزجت كلمات "دجاج مقلي" و"أكروبات". أعرف كيف أتغلب على هذه الصعوبات وأعرف كيف أكون مرتاحة في بيئة غريبة تماماً عني. هذه التجربة ستكون شيءً مفيداً لي طوال حياتي.[93]

تصف تاليا هنا "الكفاح" الإنتاجي لتعلم لغة جديدة، وهو الصراع الذي يمكن تقديره من قبل العديد من الطلاب ثنائيي اللغة. هذه العملية، الصعبة والممتعة، كما يتضح من الارتباك اللغوي لتاليا، تتيح التعلم المكثف، والتزام حقيقي من الطالب بمكونات مختلفة من الفهم الشفهي والمكتوب، وهي عملية يمكن استخدامها من قبل الطالب كل يوم في حالات أخرى.

كما تقوم المدرسة أيضًا بتعويد الطلاب على ثقافات آسيوية مختلفة، حتى إذا ظلت تركز بشكل أساسي على الصين. عندما لا يشارك الطلاب في البرامج المدرسية المختلفة، يمكنهم التسجيل في النوادي المدرسية التي تتراوح بين علوم الكمبيوتر وتنس الريشة. من أجل الحصول على أفضل سجل للجامعة، لديهم أيضًا العديد من الفرص للحصول على أرصدة جامعية وزيارة الحرم الجامعي والتقديم للحصول على منح دراسية.

يتم تسجيل بعض الطلاب في برنامج مدرسة السبت، والذي هو بمثابة دروسهم الخاصة. يشتمل البرنامج على دروس التربية البدنية واللغة الإنجليزية الإضافية كلغة ثانية، والتي يتبعها كل أسبوع مائة وخمسون طالبًا.[94] كما يوفر للطلاب مساحة مشتركة للواجبات المنزلية أو المشاريع التي لا يمكنهم العمل عليها دائمًا من المنزل. كان هذا النهج فعالاً للغاية في تحسين النتائج الأكاديمية وإشراك الطلاب في الحياة المدرسية.

93مقتطف من لقاء مع تاليا بياز ميلان مع باتريك وال من مقال *City to add dozens of dual-language programs as they grow in popularity* الذي نشر على موقع شالك بيت (Chalkbeat) بتاريخ 4 أبريل 2016.

94من دراسة *Schools to Learn from: How Six High Schools Graduate College and Career Ready* لمارثا كاستيلون، تينا شيك، ريبيكا غرين، ديانا ميركادو جارسيا، ماريا سانتوس، رينا سكارين، وليزا زيركل.

التأثير على المدى الطويل

هناك الكثير لتتعلمه الثورة ثنائية اللغة بشكل عام من تاريخ المدرسة الثانوية للغة المزدوجة والدراسات الآسيوية. فقط تخيل مجال الإمكانيات التي يمكن أن تنبثق من البرامج الثنائية اللغة في المدرسة الثانوية للغة المزدوجة والدراسات الآسيوية، مما يديم العمل المدهش الذي أنجزته بالفعل المدارس والكليات الابتدائية، لخدمة تجمعات الطلاب ثنائية اللغة بالكامل. إن إمكانات برامج هذه المدارس الثانوية لا حدود لها، وحالة المدرسة الثانوية للغة المزدوجة والدراسات الآسيوية ليست سوى البداية.

لا يوجد سبب لعرقلة الثورة ثنائية اللغة بعد المدرسة الابتدائية، على العكس، من خلال تشجيع فتح برامج ثنائية اللغة في المدارس المتوسطة والثانوية، نمنح أطفالنا الفرصة لأن يصبحوا أشخاصاً متعددي اللغات، ومستعدين لدخول الحياة المهنية بكل الأدوات اللازمة للنجاح.

إن تاريخ المدرسة الثانوية للغة المزدوجة والدراسات الآسيوية هو أحد النجاحات غير المسبوقة التي يمكن تكرارها في المدارس الثانوية في البلاد وحول العالم. تتمتع الثورة بالقدرة على تحسين حياة الأطفال إلى ما بعد مرحلة المراهقة وفترة الشباب، الأمر متروك لنا للتأكد من أن لديهم الفرصة للاستفادة من ذلك.

الفصل الحادي عشر

خارطة الطريق لإنشاء برنامج ثنائي اللغة متفرد

يقترح الفصل التالي خارطة طريق لأولياء الأمور الذين يرغبون في إنشاء برنامجٍ ثنائي اللغة خاص بهم في مدرسة عامة. الفكرة المركزية لخريطة الطريق هذه، وحتى هذا الكتاب، هي أن الأهالي لديهم القدرة على إحداث فرق في مجتمعهم من خلال خلق برنامج ثنائي اللغة في جوارهم، يمكن لهذه البرامج تحسين المدارس وقيم المجتمع بطريقة لا يمكن إنكارها، وذلك بفضل جهود مجموعات أولياء الأمور.

ستساعد المعلومات الواردة في الصفحات التالية أولياء الأمور على تنظيم أنفسهم، وبناء مقترحات قوية وإلهام الآخرين للانضمام إلى مبادراتهم.

تقترح خارطة طريق وسيلة يمكن أن يتبعها الآباء والأمهات والمربين. فهي توضح العديد من التفاصيل اللازمة من أجل إنشاء برنامج ثنائي اللغة ناجح مثل: تنظيم اجتماعات لنشر المعلومات، تشكيل مجموعات من المتطوعين، إقناع مديري المدارس والمعلمين، ووضع استراتيجيات لدراسة المجتمع وتحديد الأسر المعنية المحتملة، وأخيراً العمل بفعالية مع جميع أصحاب المصلحة في المشروع.. يمكن العثور على نسخة مختصرة أيضاً من خارطة الطريق في ملحق الكتاب وتحميلها من الموقع الرسمي له.[95]

يقدم الكتاب قائمة غير شاملة من الاقتراحات والاستراتيجيات. يكاد يكون من المستحيل حصر كل الخلافات بين المناطق التعليمية والمجتمعات اللغوية، لهذا السبب فإنني أشجع أولياء الأمور على إنشاء خارطة طريق خاصة بهم، والتكيف مع احتياجات

---

[95]يمكنك إيجاد المزيد من المعلومات والموارد والأمثلة على الموقع الرسمي للثورة ثنائية اللغة.

مجتمعهم، فقد تمت كتابة خارطة الطريق الأصلية، التي هي مصدر إلهام لهذا الكتاب، من قبل الآباء والأمهات منذ ما يقرب من عشر سنوات من أجل تبادل نهجٍ ناجحٍ، وعلى أمل أن الآخرين يمكنهم اتباعها من أجل تأسيس البرنامج الثنائي اللغة الخاص بهم في مدرسة عامة.[96] العديد من الجماعات الأولى والمبادرات التي ألهمت خارطة الطريق الأصلية مقدمة في الحالات الواردة في هذا الكتاب.

تنقسم خريطة الطريق إلى ثلاث مراحل، تقدم الخطوة الأولى مجموعة متنوعة من الطرق لإنشاء مجموعة أساسية من العائلات المهتمة (قاعدة عائلية) من خلال التواصل مع المجتمع وتنظيم اللجان، تركز الخطوة الثانية على تطوير حجة قوية لبرنامج ثنائي اللغة لتقديمه إلى مدرسة محتملة، وأخيراً، تركز المرحلة الثالثة على إنشاء وتنظيم برنامج ثنائي اللغة يمكن أن يكون ناجحاً منذ اليوم الأول في المدرسة.

---

[96] أود أن أعبر عن امتناني للأعضاء المؤسسين للتعليم بالفرنسية في نيويورك، ومؤسسين مدرسة La Petite Ecole، وبرنامج وسط المدينة للغة الفرنسية المزدوجة (Downtown French Dual Language Program)، وأولياء الأمور المؤسسين لبرامج اللغة في مدرسة P.S 84 في مانهاتن، P.S 58 في بروكلين والخدمة الثقافية للسفارة الفرنسية. وأود أيضا أن أعرب عن امتناني لأولياء الأمور الذين قاموا بالمبادرات اليابانية والألمانية والإيطالية والفرنسية والروسية المقدمة في فصول هذا الكتاب، والذين شاركوا رؤيتهم لخارطة الطريق أو ساعدوا في تحسين النسخة الأولى.

الخطوة الأولى: التواصل مع المجتمع

عمل قاعدة من العائلات المهتمة بالمبادرة

تشكيل قاعدة من العائلات المهتمة هي الخطوة الأولى نحو إنشاء برنامج ثنائي اللغة. بما أن المشروع مدعوم من أولياء الأمور في البداية، فمن الأهمية تشكيل مجموعة قوية من الأسر المستعدة ليس فقط لتسجيل أطفالها في برنامج ثنائي اللغة، ولكن أيضاً لدعم المشروع طوال مراحل تقدمه، مع صعوده وهبوطه. منذ تلك اللحظة، يمكنك اعتبار نفسك رجل أعمال له شغف بالتعددية اللغوية، والتزام بالتعليم العام، وعلى استعداد للتعرف إلى عشرات إن لم يكن مئات الأفراد في مجتمعك، لإنشاء هذه القاعدة.

إذا كنت تتجه إلى هذا المشروع بلغة معينة بالفعل، فإن الخطوة التالية هي العثور على أولياء الأمور الذين يشاركونك نفس الاهتمام. يمكنك البدء بإنشاء مجموعة صغيرة من الأهالي الذين تعرفهم وتثق بهم. والذين يشاركونك رؤيتك، حتى لو كان أطفالهم لن يستفيدوا مباشرة من هذه المبادرة. مثال جيد على فعالية هذه المجموعات الصغيرة هو مشروع اللغة اليابانية ثنائي اللغة المقدم في الفصل الثاني، والذي يعكس أهمية التزام وخبرة أولياء الأمور.

يتوقع أولياء الأمور الذين يتبعون خارطة الطريق هذه بشكل عام وجود برنامج ثنائي اللغة جديد يستمر من الروضة حتى الصف الخامس. قد يختلف هذا التوقع وفقاً لموارد مدرستك، أو تنظيم مستويات الصف في منطقتك. لدى بعض الآباء رؤية طويلة الأمد، ويسعون لضمان استمرار مشروعهم في المدرسة الابتدائية وحتى في المدرسة الثانوية. من المهم بالفعل أن نرى أن هذه البرامج لديها القدرة على النمو والتوسع الطبيعي في المدارس الابتدائية والمدارس الثانوية، كما هو موضح في الأمثلة الإسبانية والصينية والفرنسية المقدمة في الفصول السابقة.

أما إذا لم يكن لديك لغة معينة في ذهنك عند بدء هذا المشروع ولكنك مهتم بالبرامج ثنائية اللغة كطريقة لتعليم أطفالك، فمن الأفضل التعرف على التراث اللغوي لمجتمعك من أجل تقدير الدعم الذي يمكنك الحصول عليه.

إن فهم الفروق الثقافية التي سيعتمد عليها المجتمع للحكم على اقتراحك هو أمر بالغ الأهمية، سيسهل التعرف على الشركاء وأصحاب المشاريع التعليمية الأخرى داخل الثقافة المستهدفة إقامة المشروع من خلال تقديمه في ضوء ملائم، وسوف يعطيه المزيد من فرص القبول من قبل المجتمع. على سبيل المثال: اعتمدت المبادرة اليابانية الموضحة في الفصل الثاني على خمس أمهات، بما في ذلك أمين يابانيتين خدمتا كحلقة وصل مع المجتمع الياباني، وقد مكنهم فهمهم للأعراف والتقاليد الثقافية للعائلات التي سعيتا إلى التواصل معها من اتخاذ قرارات استراتيجية حاسمة. كان هذا مفيداً بشكل خاص لمديري المدارس وغيرهم من أعضاء المشروع الذين لم يتحدثوا اللغة اليابانية أو كانوا غير ملمين بثقافة البلاد.

لقد أدركت المجموعة اليابانية أنه من الضروري تضمين التفاهم بين الثقافات في تقديم برنامج أو تقديم خدمة.. كانوا يتحدثون باللغتين اليابانية والإنجليزية مع العائلات المهتمة.. لقد استغرقوا وقتاً لشرح نظام التعليم الأمريكي وفوائده لأولياء الأمور اليابانيين الذين وصلوا مؤخراً إلى الولايات المتحدة، فضلاً عن أوجه التشابه والاختلاف مع النظام المدرسي الياباني. من خلال هذه التبادلات، حاولوا الإجابة على جميع الأسئلة بصراحة وأمانة قدر الإمكان. إن قدرة المجموعة على تقديم وجهات نظر متنوعة للمناقشة تُظهر الكثير عن التزامهم بالاندماج واحترام المجتمع الثقافي لكل عضو، في هذه الحالة، كانت الحساسية الثقافية أساسية لنجاح مراحل التوظيف والتنفيذ للمشروع.

بصفتك أحد الوالدين، يمكنك أيضاً التحدث إلى مجتمعك من خلال الإعلان علناً (من خلال الشبكات الاجتماعية أو المدونات أو الإعلانات أو الكلام الشفوي) أنك تبحث عن أشخاص يرغبون في المساعدة في إنشاء برنامج ثنائي اللغة بلغة محددة.

إن مبادرتكم في مجتمع لغوي معين تقدم العديد من الفوائد.. قد توجد بالفعل مجموعة جيدة من الآباء والأمهات الذين يحتمل أن يكونوا مهتمين، وقد تكون شبكة مجتمعية من الشركات والمراكز الدينية ومنازل الأحياء والأطفال الذين لغتهم الأم ليست الإنجليزية موجودة بالفعل في محيط حيك، وقد حدث هذا للبرامج الثنائية اللغة باللغة العربية والبولندية والإيطالية التي تم عرضها في الفصول السابقة.

بمجرد تشكيل مجموعتك من المتطوعين، يمكنك البدء في تنظيم اللجان لتوزيع المهام، يتطلب الأمر الكثير من المتطوعين، بما في ذلك الشخص الذي سيتواصل مع المجتمع، الشخص الذي سيبحث عن المدرسة والآخر المسؤول عن البرنامج المدرسي، ويمكن إنشاء لجان أخرى حسب الحاجة، مثل لجنة توظيف المعلمين، أو لجنة لجمع الأموال، أو لجنة أنشطة خارج المنهج الدراسي، حسب احتياجات المشروع.

مرة أخرى، هذه مجرد اقتراحات وتعود كيفية تطبيقها إليك لتكييف هذا النموذج مع واقعك المحلي وعدد الأشخاص المهتمين بهذه المبادرة.

جمع البيانات والمعلومات

يجب أن تركز اللجنة المعنية بالتواصل مع المجتمع على تحديد الطلاب المحتملين وجمع المعلومات حول العائلات، سيساعدك هذا على نشر الرسالة بحيث يسمع أكبر عدد ممكن من الأشخاص عن مبادرتكم ويقرر تسجيل طفلهم كمرشح محتمل للالتحاق بالبرنامج ثنائي اللغة.

وتوضح السطور التالية المعلومات التي يجب عليك محاولة جمعها:

- عدد العائلات المهتمة بالمبادرة.
- اللغات المستخدمة في المنزل وفهمها من قبل الأطفال.
- تواريخ ميلادهم وتواريخ دخولهم إلى المدرسة الابتدائية.
- المناطق التعليمية للعائلات.

هذه هي الخطوات الأساسية الأولى في تحديد المرشحين للبرنامج ثنائي اللغة. ستساعدك جميع هذه المعلومات أيضًا في تحديد ما إذا كان برنامجك سيكون في اتجاه واحد (مع الأطفال الذين لديهم نفس اللغة الأم ويتلقون دورات بلغة أخرى) أو في اتجاهين (مع المتحدثين الأصليين لكلتا اللغتين المتواجدين في البرنامج والموزعين بالتناسب). سوف يعتمد هذا القرار على عدد الناطقين باللغة التي ستقوم باختيارها.

من الضروري تحديد عدد كافٍ من الطلاب حتى يمكن إنشاء الصف الأول. وللحصول على هذا العدد، سيكون من الضروري التحقق من عدة أشياء. أولاً، عليك البحث عن:

- متوسط عدد الطلاب المسجلين في صف من المستوى الأول في منطقتك، لأن هذا العدد قد يختلف من مكان لآخر، وحتى من فصل إلى آخر. على سبيل المثال، قد يكون هناك عدد مختلف من الطلاب بين طلاب الصفوف المتوسطة وصفوف الروضة، أو بين الصفوف الابتدائية وفصول المدارس المتوسطة والثانوية.
- كما يجب أن تكون على دراية بالقانون التي تعمل بموجبه منطقة المدارس للأطفال الذين ليست لغتهم الأم هي اللغة الرسمية. في حالة مدينة نيويورك وقوانينها[97]، يشترط القانون على المدرسة أن توفر برنامجاً ثنائي اللغة أو فصلاً انتقاليًا إذا كان هناك عشرين طالبًا على الأقل في المنطقة يتحدثون بلغة أم غير الإنجليزية[98]. ثم يتم إدراجهم كمتعلمين للغة الإنجليزية (ELLs) أو، وفقًا

97تعكس الأرقام المذكورة في هذا النص تلك الموجودة في مدينة نيويورك حيث تسجّل المدارس عادةً 18 طفلاً كحد أقصى لكل فصل في مرحلة ما قبل الحضانة، وحوالي 24 طفلًا في الصف الواحد في روضة الأطفال، وأكثر من 30 طفلًا في الفصل الدراسي في المدرسة الثانوية.

98يشير القسم 154 إلى خدمات للطلاب ذوي القدرات الإنجليزية المحدودة. يشير الجزء الفرعي 154-1 إلى خدمات للطلاب ذوي القدرات المحدودة في التحدث باللغة الإنجليزية في البرامج والفصول العاملة خلال العام الدراسي 2015-2016.

للاسم الجديد، اللغة الإنجليزية كلغة جديدة (الإنجليزية كلغة جديدة - ENLs).

إذا كانت منطقتك التعليمية تتبع نفس القانون، فيمكنها تقديم دعم إضافي لك. سيحتاج بحثك بعد ذلك إلى:

- تحديد عدد الأطفال الذين لا يتحدثون الإنجليزية (أو اللغة الرسمية للبلاد) كلغة أم في كل مقاطعة أو منطقة تعليمية. يجب أن يتحدث هؤلاء الأطفال نفس اللغة الأم ليكونوا في نفس البرنامج ثنائي اللغة.

- تحديد عدد الأطفال في كل منطقة أو منطقة تعليمية تعتبر ثنائية اللغة (هنا، يجب التركيز على الأطفال الذين يتحدثون الإنجليزية بالفعل واللغة المستهدفة، على مستويات مختلفة).

- تحديد عدد الأطفال في كل منطقة أو منطقة تعليمية ممن يعتبرون متحدثين للغة رسمية (هنا، الإنجليزية)، والذين ليس لديهم معرفة باللغة المستهدفة ولكن أسرهم على استعداد للانخراط في تعليم ثنائي اللغة والمشاركة في تطويره والتزام به.

- ستساعدك هذه البيانات في شرح كيف يلبي برنامجك ثنائي اللغة الاحتياجات المختلفة للمجتمع. كما يمكن أن يكون وسيلة للحصول على تمويل إضافي من الوكالات الحكومية والجمعيات الخيرية، خاصة تلك التي تدعم متعلمي اللغة الإنجليزية. يمكن أن تصبح هذه الإحصائيات أيضًا حججًا قوية لإقناع قادة المدارس بضرورة هذا البرنامج.

تحديد العائلات

تبدأ المبادرة في كثير من الأحيان مع عدد كبير من الأسر المحتملة، لكن لا يتبقى سوى مجموعة صغيرة في يوم الافتتاح. بالنسبة لمشروعك، يوصى بتعيين عدد من

الطلاب يفوق العدد المطلوب من المدارس المحلية لفتح برنامج ثنائي اللغة. عادةً ما يكون العدد الأدنى من الطلاب لكل فصل مطلوباً لكي يكون البرنامج مجدياً (على الرغم من أن ذلك قد يكون حسب تقدير المدير)، وسوف يؤدي تعيين عدد كبير من الأطفال إلى إخبار مدير مدرستك، أو المسؤول أو اللجنة التنفيذية أن هناك عدداً كافياً من الطلاب المحتملين لبرنامج ثنائي اللغة، كما سيعوض هذا النهج عن خسارة بعض العائلات، التي قد تكون مهتمة في البداية ولكن ستتخلى في نهاية المطاف عن المبادرة أو تقرر الانتقال أو تغيير المدارس.

سوف تتلقى على الأرجح بيانات من أطفال من أعمار مختلفة، أو حتى أطفال لم يولدوا بعد، وبالتالي لن يكون لديهم نفس تاريخ الدخول في النظام المدرسي. في هذه الحالة، ستحتاج إلى إعداد مخطط يسجل تواريخ الميلاد وبني استراتيجيتك على عدد المرشحين المحتملين في السنة. سوف تحدد مواعيد المدرسة والمواعيد النهائية للتسجيل بالتأكيد جدولك الزمني والاستراتيجية التي ستسمح لك بالنجاح في نشر مبادرتك.

هناك العديد من الطرق للعثور على العائلات المحتملة وتحديدها وتجنيدها. يمكن القيام بذلك من خلال الإعلانات أو الرسائل أو النشرات أو الملصقات التي يمكنك توزيعها في الاجتماعات أو العروض التقديمية.[99] يجب أن نأخذ بعين الاعتبار العملية الطويلة لتأسيس برنامج ثنائي اللغة جديد في إحدى المناطق. يحتاج الأمر إلى تحديد العائلات التي سيكون أطفالها صغاراً بما يكفي للتقدم إلى البرنامج عندما يفتح فعلياً. في بعض الحالات، يجب أن تبدأ عملية تحديد الهوية هذه قبل سنة أو سنتين على الأقل من إطلاق المشروع. وتم عرض في الفصول السابقة حالات الأسر الذين فشلوا في تسجيل أطفالهم في هذه البرامج لأسباب مختلفة، رغم أنها قدمت كل ما يلزم من أعمال.

99يمكن العثور على العديد من الأمثلة على الموقع الرسمي للثورة ثنائية اللغة.

تبدأ معظم البرامج والفصول ثنائية اللغة في المدارس الحكومية الأمريكية إما في قسم رياض الأطفال الصغار، عندما يبلغ عمر الأطفال أربع سنوات أو في القسم الأكبر، عندما يبلغون الخامسة من العمر. لتحديد الأطفال، من الضروري في كثير من الأحيان الاتصال برياض الأطفال ودور الحضانة المحلية والمدارس الخاصة ومدارس اللغات والمراكز الثقافية والمؤسسات الدينية وجمعيات الآباء والهيئات البلدية التي تساعد الأسر[100]. يمكنك أيضًا الدخول في محادثة مع الوالدين في منطقة اللعب الخاصة بك، أو في متاجر الحي، أو في السوبر ماركت الخاص بك، أو في مدارس أخرى حيث قد تبحث العائلات عن دورات تدريبية بديلة لأولادهم الأصغر سناً. إن تحديد العائلات المحتملة التي هي المسجلة بالفعل في مدرسة وأقامت بالفعل روابط مع مدير المدرسة أو أحد الوالدين من شأنها توفير معلومات قيمة عن إدارة المدرسة.

أظهر العديد من المبادرين للمشاريع التي تمت مقابلتهم أثناء هذا الكتاب إبداعاً كبيراً في السبل المستخدمة للوصول إلى العائلات؛ ارتدى البعض ملابس أو قبعات أو شارات لإثارة فضول الآباء الآخرين، قاموا بإنشاء مواقع على شبكة الإنترنت واستخدموا شبكات التواصل الاجتماعي من أجل تحديد نماذج التسجيل وتقديم أخبار المشروع، استخدموا الصحف المحلية والمدونات المجتمعية والأهالي للسماح للعائلات خارج مجموعة أصدقائهم بالتعرف على مشروعهم. قاموا بتعليق الملصقات والإعلانات في المتاجر المحلية، وخاصة تلك التي تم تحديدها كأماكن للتركيز على المتحدثين باللغة المطلوبة. على سبيل المثال، قام بعض المبادرين في مشروع البرنامج ثنائي اللغة باللغة الفرنسية بتقديم منشورات في الملاعب أو المخازن حيث كانوا يعرفون أنهم سيجدون المتحدثين باللغة الفرنسية. كما زاروا كنائس ذات عدد كبير من الناطقين بالفرنسية، واقتربوا من الناس في الشارع أو في قطار الأنفاق عندما سمعوا أنهم يتحدثون الفرنسية. ولقد اتصلوا بجميع وسائل الإعلام الفرنسية التي يمكنهم العثور عليها. قاموا بإنشاء

---

[100] برنامج هيد ستارت (Head Start) هو برنامج تابع لوزارة الصحة يوفر الرعاية النهارية الشاملة والرعاية والتغذية وتوعية الوالدين للأطفال من الأسر ذات الدخل المنخفض.

عنوان بريد إلكتروني موحد واستجابوا لمئات الطلبات من أولياء الأمور. كرسوا ساعات وساعات من وقتهم للمبادرة، ونُصْحِ أولياء الأمور الآخرين حول مواضيع مثل إجراءات التسجيل في المدرسة أو الفرق بين بدء قسم متوسط أو كبير في رياض الأطفال.

إن عمل هؤلاء الأهالي أمر رائع ويستحق التهنئة. فأدت أفعالهم وسوف تفيد عائلات أكثر بكثير، بعيداً عن أسرهم ومجموعات الأصدقاء. هذه السلائف من البرامج ثنائية اللغة هي عوامل حقيقية للتغيير.

التواصل مع المجتمع

واحدة من المشاريع التي يجب أن على أولياء الأمور العمل عليها من أجل نجاح مبادرتهم هي إنشاء قاعدة دعم جماعية، بما في ذلك الأشخاص ذوي النفوذ أو النواب المحليين أو الجمعيات المحلية. وهذا ينطوي على المشاركة في الاجتماعات المجتمعية وإعلام المجتمع بمبادرة البرنامج ثنائي اللغة. يختلف الأشخاص الرئيسيون الذين يجب الاتصال بهم والالتقاء بهم من مكان لآخر، لكن لا تقلل من شأن المساعدة التي يمكنهم تقديمها لك. يمكن أن يكون من المفيد جداً والجيد جعل هذه اللقاءات مع مسؤولين في مجال التعليم (مثل إدارة التعليم، والمديرين العامين للمقاطعات المدرسية، ومكتب متعلمين اللغة الإنجليزية). سيكون لديهم بالتأكيد أسئلة ومن الضروري أن تكون مستعد للإجابة عليها. يمكن لأولياء الأمور التحدث إلى هذه السلطات قبل الاجتماع مع مديري المدارس إذا كانوا يريدون المزيد من المعلومات حول الميزانية المحلية، أو الحصول على الدعم السياسي. ومع ذلك، من المهم إشراك قادة المدارس في هذه اللقاءات والحكم على فهمهم للتعليم ثنائي اللغة. هذا مهم بشكل خاص بمجرد جمع معلومات كافية لإقناع مدير المدرسة بالحاجة إلى برنامج ثنائي اللغة في منطقته. سيعرض الجزء التالي بمزيد من التفاصيل الحجج التي قد تقنع مدراء المدارس.

قد تجد أنه من المفيد مشاركة المعلومات مع رابطات الآباء وأولياء الأمور المفوضين والمعلمين، حيث يمكنهم إعطاؤك فكرة عن المناخ المدرسي ومدى انفتاحه. يمكن أن

يساعد الاتصال باللجان التعليمية واللجان التنفيذية للمدارس والمجتمعات وأعضاء مجلس المدينة مشروعك في التغلب على الحواجز البيروقراطية. وسوف يدعمونك أيضًا عندما تواجه عقبة غير متوقعة. يمكن للجنة العلاقات المجتمعية أيضًا تنظيم تجمعات صغيرة في المقاهي أو المطاعم أو المخابز أو أحد أعضائها أو في مكان عام لاقتراح الأفكار أو قياس الاهتمام الذي يولده المشروع أو تجنيد العائلات المحتملة، عندما يحدث هذا التجمع، يمكنك دعوة واحد أو أكثر من الجهات المذكورة أعلاه لإلقاء خطاب أو مشاركة الملاحظات.

وأخيراً، فإن اللغة التي اخترتها لبرنامجك ثنائي اللغة ترتبط بشبكة واسعة من المؤيدين المحليين والدوليين، والمؤسسات التي يمكنها تقديم دعم وموارد كبيرة. تشمل هذه الشبكة السفارات والقنصليات والقناصل الفخريين والمراكز الثقافية التي تخدم اللغة أو البلد والمؤسسات التي تركز على التعليم وتنمية المجتمع والمكاتب السياحية وغرف الأعمال التجارية الدولية التي تخدم الشركات في دولتين أو أكثر، بالإضافة إلى الجمعيات أو الاتحادات الثقافية والتراثية. هم شركاء مهمون معهم لتوحيد القوى. وسوف يقدرون مشروعك ويساعدونك على تحقيقه لتؤتي ثماره، حيث أن لديهم القدرة على توليد أعمال إنتاجية جديدة وفتح أسواق جديدة لهم.

اللجنة المسؤولة عن البرنامج الدراسي

يمكن للجنتك المسؤولة عن البرنامج مساعدتك خلال المراحل المختلفة لهذه العملية..

أولاً، من خلال جمع وتبادل البيانات حول العديد من الفوائد المعرفية والأكاديمية والشخصية والمهنية للتعليم ثنائي اللغة في اجتماعات المعلومات مع أولياء الأمور في المجتمع، بعد ذلك، من خلال تنظيم زيارات إلى برامج ثنائية اللغة موجودة بالفعل لتحديد أفضل الممارسات والاطلاع مباشرة على كيفية إدارة هذه البرامج.

يعتبر التفاعل مع البرامج القائمة الأخرى طريقة رائعة لمعرفة المزيد عن مشاركة الوالدين ومدى التزامهم بالمشروع، والاستدامة في تطويره، وجمع التبرعات، والاحتياجات مثل الموارد والمعلمين والدعم الإداري. سيكون من دواعي سرور مدراء ومدرسي البرامج ثنائية اللغة الموجودة بالفعل مشاركة معارفهم مع نظرائهم، من خلال التعلم من نجاحات وإخفاقات البرامج الأخرى، يمكنك إنشاء مسار أفضل لمبادرتك الخاصة. ينبغي الحرص على توثيق كل زيارة من أجل مشاركة المعلومات التي تم جمعها خلال اجتماعات المجتمع.

وأخيراً، سوف يتعين على اللجنة مقابلة أولياء الأمور الذين نجحوا بالفعل في إنشاء برنامج ثنائي اللغة للتعلم من تجاربهم.

الخطوة الثانية - العمل على حجة مقنعة وإيجاد مدرسة

فيما يخص العمل التعاوني، يجب أن تكون اللجان المختلفة جاهزة لتقديم بياناتها إلى المدير والمجتمع المدرسي. قبل تقديم فكرتك للمدير، من المستحسن أن تبتكر أرضية صلبة تساعدك على إقناع المدير والمدراء المعنيين بأهمية اقتراحك. قد يكون من الصعب للغاية ترشيح برنامج فرنسي أو ياباني أو روسي، على سبيل المثال، إلى مدرسة ذات سمعة راسخة أو ذات عدد طلاب زائد عن الحد. يجب على أولياء الأمور إعداد قائمة بالحجج التي تبرز فوائد إنشاء مثل هذا البرنامج في مدرسة عامة، خاصة إذا كانت نتائج هذه المدرسة ضعيفة. ربما يمكنك أن ترتكز على ما يحفز رئيس المدرسة شخصياً.

قد يسعى مدير جديد، على سبيل المثال، إلى الحصول على قبول ودعم الحي الذي يقيم فيه.. سيكون البرنامج الثنائي اللغة بالنسبة له طريقة ملموسة لوضع بصمته في المدرسة، والمجتمع على حد سواء. يمكن للبرامج الناجحة أن تجلب رؤية واضحة للمدرسة، وأن تعزز سمعتها وتجلب مصادر جديدة للتمويل.. قد تكون الأسر الجديدة التي يجذبها البرنامج ثنائي اللغة أكثر ميلاً إلى جمع الأموال لمساعدة المدرسة على النجاح.

هناك العديد من الحجج المقنعة؛ على سبيل المثال: يحتاج العديد من الأطفال – الذين ليست الإنجليزية لغتهم الأم – إلى تعليم ثنائي اللغة من أجل تعلم كيفية إتقانها، بالإضافة، فإن البرامج الثنائية اللغة تعطي لشباب المجتمع كنزاً ثميناً، وهو اللغة الثانية.

من ناحية أخرى، يشكل البرنامج ثنائي اللغة بالنسبة للعائلات المهاجرة من الجيل الثاني والثالث، وسيلة للحفاظ على لغتهم وتراثهم الثقافي، بالإضافة إلى طريقة لمشاركتهم مع أطفالهم، وسيستمر هذا البرنامج في الاستفادة من المدرسة بأكملها من خلال دمج الأسر الجديدة ذات الدوافع كل عام.

يرغب هؤلاء الأهالي في كثير من الأحيان في مساعدة المدرسة بطرق مختلفة، من خلال تنظيم عمليات جمع التبرعات أو الأنشطة المدرسية.

يمكن للعائلات ثنائية اللغة أيضاً أن تجلب إلى المدرسة عروضاً ثقافية جديدة في مجالات الفنون أو الموسيقى أو فن الطهي، على سبيل المثال باستخدام علاقاتها داخل المجتمع لإنشاء برامج ما بعد المدرسة، وتحسين كافيتريا المدرسة، تنظيم نزهات وزيارات، تقديم دورات... وأخيراً، تقديم حجة قوية ومجهزة جيداً غالباً ما تكون أفضل طريقة لإقناع وترك علامة وبصمة لدى مديري المدارس.

يمكن أن تعطي البرامج ثنائية اللغة هوية جديدة لمدرسة صغيرة لم تتمكن من استغلال إمكاناتها الكاملة أو تعاني من أن فصولها فارغة.

إن وجود المزيد من خيارات التعليم الجيد في منطقة ما يمكن أن يعفي المدارس الكبيرة بالفعل عن طريق جذب عائلات الطبقة المتوسطة إلى المدارس الضعيفة حالياً، وبالتالي الاستفادة من المنافع المحتملة للتكامل الاجتماعي الاقتصادي الذي يحدث نتيجة البرامج ثنائية اللغة.

يمكن للمبادرات التي يقودها أولياء الأمور أن تحشد بسرعة مئات العائلات، وهي جاهزة للكفاح ضد انخفاض الحضور المدرسي أو لتوفير موارد جديدة لميزانية المدرسة. في العديد من المناطق، يصاحب كل طالب جديد يسجل في المدرسة أموال إضافية في ميزانية المدرسة. في بعض الأحيان تقدم دائرة أو إدارة التعليم منحاً للمنظمة، وتطوير البرامج والتدريب المهني للمعلمين والعاملين في التدريس. قد يأتي الدعم المالي واللوجستي الآخر من الشركاء أو الجمعيات التي لها اهتمام خاص باللغات التي يتم تدريسها، مثل السفارات أو القنصليات أو الشركات أو المؤسسات.

عندما يتم منح مقابلة مع أحد المديرين، ستحتاج إلى تقديم جميع بيانات المشروع بطريقة احترافية للغاية. اِشرح لهم أن مبادرتكم ترتكز على الفوائد التي ستجلبها على الأطفال والمجتمع، وبالتالي عليك إحضار المستندات التي تفصّل التركيبة السكانية للعائلات المستقبلية، حسب السنة والمنطقة التعليمية.

اِشرح كيفية الحصول على منح من وزارة التعليم أو الشركاء الخارجيين. بعد الاجتماع مع مدير متفهم لمشروعك، اقترح على الممثلين الآخرين دعمك، والمعلمين الآخرين، والآباء وأفراد المجتمع. ثم انتقل إلى موظفي الحكومة والمسؤولين المنتخبين والجهات المانحة. باتباع هذه الخطوات، ستتمكن من بناء سجل قوي لدعم مشروعك، وستكسب ثقة مجتمع من أولياء الأمور والمعلمين. معًا، يمكنكم الآن إعداد برنامج ثنائي اللغة ناجح.

الخطوة الثالثة: بناء برنامج ثنائي اللغة ناجح من اليوم الأول

وبمجرد نجاحك في إقناع مدير المدرسة، سيتعين على مجموعتك التعامل مع مهام أخرى لا تقل أهمية. وقبل كل شيء، سيكون من الضروري ضمان وجود عدد كاف من العائلات المتحمسين للمبادرة والتأكد من أنهم سيسجلون أطفالهم في هذا البرنامج، وإذا كانت لديك الفرصة، فإن تنظيم الجولات المدرسية وتقديم العروض في المناسبات المدرسية لتوظيف المزيد من العائلات فكرة جيدة.

يجب عليك الاستمرار في تعزيز هذا المشروع من خلال تخطيط اجتماعات المعلومات، وتشجيع الأسر على زيارة البرامج القائمة. يمكنك أيضًا إحضار هذه البرامج إلى مجتمعك من خلال دعوة معلمين ثنائي اللغة لمشاركة تجربتهم. لا تنس مشاركة أفضل الممارسات التي اكتشفتها خلال زياراتك والتبادلات مع المدارس الأخرى.

يعد الحصول على المواد التي يحتاجها المعلمون في الأشهر الأولى من المشروع طريقة رائعة لمساعدة مدير المدرسة، من خلال البحث عن الكتب التي تتوافق مع البرنامج وإعداد قوائم القراءة التي يمكن طلبها بالفعل، سوف تكون عوناً كبيراً للمدرسين.

إذا كنت في حاجة إليها، يمكنك أيضاً مساعدة المدير في تعيين معلمين، نظرًا لأنه ليس من السهل دائمًا العثور على مدرسين ثنائيي اللغة أو مساعدين مؤهلين. قد يُطلب منك المساعدة في الترجمة أو الترجمة أثناء المقابلات، بالإضافة إلى تقديم تعليقات حول مستوى لغة المرشح. أنت الآن عضو نشط في الفريق، وسوف يلعب حماسك واستعدادك للمساعدة دوراً رئيسياً في إنشاء البرنامج ونجاحه.

إذا كنت قد أنشأت لجنة لجمع التبرعات، فبإمكانها البدء في تنظيم فعاليات مدرسية وتقديم نداء للتبرع لمساعدة الطبقات والمكتبة والمدرسة ككل، بالإضافة إلى توفير الموارد، يمكن لهذه الصناديق أن تسمح أيضاً للمدرسة بتوظيف أخصائي أو مستشار ثنائي اللغة يستطيع تدريب المعلمين والمساعدين، وتطوير البرنامج والحصول على المواد التعليمية من الموردين المحليين أو الدوليين. قد تشارك هذه المجموعة أيضًا في تطوير طلبات المنح التي ستوفر مساعدة إضافية من المناطق أو الولاية أو الوكالات الفيدرالية أو المؤسسات أو الحكومات الأجنبية.

إن وجود رؤية واضحة ومفصّلة تمكن الأسر من التعارف على بعضها البعض هو وسيلة لتجاوز سوء الفهم الثقافي ولدعوة العائلات والمجتمعات إلى الالتزام بأهدافك.

من المهم للغاية تقديم هذه الرؤية بوضوح تام عند العمل مع رؤساء المؤسسات، وفي النهاية، يكون المدير هو المسؤول عن جميع الملتزمين بالمشروع، على الرغم من أن بعض المجموعات أو الأفراد ليسوا مستعدين للمشاركة بشكل مباشر، إلا أن هذه الرؤية الجماعية يمكن أن تبدأ العديد من الأشياء الأخرى، سواء أكانت جمع الأموال أو شراكات جديدة. يقارن العديد من أولياء الأمور الذين تمت مقابلتهم في الفصول السابقة مشروعهم بشركة ناشئة يجب أن يعطيها المرء وقته واهتمامه.

تم تطوير النهج المقترح أعلاه بعد محاولات وأخطاء أولياء الأمور والمعلمين. إن هذا النهج كان مفيد لعشرات من المبادرات، في العديد من المدن وللمجتمعات اللغوية المختلفة، وبعضها موصوف في الفصول السابقة. والآن بعد أن تم نشرها وأصبحت متاحة في النهاية، يمكن أن تكون مفيدة للعديد من الآخرين. خارطة الطريق هذه هي

مجرد مجموعة من الدروس المستفادة مع مرور الوقت، والتي تستمر في التطور والتحسن، والتي تتغير من مدرسة إلى أخرى، ومن مجتمع إلى آخر، مما يتطلب من مستخدميها تكييفها مع السياق الخاص بهم، لقد تم العمل على هذه الخارطة من قبل الآباء والأمهات للأهالي الآخرين. وهي موجودة بفضل الإيمان والعمل الشاق الذي قام به أولياء الأمور السابقين الذين نفعتهم هذه الخارطة في تجربتهم، وبالتالي فإنها يجب أن تنتقل إلى أولياء الأمور الآخرين حتى يستفيد عدد أكبر من الأطفال من هبة التعليم ثنائي اللغة. إذا ساعدت خارطة الطريق هذه في دعم مشروعك الخاص، فلا تتردد في إعادة توجيه نسختك الشخصية إلى الآخرين. ويمكن أن يصبحوا بدورهم مبادرين لبرنامج ناجح يخدم أطفالهم ومدارسهم. وبالتالي، فإنه يمكن لخريطة الطريق أن تنشر روح الثورة ثنائية اللغة.

الفصل الثاني عشر

لماذا يعتبر التعليم ثنائي اللغة جيدًا لطفلك

سيكون الفصل بمثابة مقدمة لأولياء الأمور الذين يكتشفون لأول مرة عالم التعليم ثنائي اللغة. وسيكون مفيدًا أيضاً لكل أولياء الأمور أحاديي اللغة والأسر الذين يتحدثون بالفعل بلغة أخرى غير الإنجليزية بسبب أصولهم أو تعليمهم ويرغبون في نقل هذه المعرفة إلى أطفالهم.

يمكن أن تكون المعلومات المقدمة بمثابة حجج لإقناع المعلمين ومديري المدارس وغيرهم من أولياء الأمور وأفراد المجتمع بالحاجة إلى برامج ثنائية اللغة في جميع المدارس. سيحدد هذا الفصل الخصائص التي يتمتع بها الشخص والعقل ثنائي اللغة، ويشرح كيف يمكن لثنائية اللغة أن تعزز التعلم والتركيز والتواصل وفهم العالم.

معظم فوائد ثنائية اللغة هي بديهية، على سبيل المثال، يمكن للأشخاص ثنائيي اللغة التواصل مع العديد من الأشخاص في بلدان مختلفة، مما يتيح لهم الوصول إلى المزيد من الأعمال الأدبية والفنية أو الأكاديمية وشبكة اجتماعية ومهنية أوسع من الشبكات أحادية اللغة.

هؤلاء الأشخاص قادرون أيضاً على التعلم بسهولة أكبر من اللغات الأخرى، بعد تعلم لغة ثانية، يمكن للطلاب استخدام الأساليب المستخدمة للحصول على لغة ثالثة أو رابعة.

أخيراً، ثنائية اللغة هي طريقة لتشجيع التعددية الثقافية والانفتاح. كما يشرح فرانسوا جروجان (François Grosjean)، فإن هوية الشخص ثنائي اللغة "تتجاوز الحدود الوطنية"[101].

ماذا يعني أن يكون شخص ثنائي اللغة؟

في الخمسينيات، اقترح اللغويان يوريل وينريش (Uriel Weinreich) وويليام فرانسيس ماكي (William Francis Mackey) أن ثنائية اللغة ليست ببساطة استخدام "عادي" للغتين أو أكثر.

على العكس، يقترح فرانسوا جروجان أن القدرة على التحدث بأكثر من لغة واحدة ليست مجرد قدرة لغوية. وفقاً له، ثنائية اللغة هي هوية حقيقية. هذين التعريفين يسلطان الضوء على جوانب مختلفة من شخصية وعقل الشخص الثنائي اللغة.

تسمح البرامج الثنائية اللغة للأطفال باستخدام أكثر من لغة واحدة في الحياة اليومية وفي مناطق مختلفة. كما أنهم يقدرون الأشخاص الذين يتحدثون بلغة تراثية والأطفال أحاديي اللغة من أجل الحفاظ على تراثهم الثقافي واللغوي، بالنسبة للبعض، وتطوير الآخرين والهويات الجديدة والمهارات الجديدة التي ستكون خاصة بهم. بهذه الطريقة، يكتسب هؤلاء المتكلمين الشباب دوراً جديداً في الوقت الذي يفتخرون بمجتمعهم اللغوي.

تم استخدام مصطلح "لغة التراث" لمدة خمسة عشر عاماً تقريباً، أصولها تعود إلى كيبيك والمحافظات الأخرى من كندا، وتم اعتماده في وقت لاحق في معجم المعلمين في الولايات المتحدة.

أدركوا أن شعوباً بأكملها من الطلاب لا يمكنهم الاستفادة من القدرات التي تعطيها لهم لغتهم الأم، وبدلاً من تسجيل هؤلاء الطلاب باللغة الأم هذه مع اللغة الإنجليزية كلغة ثانية، مما يضعف من إجادتهم للغة الأم.

---

101 لمزيد من المعلومات، أنصحكم بقراءة كتاب *Bilingual: Life and Reality* لفرانسوا جروسجين.

أدرك المعلمون أنهم يستطيعون المضي قدماً والبناء على القدرات التي اكتسبها الأطفال من اللغات الأم. هذه هي الطريقة التي تم بها تطوير برامج اللغة التراثية، ودورات الحفاظ على التعلم للتلاميذ الذين يتحدثون لغة أخرى. هذا الهدف (لتطوير القدرات اللغوية الأكاديمية باللغتين الإنجليزية واللغة المستهدفة) هو أحد المهام الرئيسية للثورة ثنائية اللغة.

في مؤتمر عُقد مؤخراً في نيويورك حول ثنائية اللغة، وتعلم اللغة وهويتها، قال فرانسوا جروجان:

"الشخص ثنائي اللغة هو محادث بشري، متحدث ومستمع يدير الحياة بلغتين أو أكثر"[102].

مع أخذ هذا التعريف في الحسبان، قد يتساءل المرء ما إذا كانت هذه المهمة المخيفة المتمثلة في "إدارة حياة المرء" بأكثر من لغة واحدة جديرة بالاهتمام في مواجهة الصعوبات التي ينطوي عليها الأمر، وبعبارة أخرى، هل ثنائية اللغة ميزة أم عائق، سواء في الفصل أم في الحياة اليومية؟ كيف يتم تكوين عقل الشخص ثنائي اللغة؟ ما هي الاختلافات التي يمكن أن توجد بين الأشخاص ثنائيي اللغة والأحادي اللغة، سواء من حيث الوظائف المعرفية أو في طريقتهم في الإبحار في المجتمع؟ وأخيراً، هل من المهم حقاً أن يكون الشخص ثنائي اللغة؟

هناك ثلاثة أماكن على الأقل حيث يستطيع الأشخاص ثنائيو اللغة "إيجاد مكانهم".

فلنأخذ مثالاً من حياتي الشخصية، فأنا أشعر أني فرنسي عندما أتكلم الفرنسية، وأمريكي عندما أتحدث الإنجليزية، وفرنسي - أمريكي عندما أتفاعل مع أشخاص آخرين يتحدثون لغتين، باستخدام مزيج من اللغتين.

102يمكنك مشاهدة هذا اللقاء على شبكة الإنترنت: *Life as Bilingual: A Conversation with Francois Grosjean by Fabrice Jaumont*.

تفتح ثنائية اللغة أبواب عالم واسع، ثقافات ومجتمعات، وأبواب تبقى مغلقة، إذا تكلمنا بلغة واحدة فقط. وكما قد يتوقع المرء، فإن حياة الشخص متعدد اللغات هي أكثر ثراءً وتنوعاً وفيها إمكانات هائلة.

عندما تختفي الحواجز الجغرافية شيئاً فشيئاً، في وقت العولمة، لم تعد الحدود تملأ الأفكار والثقافات التي تعبر العالم. وأصبحت الهوية المعقدة لشخص ثنائي اللغة الآن أكثر أهمية من أي وقت مضى وستواصل لعب دور متزايد الأهمية بعد ذلك.

كيفية تربية أطفال مهتمين بثنائية اللغة

يمكن أن يكون الدافع وراء تعلم لغة أجنبية يعود إلى عوامل مختلفة، بعض هذه العوامل تأتي من البيئة الأسرية. في الواقع، يمكن للعائلات تحقيق ثنائية اللغة دون جهد، وذلك بفضل تجربة لغوية محفزة في المنزل، تركز على الطفل. هذا ليس الحال دائما. على سبيل المثال، من الشائع جدًا أن يمارس الأهالي ثنائيو اللغة الكثير من الضغوط على أطفالهم لتعلم لغتهم الأم. هذه الرغبة لا يتقاسمها الطفل دائماً وهذا النهج نادراً ما يؤدي إلى نتائج إيجابية سواء للوالدين أو للطفل. ولكي يكون غمر اللغة في المنزل فعالاً، يجب تشجيع الطفل على الاستمتاع بتعلم اللغة والتقدم.

عامل مهم آخر هو تأثير المجتمع ومسألة الوضع اللغوي، إذا كان الطفل يعتقد أن اللغة المستخدمة في المنزل لها وضع أقل من حالة المجتمع الذي يعيش فيه، فمن الممكن أن يرفض أن يرتبط بها ويتجنب استخدامها التواصل أو التفاعل.[103] قد تؤثر العوامل الفردية المتعلقة بالطفل أيضاً على دوافعه ومشاركته في تجارب اللغة.

يصل بعض الأطفال في مرحلة ما من حياتهم حيث يرفضون التحدث بلغتهم الأصلية، شعور يمكن أن يخلق أزمات في مرحلة الشباب والمراهقة، أو يتطور إلى استجابة للضغط من الآخرين، من أجل الدمج بشكل أفضل. الحل الأفضل هو إيجاد طرق جديدة لتحفيز الطفل، مع الأخذ بعين الاعتبار هويته الشخصية. يجب أن يتمحور النهج حول الطفل، والاستماع إليه، وتشجيعه على المشاركة، وفهم الأسباب التي يقدمها لشرح هذا الرفض. وبهذه الطريقة، يمكن للطفل أن يلائم تعليمه ويظهر اهتمامه بلغته من جديد باستخدامه كما يشاء.

103لمزيد من المعلومات، أنصحكم بقراءة كتاب *Bilingual: Life and Reality* لفرانسوا جروسجين.

الشخصية الثنائية اللغة

بالإضافة إلى العديد من الفوائد المعرفية لمعرفة أكثر من لغة واحدة، فإن الأشخاص الذين يتحدثون لغتين يستفيدون في الغالب من زيادة الذكاء العاطفي. يصف الباحثون، مثل المؤلف والأخصائي النفسي دانييل جولمان (Daniel Goleman)، هذه الظاهرة بأنها وعي أفضل بالنفس والآخرين، والقدرة الخاصة للناس ثنائي اللغة على فهم وجهة نظر الآخرين من خلال المنظور الثقافي للغة، وإمكانية التعرض لشعور بالتعاطف المتأصل في اللغة ولكن الذي يفهم من خلال الثقافة.[104] هذه العواطف هي فريدة من نوعها ومتداخلة مع كل لغة، مما يبرز قدرة الأشخاص ثنائيي اللغة على التمييز والتكيف مع مجموعة من المشاعر الخاصة بكل ثقافة.

بالروح نفسها، قد تكون القدرة على فهم نفس الحدث أو الفكرة من منظور مختلف مفيدة جداً لتطوير العلاقات بين الأشخاص والتفاعل مع أشخاص من خلفيات مختلفة، بحيث تأتي من نفس شركة أو دول بعيدة.

ثنائية اللغة هي استثمار ما زال يحصد الفوائد. غالباً ما يُطلب من الأشخاص الذين يتحدثون لغتين أو أكثر التفكير في طرق جديدة أو تجربة فكرة جديدة أو فهم موقف مختلف عن موقفنا.

تساعد هذه القدرات الأشخاص ثنائيي اللغة على التنقل بسهولة في مجتمعنا العالمي والمعقد، وتعمل على مستوى أعمق من الفهم.

لكل هذه المزايا، يجب أن نضيف الإحساس الإبداعي المتزايد في الأطفال ثنائيي اللغة أو، لاستخدام المصطلحات العلمية، مفهوم "التفكير المتباين". يقدم عمل المؤلف والمستشار في التعليم الدولي، السيد كينيث روبنسون (Kenneth Robinson)، تفسيراً ثميناً للتفكير المتباين.. تتكون التجربة، على سبيل المثال، في طرح سؤال مثل عدد

104لمزيد من المعلومات، أنصحكم بقراءة كتاب *The Brain and Emotional Intelligence: New Insights* لدانيال جولمان.

الاستخدامات الممكنة للمشبك الورقي.[105] في هذا التمرين، يقاس المنطق المتباين بثلاث طرق: (1) المرونة أو عدد الاستجابات التي يمكن أن يجدها المشاركون، (2) الأصالة أو عدد الإجابات الأصلية التي يقترحونها، و(3) مستوى التفاصيل المعطاة أو إلى أي مدى يتم دفع كل فكرة. لقد قارنت عدة دراسات عدد الإجابات التي قدمها أحاديو اللغة وثنائيو اللغة. الاستنتاج واضح: الأشخاص ثنائيو اللغة والمتعددو اللغات لديهم تفكير إبداعي ممتاز ومهارات أفضل في حل المشكلات.[106] إنهم قادرون دائماً على العثور على المزيد من الاستخدامات لمشبك الورق الأصلي. ظاهرة يمكن تفسيرها بسهولة، لأن ثنائية اللغة ليست سوى طريقة للتعبير عما نسميه في علم النفس "صنع المعنى"، هذه العملية التي تتكون من تفسير أحداث حياتنا، وإعطاء معنى للعلاقات والتعرف على بعضهم البعض، وبالتالي، فإن الأشخاص الذين يتحدثون لغتين يجيدون التعبير عن المشاعر المختلفة أو المشاعر أو التجارب المماثلة. من الأسهل عليهم التفكير بشكل مختلف، والتفكير خارج الصندوق. الأشخاص ثنائيو اللغة لا يتبعون مساراً واحداً، يتابعون عدة مسارات في كل مرة.

ميزة ثنائية اللغة

الفوائد العملية لثنائية اللغة لا تعد ولا تحصى. في السنوات الأخيرة، أوضحت دراسات مهمة كيف تعمل الفصول والبرامج ثنائية اللغة على تحسين نتائج الطلاب من خلال تحليل كيفية تعلم الطلاب ثنائيي اللغة.

105لمزيد من المعلومات، أنصحكم بقراءة كتاب *Creative schools: The grassroots revolution that's transforming education* لكينيث روبنسون.

106لمزيد من المعلومات، أنصحكم بقراءة كتاب *Creative schools: The grassroots revolution that's transforming education* لكينيث روبنسون.

يسلط الباحثون الضوء على المعرفة اللغوية لدى الطلاب ثنائيي اللغة[107]، أي معرفتهم باللغة كنظام، وقدرتهم على معالجة المعلومات بسهولة والتحكم بشكل أفضل في تركيزهم، وكذلك ذاكرتهم الكبيرة وقدرتهم على حل مشاكل أكثر صعوبة من المتوسط[108].

تشير الأبحاث أيضًا إلى انخفاض عدد المتسربين بين طلاب المدارس الثانوية ذات البرامج الثنائية اللغة مقارنة بالبرامج أحادية اللغة[109]. لقد تم إجراء دراسة طويلة لمدة ثمانية عشر عاماً، في ثلاث وعشرين مقاطعة وخمس عشرة ولاية، قارنت الطلاب في برامج ثنائية اللغة، والفصول الانتقالية وفصول باللغة الإنجليزية فقط. واكتشفوا أن نموذج البرنامج الثنائي اللغة يسد الفجوة بين متعلمي اللغة الإنجليزية وأولئك الذين كانت اللغة الإنجليزية لغتهم الأم في كل من المدارس الابتدائية والثانوية. كما قام البرنامج بتحويل التجربة المدرسية، وجعل المدرسة أكثر شمولاً، وانفتاحاً لجميع الطلاب، وتقدير اختلافاتهم.

وأخيرا توصل الباحثون إلى استنتاج مفاده أن البرامج والفصول ثنائية اللغة هي الطريقة الوحيدة لتعلم لغة ثانية تعمل على سد الفجوة بين متعلمي اللغة الإنجليزية والطلاب الذين تعد اللغة الإنجليزية هي لغتهم في مراحل روضة الأطفال، المدرسة الابتدائية، المدرسة المتوسطة والمدارس الثانوية... كما يقدم الطلاب ثنائيو اللغة نتائج أفضل من زملائهم في الصف الواحد في الامتحانات الموحدة، وهذا دليل واضح على

107يشير مفهوم المعرفة اللغوية إلى القدرة على تصور اللغة على حد سواء كعملية وكشيء تم صنعه من قبل البشر. هذا المفهوم مفيد لشرح تنفيذ ونقل المعرفة اللغوية من خلال اللغات (على سبيل المثال، تحويل الشفرة أو الترجمة بين الأفراد ثنائيي اللغة).

108لمزيد من القراءة حول هذا الموضوع، قام وين توماس وفيرجينيا كولير وكولين بيكر ومارغريتا اسبينو كالديرون وليليانا مينايا-روو، على سبيل المثال لا الحصر، بعمل ممتاز في إظهار فعالية تعليم اللغة المزدوجة. يتم سرد دراساتهم في قسم الببليوغرافي من الكتاب.

109لمزيد من المعلومات، أنصحكم بقراءة كتاب *The Astounding Effectiveness of Dual Language Education for All* لواين توماس وفيرجينيا كوليار.

نجاح البرامج والفصول ثنائية اللغة[110]. ووفقاً للباحثين، فإن برنامجاً ثنائي اللغة راسخاً يغطي جميع مواد البرنامج ويتيح للطلبة فرصة إتقان لغتين على مستوى أكاديمي عال[111].

أن يكون الشخص ثنائي اللغة في سن مبكرة يعتبر بمثابة ضمان العديد من الفرص التعليمية والمهنية في الخارج أيضاً. تستفيد الشركات التي تعين موظفين ثنائيي اللغة بشكل مباشر من معرفتهم بطلبات الترجمة والترجمة الفورية، مما يسمح لهم بالتفاعل مع عملاء أكبر، بالإضافة إلى المزايا الواضحة من حيث المهارات الثقافية واللغوية، غالباً ما يتم تفضيل المرشحين ثنائيي اللغة في عالم العمل لأنهم يعرفون كيفية التكيف بسرعة مع بيئة جديدة. وبالتالي، يمكن أن تؤدي هذه الفوائد الكبيرة إلى ارتفاع الأجور والوصول الكامل إلى سوق العمل العالمي.

في عملها الرائد، توضح إلين بياليستوك (Ellen Bialystok)، مديرة الأبحاث ورئيسة التطوير المعرفي في جامعة يورك (York University)، التأثير العميق للتجربة ثنائية اللغة على بنية المخ وتنظيمه، وجدت أن المخ ثنائي اللغة لديه القدرة على حل المشاكل، وذلك بفضل الاستعادة المستمرة لدوائر وظائفه التنفيذية (شبكة معالجة المخ التي تقوم بجمع وتنظيم المعلومات، وتحلل بيئتنا ومن ثم تعديل سلوكنا). يتم طلب الوظائف التنفيذية للمخ أكثر من قبل الشخص ثنائي اللغة الذي يحتاج باستمرار إلى معالجة المعلومات بلغتين. إن حل المشكلات أو العمل المربك بين نظامي اللغة، سواء للأنشطة الشفهية أو المكتوبة، تجعل الشخص الثنائي اللغة يعيد تنظيم شبكته بالكامل باستمرار.

أخيراً، هذه الشبكة المعاد تنظيمها تكون أكثر إنتاجية من نظيرتها أحادية اللغة.

110يقدم المجلس الأمريكي لتدريس اللغات الأجنبية قائمة بالدراسات حول فوائد التعلم بلغات متعددة.

111لمزيد من المعلومات، أنصحكم بقراءة كتاب *The Astounding Effectiveness of Dual Language Education for All* لواين توماس وفيرجينيا كوليار.

أظهرت إيلين بياليستوك أيضاً أن ثنائية اللغة تعد مصدراً استثنائياً للمزايا المعرفية؛ يمكن للدماغ ثنائي اللغة تحسين أدائه من خلال استخدام الشبكات العصبية.. تسلط هذه الدراسات الضوء على كيف يمكن لخبرات الحياة أن تعيد تشكيل الروح ثنائية اللغة بشكل أساسي، كما تُظهر أبحاث علم الأعصاب أن فوائد التعلم بلغتين من سن مبكرة مفيدة في الشيخوخة، أبعد من التطور المعرفي أو الفرص الاجتماعية.

إن العمل الأخير الذي أنجزته آنا إينيس أنسالدو (Ana Ines Ansaldo)، مديرة مختبر ليونة الدماغ والاتصال (Brain Plasticity, Communication and (Ageing laboratory والبروفيسورة في جامعة مونتريال، والمتعاونين معها، يظهر أنه على عكس كبار السن أحاديي اللغة، يستطيع كبار السن ثنائيو اللغة حل المشكلات دون استخدام مناطق معينة من الدماغ المعرضة بشكل خاص للشيخوخة، وبالتالي، يمكن اعتبار ثنائية اللغة وتأثيراتها على دارات الدماغ بمثابة حصن ضد تدهور الدماغ المرتبط بالعمر.[112]

العائلة ومبدأ ثنائية اللغة

للوصول إلى هذا المستوى من ثنائية اللغة، من الضروري الحصول على دعم العائلات، لأن اللغة متجذرة في التقاليد والثقافة. إن تطوير التقارب مع الثقافة التي ترافق اللغة هو عمل يتطلب حافزاً كبيراً.. فكلما ارتبطت اللغة بالتجربة الثقافية (بفضل – على سبيل المثال – الاجتماع مع الناطقين باللغة الأم، أو أثناء الاحتفالات التقليدية التي تتطلب في بعض الأحيان مفردات معينة)، كلما كانت جودة اللغة أفضل.

يشارك العديد من الأطفال الذين ينتمون إلى مجموعات ثنائية اللغة في الأنشطة الثقافية في عطلة نهاية الأسبوع، مع تسجيل أسرهم في البرامج التي تسمح لهم

112في هذا الموضوع، تمت الإشارة إلى العديد من الدراسات التي أجرتها آنا إيناس أنسالدو ولندا غازي السعيدي في الببليوغرافيا للكتاب.

باكتشاف الأدب والثقافة وتاريخ بلادهم. وهذا يسمح لهم بالحفاظ على شعور بالانتماء والفخر والهوية كأعضاء في مجموعة ثقافية تراثية.

غالبًا ما تخشى العائلات من أن أطفالها سوف يضيعون في كلتا اللغتين إذا علموا بهم في وقت مبكر جداً، أو أنه يؤثر على قدراتهم التعليمية في وقت لاحق. يميل الأطفال ثنائيو اللغة إلى مزج اللغات عندما يتكلمون، والذي غالباً ما يحدث نتيجة الارتباك.

إحدى الظواهر التي يطلق عليها الخبراء "تبديل رموز" أو "code-switching". على سبيل المثال، يمكن للطفل الذي يتم تربيته باللغة الماندرين والإنجليزية أن يبدأ جملة في اللغة الماندرين، مع إضافة كلمة أو كلمتين من الإنجليزية، والاستمرار في لغة الماندرين.. هل هذا مربك حقاً؟

في محاولة للإجابة على هذا السؤال، قررت مجموعة من الباحثين من مونتريال، قبل حوالي عشرين عاماً، دراسة هذه الظاهرة.[113] اكتشف هؤلاء الباحثون أنها غير مربكة، بل إنها في الحقيقة استراتيجية ذكية للغاية يستخدمها الأطفال ثنائيو اللغة. هؤلاء الطلاب الصغار يستخدمون ببساطة كل الموارد التي يمتلكونها! علاوة على ذلك، من المهم أن نتذكر أنه حتى الأطفال أحاديو اللغة يمكنهم خلط الكلمات ومعانيها وفقاً لمراحل تطورهم اللغوي. ولذلك لا داعي للقلق بشأن هذه الظاهرة، هذا يمكن أن يكون ميزة للأشخاص ثنائيي اللغة، لأنهم قادرون على تكييف استخدام لغتهم وفقاً لبيئتهم، دون الحاجة للتفكير في ذلك.

في عملية اكتساب اللغة، من الطبيعي جداً أن يقلد الأطفال كلام الأفراد الذين كثيراً ما يسمعوهم، خصوصاً والديهم. هذا يمكن أن يسبب مشاكل إذا قرر الوالدان التحدث معهم باللغة التي لا يتقنونها بالضرورة.

بعض الأسر التي ليست اللغة الإنجليزية لغتها الأولى، يختارون التحدث بالإنجليزية لأطفالهم بسبب الأحداث أو التمييز الذي هم أنفسهم عانوا منه بسبب لهجتهم أو

113انظر، على سبيل المثال، دراسات نيكولاديس وجينسي (1998)، كامو، جينسي، ولاباكت (2003) المشار إليهم في الببليوغرافي للكتاب.

أصولهم. يحاول هؤلاء الآباء والأمهات بكل الطرق تشجيع أطفالهم على التحدث باللغة الإنجليزية بطلاقة دون لكنة، لحمايتهم من هذه التجارب السيئة.

وأخيراً، فمن المفيد التحدث معهم بلغتهم الأم بدلاً من لغة إنجليزية ركيكة. يجب أن يكون لدى كل طفل أساس لغوي متين، سواء الإنجليزية أو لغة أخرى من التواصل داخل الأسرة خلال سنواته الأولى... بهذه الطريقة، عندما يدخل الطفل المدرسة، يمكن للمعلمين بناء على هذا الأساس اللغوي لتطوير قدراته في اللغة الثانية أو الثالثة أو الرابعة.[114]

الطفل ومبدأ ثنائية اللغة

عندما نواجه لغتين، سواء أكانت منطوقة أم مكتوبة، فإننا كبالغين نقوم بتصنيفها على هذا النحو، أي الإنجليزية والإسبانية، أو الفرنسية والألمانية. من وجهة نظر الطفل ثنائي اللغة، تشكل كلتا اللغتين نفس الذوق اللغوي. يتعلم عاجلاً أم آجلاً اختيار كلمات لغة معينة لتناسب بيئته. تستخدم الأخصائية اللغوية أوفيليا جارسيا مصطلح translanguaging للإشارة إلى هذا الاستخدام الذكي للغات، وهذا المصطلح يشير إلى استخدام اللغات بشكل متداخل وعمل نظام لغوي مكون من أكثر من لغة. في فصول ثنائية اللغة، يقوم الطلاب بتطوير نظام لغوي شخصي، مع خصائص متنوعة تم تعيينها اجتماعياً للغتين مختلفتين. تؤكد أوفيليا جارسيا على أهمية عدم فرض استخدام واحدة فقط من هذه اللغات. إذا تم منع الأطفال من جلب لغتهم الأم وتجاربهم الشخصية إلى الفصل، فسوف يخترعون لغتهم الخاصة (مزيج من اللغات المبسطة)، أو يستخدمون لغة أخرى، أو يجدون طريقة أخرى للتواصل عندما يكونون

114حول هذا الموضوع، تمت الإشارة إلى العديد من الدراسات في الببليوغرافي للكتاب: جريني (1998)، توماس وكوليار (2004) او واليج (1985).

في مجموعة.[115] هذه الممارسة تأتي بنتائج عكسية، خاصة عندما يكون من الممكن دمج اللغة الأم في البيئة الأكاديمية أو الاجتماعية.

بجانب كل ما يمكن للمعلمين القيام به، يكون التعليم ثنائي اللغة أكثر فاعلية إذا تمكن الطلاب من إحضار ما تعلموه خارج المدرسة إلى الفصل الدراسي، والعكس صحيح. غالباً ما ينشئ المعلمون مساحتين لغويتين منفصلتين، غالباً لمصلحتهم الخاصة وليس للطالب، من أجل تنظيمٍ أفضل لأساليب التدريس الخاصة بهم. يحدث أن يتم فصل بعض الفصول ثنائية اللغة إلى نصفين عن طريق خطوط وهمية. الصرامة فيما يتعلق بفصل اللغات لا يفيد الطفل ولكن على العكس من ذلك يحدّ تقدمه الطبيعي. ولهذا السبب من الضروري تطوير برامج ثنائية اللغة مرنة تحتفي بالإبداع اللغوي ولا تتعارض مع العملية الطبيعية لاكتساب اللغة.

واحدة من المهام الأكثر أهمية للتيارات ثنائية اللغة هي تعليم طلاب رياض الأطفال والصف الأول القراءة بلغتهم الأم، سواء اللغة الإنجليزية أو اللغة الهدف. القدرة على القراءة بلغات متعددة يفتح الباب أمام عوالم غير متوقعة حيث لا يتغير المعنى الأصلي للنص بالترجمة. التعاون والتعاون المرئي في الصفوف الثنائية اللغة أمر لا يصدق. يتفاعل الطلاب مع مدرسي اللغة الإنجليزية واللغة الأجنبية، في كثير من الأحيان في نفس الوقت.

في عام 2006، أجرى كلود غولدنبرغ (Claude Goldenberg)، الأستاذ بجامعة ستانفورد، خمس دراسات تجريبية أكدت التأثير الإضافي الذي حققه التعلم باللغة الأم على إتقان اللغة الثانية.

بما أن الأطفال ثنائيي اللغة يستخدمون كل لغة في مواقف ونطاقات وسياقات مختلفة، فإن المرء يعتقد أن مفرداتهم ستنخفض، خاصة من خلال ملاحظة كل لغة على حدة. إذا كانت تبادلات الأسرة والمنازل والألعاب مركزة على لغة واحدة، وتطورت

115لمزيد من المعلومات، أنصحكم بقراءة *Bilingual Education in the 21st Century: A Global Perspective* لاوفيليا جارسيا.

اللغة الأكاديمية في لغة أخرى، عندها سيكون من الطبيعي أن تكون مفردات الأطفال أقل في كل من هذه اللغات. ومع ذلك، تشير الدراسات إلى أنه عندما تدرس المعجمين على حد سواء، فإن مفردات الأطفال ثنائيي اللغة هي في الواقع أكثر ثراءً. يصف فرانسوا جروجان هذه الظاهرة بمبدأ التكامل، أي فكرة أن الأطفال يستخدمون لغات مختلفة لحالات مختلفة، أو أشخاص مختلفين، أو سياقات مختلفة أو أنشطة مختلفة. بالطبع، قد تتداخل هذه اللغات في أكثر من منطقة واحدة (على سبيل المثال، التفاعلات الشائعة مثل التحيات، التحدث مع الأصدقاء أو التسوق). غالباً ما تتم تغطية مجالات الحياة الأخرى بلغة واحدة فقط (مثل العقود أو الاتفاقيات التجارية أو المصطلحات الأكاديمية أو الكلمات الخاصة بالمنطقة). تتطور هذه المجالات اللغوية مع تطور الأطفال لمفردات أكثر وتعلم كيفية العمل بلغتين في أكثر من سياق.

لا يوجد شيء مثالي

إذا كان هذا الفصل يركز بشكل أساسي على فوائد ثنائية اللغة، سيكون من غير المناسب عدم ذكر عيوب الحياة ثنائية اللغة. على سبيل المثال، أفاد العديد من الأشخاص الذين يتحدثون لغتين أن لديهم صعوبة في التواصل بلغتهم الأضعف، خاصة في السياقات التي لا يستخدمونها فيها. البعض الآخر يجدون صعوبة في الترجمة ويعانون من نقص المفردات في لغة معينة.

ويحدث أيضاً أن يكون الأشخاص ثنائيو اللغة غير مقبولين على هذا النحو (أعضاء في ثقافتين على الأقل، يتحدثون لغتين على الأقل) من قبل كل من المجتمعات التي يتفاعلون معها. ومع ذلك، فإن الغالبية العظمى من الأشخاص ثنائيي اللغة يرون القدرة على التحدث بأكثر من لغة كتجربة إيجابية للغاية. ولذلك يمكننا القول بأن فوائد ثنائية اللغة تفوق بكثير هذه الصعوبات الطفيفة.

إمكانات ثنائية اللغة

عندما ننظر إلى ثروة التراث اللغوي للولايات المتحدة وعدد المجتمعات التي يمكن أن تستفيد من البرامج ثنائية اللغة، فإنه من المستحيل عدم رؤية الإمكانية الهائلة التي سيجلبها إنشاء برامج ثنائية اللغة والتغيير المجتمعي الكبير والحقيقي الذي ستحدثه، ومساهمتها في التقدم الجماعي للولايات المتحدة. وبعبارة بسيطة، لا يوجد ما يكفي من البرامج ثنائية اللغة، خاصة بالنظر إلى فوائد التعليم ثنائي اللغة، والاهتمام المتزايد بثنائية اللغة في البلاد. يمكن أن تمتد فوائد ثنائية اللغة ويجب أن تمتد إلى العديد من الأطفال حتى يتمكنوا من عيش حياة غنية ومزدهرة ومرضية.

الفصل الثالث عشر

التعليم ثنائي اللغة في الولايات المتحدة الأمريكية ما تحتاج إلى معرفته

غالباً ما يدور الجدل الدائر حول التعليم ثنائي اللغة في الولايات المتحدة حول قضية الهجرة. من الناحية التاريخية، يُنظر إلى البرامج ثنائية اللغة في الولايات المتحدة على أنها نموذج للانتقال، وهي طريقة لمساعدة المهاجرين على تعلم اللغة الإنجليزية. لكن مؤيدي هذه البرامج لا يركزون على فوائد الطلاقة بلغتين. في الواقع، لا تضع هذه البرامج أي قيمة تقريباً في الحفاظ على اللغة الأم، مما يهمل الفوائد العديدة لتعليم اللغة الأم بالإضافة إلى اللغة الإنجليزية.

برامج ثنائية اللغة للجميع، والجميع من أجل برامج ثنائية اللغة

تهدف فصول اللغة الإنجليزية كلغة ثانية إلى برامج اللغة التقليدية التي تستهدف الأطفال الذين لغتهم الأولى ليست الإنجليزية، وهذا أمر مفهوم.

في السنوات الأخيرة، تطورت هذه الفصول نحو نموذج تعليمي ثنائي اللغة يركز أكثر على فوائد ثنائية اللغة بالنسبة للأطفال الذين قد يتحدثون أو لا يتحدثون لغة أخرى، بدلاً من احتياجات المهاجرين.

في الوقت الحاضر، يتم إنشاء المزيد والمزيد من البرامج والفصول ثنائية اللغة أو متعددة اللغات، لكل من متعلمي اللغة الإنجليزية وللمتحدثين باللغة الإنجليزية الذين تعد اللغة الإنجليزية هي لغتهم الأولى، ويعود ذلك جزئياً إلى أن تعليم الأطفال بلغات

متعددة يجعلهم أكثر قدرة على المنافسة في الاقتصاد العالمي، بالإضافة إلى ذلك، فإنه يعزز قدرتهم على تعلم اللغات الأجنبية الأخرى، والاستماع بشكل أفضل في الصف، ويكتسبون مهارات القراءة وحتى الحصول على نتائج أفضل في الرياضيات.

تتيح هذه البرامج للطلاب الاستفادة من فوائد ثنائية اللغة، بغض النظر عن المهارات اللغوية التي ورثوها بفضل لغتهم الأصلية.

توجد برامج ثنائية اللغة في الولايات المتحدة بالعديد من اللغات، إذا كانت اللغة الإنجليزية لا تزال واحدة من اللغتين، فإننا نجد دورات في الإسبانية، الصينية، الكورية، الفرنسية، اليابانية، الألمانية، الروسية، البرتغالية، العربية، الإيطالية، الكانتونية، الهمونغية، البنغالية، الأردية، الكريول، كيوبك أو أبجوي، على سبيل المثال لا الحصر.

يمكنك أيضاً العثور على برنامج ثنائي اللغة بلغة الإشارة الأمريكية.[116] تعكس كل واحدة من هذه اللغات روح مجتمعها وتنوعها ومصالحها ورغبتها المشتركة في إنجاح أطفالها.

من خلال إنشاء هذه البرامج، يساهم كل مجتمع في جعل الولايات المتحدة أكثر قدرة على المنافسة في كل من التعليم والاقتصاد.

التعليم ثنائي اللغة في الولايات المتحدة لديه العديد من الجوانب. لا يوجد قانون اتحادي ينظم المحتوى الأكاديمي، كل منطقة مدرسية مسؤولة

عن علم التربية الخاصة بها، بينما يتم وضع المعايير على مستوى الدولة، ومع ذلك، قد يفاجأ عدد وتنوع البرامج ثنائية اللغة الأسر والمعلمين الذين يرغبون في إدخال مثل هذه البرامج في مجتمعاتهم.

عند الحديث عن هذه البرامج، من المهم للغاية تحديد المصطلحات المختلفة التي تنطبق عليها بوضوح، يستند هذا الكتاب إلى التعريفات المقدمة من مكتب اكتساب

---

[116] لمزيد من المعلومات، راجع موقع مركز اللغويات التطبيقية.

اللغة الإنجليزية التابع لوزارة التعليم الأمريكية (Office of English Language Acquisition):

- البرامج الثنائية اللغة في الاتجاهين (تُعرف أيضاً باسم برامج الاندماج في اتجاهين)، والتي يتعلم فيها متعلمو اللغة الإنجليزية الذين يجيدون اللغة الشريكة وأقرانهم الناطقين باللغة الإنجليزية باللغتين الإنجليزية واللغة الأخرى.

- برامج ثنائية اللغة أحادية الاتجاه يتلقى فيها الطلاب في مجموعة لغوية في الغالب التعليم باللغة الإنجليزية واللغة الشريكة. يمكن توجيه هذه البرامج في المقام الأول إلى متعلمي اللغة الإنجليزية (ويُعرفون بعد ذلك بتطور ثنائي اللغة أو برامج الحفاظ على اللغة)، إلى غالبية الطلاب الناطقين باللغة الإنجليزية (ويعرفون فيما بعد باسم برامج الاندماج بلغة أجنبية أو لغة ذات اتجاه واحد)، أو لغالبية الطلاب الذين ترتبط خلفيتهم الرئيسية أو الثقافية باللغة الشريكة (وتعرف فيما بعد باسم برامج التراث أو اللغة الأم).[117]

العديد من الاختلافات الصغيرة تشكل كل برنامج ثنائي اللغة. إن المواد التي يتم تدريسها (تدريس الرياضيات في اللغة المستهدفة بدلاً من العلوم الاجتماعية) أو مدة البرنامج ليست هي نفسها دائماً.

الهجرة وصعود برامج ثنائية اللغة: منظور تاريخي

كان تاريخ التعليم ثنائي اللغة في الولايات المتحدة متنوع بين صعود وهبوط، وفقاً لموجات مختلفة من الهجرة في البلاد. منذ وصول الأوروبيين في مطلع القرن العشرين، إلى البورتوريكيين في الأربعينيات، إلى النزوح الجماعي للكوبيين في أوائل الستينيات، لم

---

[117] وزارة التعليم الأمريكية، برامج تعليم اللغة المزدوجة: سياسات وممارسات الدولة الحالية (U.S. *Department of Education, Dual Language Education Programs: Current State Policies and Practices*.)

يكن الهدف الأساسي للعائلات المهاجرة الحفاظ على لغتهم الأم ولكن إتقان اللغة السائدة، الإنجليزية، في أسرع وقت ممكن من أجل البقاء على قيد الحياة. في وقت حدوث موجات الهجرة هذه، تطورت المدارس بألسنة مختلفة خارج نظام التعليم العام. أصبحت البرامج الإضافية بعد المدرسة أو عطلة نهاية الأسبوع وسيلة للبقاء على اتصال مع هذا التراث الثقافي واللغوي. ومع ذلك، ظلت الأسر تركز بشكل رئيسي على تعلم اللغة الإنجليزية ودمج الأطفال في بيئتهم الجديدة لضمان نجاحهم في المستقبل.

أدى هذا السياق الهائل للهجرة في وقت لاحق إلى قرارات تشريعية كان لها تأثير كبير على التعليم ثنائي اللغة. في عام 1965، أدى التطور الديموغرافي للبلاد إلى إصلاحات الهجرة الرئيسية في الولايات المتحدة...

قبل هذا التاريخ، جاءت معظم الهجرة من أوروبا الغربية. ابتداء من عام 1965، بدأ عدد المهاجرين من الصين وشرق آسيا في الزيادة بسرعة كبيرة. هؤلاء المهاجرون لم يتحدثوا الإنجليزية عند الوصول، ولم يتحدث أطفالهم الإنجليزية. كان من المستحيل بالنسبة لهم الوصول إلى الخدمات الضرورية للنجاح الأكاديمي لأطفالهم. سرعان ما أدركت مجتمعات المهاجرين أن الإجراءات القانونية هي الطريقة الوحيدة لتغيير نظام التعليم.

وفي مدينة نيويورك، انضمت الأسر البورتوريكية إلى جمعية ASPIRA (وهي جمعية تسعى إلى تعزيز مجتمعات البورتوريكيين وأمريكا اللاتينية) وأهالي منطقة برونكس للكفاح من أجل حقوق متعلمي اللغة الإنجليزية. واقتناعاً منهم بأن البيئة اللغوية والثقافية للطفل هي عنصر أساسي في التعليم، فإن معركتهم كانت تركز على إدخال التعليم ثنائي اللغة في المدارس العامة.

في عام 1972، رفعت ASPIRA دعوى قضائية ضد مدينة نيويورك في المحكمة الفيدرالية لانتهاكها الحقوق المدنية للمجتمع الإسباني، مطالبة بتأسيس دروس اللغة الإسبانية لطلاب أمريكا اللاتينية الذين يواجهون صعوبات. ووقعت ASPIRA أخيراً

اتفاقية مع إدارة التعليم في مدينة نيويورك في عام 1974، والتي تعتبر الآن معلماً في تاريخ التعليم ثنائي اللغة في الولايات المتحدة.[118]

في عام 1974، حضر طلاب صينيون أمريكيون من سان فرانسيسكو إلى المحكمة بحجة أن حقوقهم المدنية قد انتهكت في المدرسة من خلال عدم منحهم دورة في اللغة الإنجليزية، وقد حرمهم هذا من نفس الفرص التي يتمتع بها الطلاب الآخرون، على الرغم من قانون الحقوق المدنية لعام 1964، الذي يحظر التمييز في المدارس على أساس الخلفية العرقية للطلبة.

أصدرت المحكمة العليا حكماً لصالحهم في قضية عرفت باسم قضية لاو ضد نيكولاس (Lau vs. Nichols). أعاد النطق بالحكم التأكيد على أنهم يستحقون المساواة في المدرسة. تعكس هذه القضية القانونية، من بين أمور أخرى، وجهة نظر مقبولة على نطاق واسع بأن لغة الشخص ترتبط ارتباطاً وثيقاً بأصوله العرقية، وأن التمييز اللغوي ليس أكثر من تمييز قائم على الأصول.[119]

بعد بضع سنوات من قضية لاو ضد نيكولاس (Lau vs. Nichols) ونهاية حرب فيتنام، جاءت موجة جديدة من المهاجرين اللاجئين من جنوب شرق آسيا إلى الولايات المتحدة، نتيجة لقانون هجرة جنوب شرق آسيا عام 1979.

رحب الساحل الأمريكي على خليج المكسيك بالآلاف من الفيتناميين، في حين استقر همونغ من شمال فيتنام ولاوس وكمبوديا في مينيسوتا.[120] اليوم، مينيسوتا هي المنطقة حيث يوجد معظم المتحدثين من الهمونغ والدورات باللغتين لأطفالهم في الولايات

118في عام 1974، أكد مرسوم موافقة ASPIRA بين إدارة التعليم في مدينة نيويورك وASPIRA أنه سوف يتم توفير تعليم ثنائي اللغة للطلبة المتعلمين اللغة الإنجليزية. على هذا النحو، يجب أن يتاح لمدرسي اللغة الإنجليزية الوصول المتساوي إلى جميع البرامج المدرسية والخدمات المقدمة لغير المتعلمين في اللغة الإنجليزية، بما في ذلك الوصول إلى البرامج المطلوبة للتخرج. لمزيد من المعلومات عن هذا الموضوع: أنصحكم بقراءة مقال *From Community Control to Consent Decree: Puerto Ricans organizing for education and language.*

119قضية المحكمة العليا للولايات المتحدة رقم 72-06520.

120لمزيد من المعلومات، أرشح لكم كتاب *Migration of the Hmong to the Midwestern United States* لكاتلين جو فاروك.

المتحدة. تعد هذه الولاية أيضاً من بين الولايات التي تسعى إلى تعزيز التنوع ودعم الناس الذين لم تكن الإنجليزية هي لغتهم الأم، بنشاط تطوير الدورات بلغتين وتوفير الموارد للمعلمين. وقد لعب اللاجئون من مناطق الحرب دوراً هاماً في تنشيط بعض المجتمعات الولايات المتحدة، مثل أحياء الهمونغ المهجورة في مينيابوليس، البوسنيين في أوتيكا في ولاية نيويورك، الصوماليين في ويستون في مين، أو السوريين في ديترويت، ميشيغان. منذ الثمانينيات، والعديد من المدارس مع البرامج ثنائية اللغة (المدارس سمحت لتجنيد الطلاب في جميع أنحاء المدينة) فتحت لتسريع عملية إلغاء الفصل العنصري في مدن مثل توكسون، أريزونا، وجذب الطلاب البيض في المدارس التي معظم طلابها من الأقلية.

التغلب على محظورات ثنائية اللغة في الولايات المتحدة

في الأساس، فإن الوضع الجغرافي للولايات المتحدة هو إشكالي، على عكس أوروبا، حيث من الطبيعي مشاركة الحدود مع العديد من الأشخاص الذين يتحدثون لغات مختلفة، فإن فرص التبادل اللغوي في الولايات المتحدة محدودة بحدود كل منطقة.

البلد أكثر ميلاً إلى أن تكون مستقلة، علاوة على ذلك، فإن الولايات المتحدة في وضع أفضل من معظم البلدان من حيث الفرص الاقتصادية ومستوى المعيشة. ولهذا السبب لا يشعر الكثير من الأمريكيين بالحاجة إلى تعلم لغة ثانية من شأنها إثراء وضعهم الشخصي أو المهني.

يتفق الخبراء على أن الولايات المتحدة لا تزال متأخرة في تعلم اللغات الأجنبية، مما يؤدي إلى تباطؤ قدرتها التنافسية العالمية.[121]

121فيما يخص هذا الموضوع، يمكنكم قراءة *The U.S. Foreign Language Deficit. Strategies for Maintaining a Competitive Edge in a Globalized World* لكاثلين ستاين-سميث.

أصبحت مشكلة اللغة هذه واضحة عندما تعذر ترجمة الرسائل في 11/9 إلى اللغة العربية، والتي اعترضتها المخابرات الأمريكية قبل الهجوم، لكن لم تستطيع ترجمتها في الوقت المناسب بسبب عدم وجود مترجمين يتحدثون اللغة العربية.[122]

في مواجهة النقص في الأشخاص الذين يمكنهم التحدث بهذه "اللغات الأساسية"، قررت وزارة الخارجية دعم برامج الاندماج في العديد من اللغات الرئيسية مثل العربية والصينية والروسية واليابانية والكورية، ومع ذلك، لم تكن لهذه الجهود التأثيرات المرجوة لأنه كان يتم استهداف الطلاب في الجامعة، الذين كانت أعمارهم بالفعل أعلى من العمر المثالي للطلاقة في اللغة. أصبحت برامج الاندماج أقصر، مثل المعسكرات الصيفية، وأصبحت أكثر شعبية ولكن تقدم نتائج مختلطة.

في التسعينيات وأوائل الألفية الثانية، كانت البرامج ثنائية اللغة هدفاً لهجمات شجبت عجزها المفترض عن تعليم اللغة الإنجليزية للمهاجرين. ونجحت الحملات الانتخابية في حظر برامج ثنائية اللغة انتقالية في كاليفورنيا وأريزونا وماساتشوستس.[123] كان لهذا تأثير على وصم وعزل الأمريكيين اللاتينيين والآسيويين والبولينيزيين والأفارقة والكاريبيين والأمريكيين الأصليين وغيرهم من مجموعات لغات الأقليات في الولايات المتحدة. كما عززت الحركة الإنجليزية فقط، والتي لا تزال تؤثر على العديد من أعضاء الكونغرس الدفع باتجاه سياسات الناطقين باللغة الإنجليزية.[124]

---

[122]"لم يضع مكتب التحقيقات الفدرالي (FBI) ما يكفي من المال في احتياجات المراقبة والترجمة لعناصر مكافحة الإرهاب. كان هناك نقص في المترجمين الذين يتقنون اللغة العربية واللغات الرئيسية الأخرى، وبدأت الرسائل التي تم اعتراضها تتراكم ولم تترجم." مقتطفات ص.77 من تقرير اللجنة المؤرخ 11 أيلول / سبتمبر - اللجنة الوطنية للهجمات الإرهابية على الولايات المتحدة. 22 يوليو 2004.

[123]لمزيد من المعلومات، يمكنكم قراءة كتاب Bilingual Education: History, Politics, Theory and Practice لجيمس كروفورد.

[124]لمزيد من المعلومات، راجع موقع الاتحاد الأمريكي للحريات المدنية. "الإنجليزية فقط".

على الرغم من الشدائد، تمكنت بعض المدارس من العثور على ثغرات في هذا النظام واعتماد نموذج للبرامج ثنائية اللغة، التي تُعرف الآن باسم "اللغة المزدوجة"، واستبدلت بمهارة كلمة "ثنائية اللغة" التي تحولت إلى كلمة مسيسة وموسعة.

على الرغم من هذه النكسات القليلة، بدأت البرامج ثنائية اللغة بالازدهار، وبدأت بعض الولايات مثل جورجيا وديلاوير ونورث كارولينا تستثمر في برامج ودورات ثنائية اللغة، وقامت ولاية مينيسوتا بمراجعة ميزانيتها وسياساتها التعليمية للطلاب الصغار بلغتين.

وتبحث كل من ولايتي نيويورك وأوريغون عن استراتيجية توفر نتائج طويلة المدى للأطفال ثنائيي اللغة.

ولاية مثل ولاية يوتا لديها ثالث أكبر عدد من البرامج ثنائية اللغة في الولايات المتحدة، اقترح مشرعون من ولايتي كاليفورنيا وماساتشوستس إلغاء حظرهم على التعليم ثنائي اللغة. والقائمة تطول... الحقيقة البسيطة أن التعليم ثنائي اللغة هو مرة أخرى موضوع سياسي يثبت نجاح هذه البرامج.

في عام 2000، طلب ريتشارد رايلي (Richard Riley)، وزير التعليم في ذلك الوقت، زيادة عدد البرامج الثنائية اللغة من حوالي مائتين وستين إلى ألف بحلول عام 2005. وفقاً لقاعدة بيانات مركز اللغويات التطبيقية، الذي يسرد البرامج أحادية الاتجاه وبرامج الاندماج ذات اتجاهين، وقد تحقق هذا الرقم إلى حد كبير.[125]

على الرغم من صعوبة التحقق من هذا، إلا أن بعض التقديرات قريبة من ألفي برنامج ثنائي اللغة في الولايات المتحدة الأمريكية.[126] ومع ذلك، إذا زادت هذه الأرقام ببطء شديد، فيجب تسريع هذا الاتجاه بفضل جهود الثورة ثنائية اللغة.

125للحصول على مزيد من المعلومات حول هذا الموضوع، تفضل بزيارة قواعد بيانات (Center for Applied Linguistics) القابلة للبحث وقواعد عن برامج الغمر باللغة الأجنبية في المدارس وبرامج اللغة التراثية وبرامج الانغماس ثنائية الاتجاه في الولايات المتحدة.

126من مقال *Dual Language Programs on the Rise. Enrichment model puts content learning front and center for ELL students* لديفيد ماكاي ويلسون.

فتح الطريق نحو المستقبل ثنائي اللغة من قبل الولايات

تضم ولاية يوتا ثالث أكبر عدد من البرامج الثنائية اللغة في الولايات المتحدة، حيث استفاد منها حوالي أربعة وثلاثون ألف طالب في مائة وأربعين مدرسة في عام 2017. وغريباً كما قد يبدو، البرامج ثنائية اللغة في ولاية يوتا، وهي ولاية معزولة جغرافياً عن المراكز الرئيسية للنمو الاقتصادي، في تزايد مستمر على الرغم من عدد السكان القليل والغير متنوع من حيث العرق أو اللغة، فلقد تم تصميم برامج اندماج اللغة الأجنبية ودعمها وتنفيذها من خلال رؤية الشخصيات السياسية التي حددت احتياجات اللغة في الدولة وإمكاناتها في الأعمال والإدارة والتعليم.

في عام 2008، اعتمد مجلس الشيوخ في ولاية يوتا مبادرة التعليم الدولية، وتوفير الأموال للمدارس حتى تفتح برامج ثنائية اللغة باللغات الصينية والفرنسية والإسبانية. تمت إضافة اللغة الألمانية والبرتغالية في وقت لاحق، وتم التخطيط لإضافة اللغة العربيةوالروسية في السنوات القادمة.[127]

تتبع البرامج الثنائية اللغة في ولاية يوتا نموذج اندماج جزئي حيث يتلقى الطلاب نصف تعليمهم في اللغة الهدف، والنصف الآخر باللغة الإنجليزية. كل فئة لديها اثنين من المدرسين، الأول لا يدرس سوى لغة الهدف في النصف الأول من اليوم، ويدرس الثاني باللغة الإنجليزية بقية اليوم. معظم الدورات تبدأ في المرحلة الابتدائية، مع عدد قليل فقط في رياض الأطفال. بمجرد التحاقهم بالمدرسة الثانوية، يلتحق معظم الشباب بدورات تعليم اللغة المتقدمة من أجل اجتياز امتحان اللغات والثقافات للمستوى المتقدم (AP World Languages and Cultures).

خلال سنوات المدرسة الثانوية، يمكن للطلاب اتباع دورات على المستوى الجامعي التي تقدمها ست جامعات كبرى من ولاية يوتا. كما يتم تشجيع طلاب المدارس الثانوية

127مجلس الشيوخ من ولاية يوتا. مبادرات التعليم الدولية - اللغات الأساسية (41 Senate Bill).

على تعلم لغة ثالثة. تمثل هذه المجموعة من المسارات خطوة مهمة في تطور التعليم ثنائي اللغة.

التأثير السلبي لعدم استمرارية تيارات ثنائية اللغة على مستوى المدرسة الثانوية

تميل معظم البرامج ثنائية اللغة في المدارس الحكومية في أنحاء البلاد إلى التوقف بعد المدرسة الابتدائية، وقلة قليلة منهم تستمر حتى الدراسة الجامعية. عندما تستمر هذه المدارس إلى ما بعد المدرسة الابتدائية، فإنها تقدم ساعات أكثر في اللغة المستهدفة عندما يكون الطلاب صغاراً، وتضيف المزيد من الساعات بالإنجليزية مع نمو الأطفال، في المدارس الثانوية، وهذا شيء محزن؛ لأنه حتى لو كانت البرامج توفر فرصاً ممتازة لتعلم اللغة في المدرسة الابتدائية، فإن عدم الاستمرارية هذا يقلل بشكل كبير من فائدة القدرات التي اكتسبها الأطفال في سن مبكرة ويعرضهم لخطر خسارتها إذا لم يستمروا في ممارسة اللغة بعد ذلك.

لقد انخرطت بشكل خاص مع مدرسة بوريم هيل للدراسات الدولية (Boerum Hill School for International Studies)، وهي مدرسة ثانوية عامة وكلية في بروكلين، لمعالجة هذه المشكلة من خلال الجمع بين برنامج البكالوريا الدولية مع البرنامج ثنائي اللغة الفرنسية - الإنجليزية من الصف السادس إلى الصف الأخير. كان هدفنا هو السماح لجميع الطلاب بالتخرج والحصول على دبلوم ثنائي اللغة في البكالوريا الدولية، وأن يتم قبولهم في أفضل الجامعات في العالم.

ومع اقترابنا من العولمة أكثر من أي وقت مضى، يتعين علينا التفكير في قدرتنا التنافسية على المستوى الدولي. معرفة العديد من اللغات والثقافات يمكن أن يعطي الأشخاص هذه الميزة. يجب تجهيز طلاب المدارس الثانوية والجامعات للانخراط في عالم العمل والاستعداد لمواجهة السوق العالمية. التعليم ثنائي اللغة لديه القدرة على تعزيز الاحترام والتسامح، في وقت أصبح فيه فهم الثقافات المختلفة عن بلدنا أمر بالغ الأهمية. عندما يطالب أولياء الأمور بهذا

النوع من التعليم، فإن الثورة تتحرك. يستمر التعليم الثنائي اللغة في إظهار نتائج مذهلة، ولكن تطوره يتباطأ بسبب الافتقار إلى التعبئة الوطنية حول التعددية اللغوية. نحن بحاجة إلى ثورة ثنائية اللغة لتوسيع مدى انتشار التعليم ثنائي اللغة في هذا البلد وأماكن أخرى لتعم الفائدة على الجميع.

الختام

مستقبل التعليم يكتب باللغتين

في السنوات الخمس عشرة الأخيرة، بدأت المجتمعات اللغوية في العديد من المدن في الولايات المتحدة في تأسيس وتطوير العشرات من البرامج ثنائية اللغة في عدة لغات، وبعضها كان بمثابة أمثلة في الفصول السابقة.

وتوضح القصص الواردة في هذا الكتاب الشغف والحماسة اللذين يشاطرهما كل من شارك في تأسيس هذه البرامج، وإثبات أنه من الممكن إنشاؤها حتى لو لم نعرف الكثير عن هذا القطاع. من خلال مشاركة قصص البرامج ثنائية اللغة في نيويورك وخريطة الطريق المستخدمة من قبل الجهات الفاعلة، يعتبر هذا الكتاب دليلاً مفيداً لأولياء الأمور والمعلمين الذين يخططون لفعل الشيء نفسه في مدرستهم، بينما يبدو تصميم مبادرات اللغة الإيطالية، والألمانية، والروسية، والعربية، والبولندية، والإسبانية، والصينية، والفرنسية في نيويورك مختلف، فإن كلها تقدم نفس الدرس: يمكن تحويل رؤية بعض أولياء الأمور إلى حركة لخدمة مدارسنا وأطفالنا. في هذه الحالة، يتحول نموذج التعليم ثنائي اللغة إلى حل قابل للتطبيق ومطلوب من قبل جميع الأسر (حتى أولئك الذين لا يسجلون أطفالهم في هذه المدارس)، مما يجلب العديد من الفوائد لمجتمعاتنا، في الولايات المتحدة أو في أي مكان آخر في العالم. هذه البرامج هي أكثر من مجرد برامج لغة؛ فهي تعطي الأطفال فهماً أفضل للثقافات التي تحيط بهم من خلال تقديم التبادلات بين الثقافات داخل المدرسة.. إنها تعزز وتدعم تراثنا اللغوي وتعزز قيمة التنوع الثقافي واللغوي في جميع المجتمعات في القرن الحادي والعشرين.

عندما يفكر المرء في العالم المعولم الذي نعيش فيه اليوم، لم يعد من الممكن التمسك بفكرة أن لغة واحدة فقط يمكن أن تكفي. في سياق الولايات المتحدة، تعد أحادية اللغة الناطقة بالإنجليزية عائقاً حقيقياً أمام تطور المجتمع، الذي يفتقد إلى الموارد اللغوية الهائلة التي يمثلها مواطنوه.

بينما يتعلم العالم اللغة الإنجليزية ويصبح متعدد اللغات، فإن الولايات المتحدة متأخرة. من الضروري أن نتمكن في هذا البلد من القراءة والكتابة والتواصل بأكثر من لغة واحدة. إذا لم نتمكن من الخروج من هذا الإحساس بالاكتفاء الذاتي، فإن أطفالنا هم الذين سيعانون من عدم الاستفادة من المزايا الشخصية والاجتماعية والمهنية والأكاديمية التي يمكن أن توفرها ثنائية اللغة. وكما قال مدير برنامج اللغات والاندماج في جامعة يوتا سابقاً جريج روبرتس (Greg Roberts) ذات مرة: " أحادية اللغة هي أمية القرن الحادي والعشرين".

معظم الأطفال غير الناطقين بالإنجليزية الذين يصلون إلى الولايات المتحدة يفقدون لغتهم الأصلية من قبل الجيل الثاني.. لم يعد الأجداد والأحفاد يتواصلون مع بعضهم البعض.. في بعض الأحيان، لا يستطيع الآباء والأطفال التواصل بشكل صحيح، العديد من العائلات الواردة في هذا الكتاب لم تكن على استعداد لمواجهة نفس المصير، كان هؤلاء الأهالي مقتنعين بالعديد من الفوائد متعددة الأجيال المتمثلة في الحفاظ على موروثاتهم الخاصة، المليئة بكنوز الأدب والثقافة والتاريخ، والحفاظ على الشعور بالفخر والهوية.

يدرك الجميع أن التعليم ثنائي اللغة يساهم في بناء مجتمع ديناميكي غني ومتنوع، والأهم من ذلك أنهم يفهمون أن ثنائية اللغة هي قصة عائلية، قصة الحفاظ على من نحن، بطريقة قوية تتجاوز تعلم اللغة فقط.

لدى اللغة الإنجليزية في مجتمعنا الحالي القدرة على القضاء على لغات أخرى، لغات ذات قيمة كبيرة، والتي تنقل الثقافات والقصص والمعرفة الغنية.. مع هذه القوة اللغوية المهيمنة تأتي قوى الأمركة والاندماج في المجتمع الأمريكي، والتي غالباً ما تصل

إلى أقصى الحدود. يكتشف الأطفال بأنفسهم الوزن الهائل للغة الإنجليزية في بيئة أحادية اللغة، وغالباً ما تظهر لغتهم الأم في ضوء سلبي، وبدلاً من الاستسلام لهذا الضغط، يجب أن نعلمهم، وأن يعلموا أولياء أمورهم ومدارسهم ومجتمعاتهم أن كونهم ثنائيو اللغة هو أفضل شيء.

على الرغم من أن تعلم اللغة هو مصدر قلق عالمي، إلا أن الثورة ثنائية اللغة تبدأ محلياً، في الأحياء والمدارس والمجتمعات.

ثنائية اللغة ذات قيمة كبيرة لنا جميعاً، كلما تمكنا من التواصل مع أعضاء مجتمعنا، بالإضافة إلى الآخرين، كلما كان نسيج مجتمعنا أقوى.

كما تظهر القصص في هذا الكتاب، ليس من السهل دائماً إنشاء برنامج ثنائي اللغة من البداية، ومع ذلك، إذا اتبع أولياء الأمور نصائح خريطة الطريق، ووضعت سلطات المدرسة إرشادات أوضح وآليات دعم، فإن المبادرات من هذا النوع ستكون قادرة على العمل بشكل أكثر فعالية، مما يزيد من فرص نجاحها.

تظهر الصعوبات والقدرة على التحمل والمثابرة التي تم وصفها هنا أن نظامنا التعليمي بأكمله بحاجة إلى إعادة تشكيل.

يجب أن تكون المدارس قادرة في النهاية على الاستجابة للطلب المتزايد على التعليم ثنائي اللغة من خلال تبني فكرة ثنائية اللغة.

أظهرت الحالات التي تمت دراستها طوال هذا الكتاب أن أولياء الأمور الذين عملوا بلا كلل من أجل تأسيس البرامج الثنائية اللغة بنجاح في مدارسهم يلعبون الدور الرئيسي في الثورة الثنائية اللغة. لقد كانوا هم الذين كرسوا وقتهم وجهدهم وعزمهم والتزامهم بهذا المسعى. كانوا هم الذين بحثوا وخططوا وقدموا هذه المبادرات ثنائية اللغة الجديدة في مدارسهم، لقد كانوا هم الذين شكّلوا نظاماً جيد الإعداد ووضعوا استراتيجيات رائعة للعثور على المدارس وتجنيد العائلات. وحتى عندما وضعت الأساسيات ولكن لم يكن بالإمكان استكمال المبادرة في الوقت المناسب، استمر الأهالي في المضي قدمًا. على الرغم من العقبات، والنكسات، والمعاملات التي لا تنتهي، هؤلاء

الآباء والأمهات، والمدراء والمعلمين، لم يستسلموا أبداً. لقد سمحت هذه المجموعات لمجتمعاتهم، وحتى بلدهم، بتحقيق قفزة كبيرة إلى الأمام.

كل ثورة تكون مصحوبة بصعوبات يجب التغلب عليها قبل إعادة القيام بها مرة أخرى على نطاق أوسع. من ضمن هذه الصعوبات التمويل والميزانيات المدرسية. تقريباً جميع المدارس التي اتصل بها الأهالي المذكورون هذا الكتاب ذكرت الحاجة إلى موارد إضافية للسماح بإنشاء مثل هذه البرامج. إن الوصول إلى المواد المدرسية في اللغة الهدف هو مشكلة كثيراً ما يواجهها المعلمون أيضاً، وتمثل ندرتهم وتكلفتهم عقبات كبيرة، خاصة بالنسبة للمدارس التي لا تملك الموارد الكافية.

يتطلب التغلب على هذه التحديات تعاوناً قوياً بين مديري المدارس والمؤسسات والجمعيات التي يمكنها تقديم مساهمات مهمة في هذه البرامج. يعتمد نجاح العديد من الفصول ثنائية اللغة على الدعم المستمر لهذه الشراكات الناجحة.

هناك تحدٍ مماثل في الأهمية يأتي من الصعوبات في توظيف معلمين ثنائيي اللغة. تختلف القوانين التي تنظم شروط التدريس في مدرسة عامة في الولايات المتحدة من ولاية إلى أخرى. يتم تخفيض مجموعة المرشحين للتدريس بشكل كبير، يمكن أن تكون الشهادة الوطنية بدلاً من شهادة الولاية وسيلة لمكافحة هذه الصعوبات الإدارية، بالإضافة إلى ذلك، هناك عدد قليل من المدرسين يحملون الجنسية الأمريكية أو الإقامة الدائمة.

رغم أن المدارس قد تمنح تأشيرات مختلفة، إلا أنها تبقى مؤقتة. تسمح بعض الولايات بهذه العملية فقط إذا لم يقم أي مدرس أمريكي معتمد آخر بنفس الوظيفة، وهذا يقلل بشكل كبير من فرص المدارس التي تسعى لتوظيف متحدثين أصليين للغة الهدف، لخلق بيئة أكثر دمجاً. هذه المشكلة أكثر انتشاراً في المدارس النائية عن المراكز الحضرية الكبيرة. لحسن الحظ، هناك حل يمكن أن يعمل على المدى الطويل، في حال أن الطلاب الملتحقين حالياً بمدارس ثنائي اللغة يكملون تعليمهم ويصبحون مدرسي أنفسهم، فإن لديهم القدرة على أن يصبحوا مُعلمين ثنائيي اللغة مؤهلين ومتمرسين.

بمجرد أن تصبح ثنائية اللغة هي القاعدة وليست الاستثناء، لن يكون من الصعب العثور على المرشحين المؤهلين. من خلال منحهم الوقت الكافي للنمو، ستصبح البرامج ثنائية اللغة مستدامة.

تظهر علامات مطمئنة أكثر وأكثر أن الأميركيين يريدون الآن توسيع آفاقهم، والنظر إلى ما وراء حدود بلادهم، والاعتراف بثراء وتنوع ثقافتهم الحالية.

أصبح من الشائع بشكل متزايد أن يتكلم الأمريكيون لغة أخرى غير الإنجليزية في الداخل، وذلك جزئياً بسبب الهجرة... أصبح التحدث بطلاقة لأكثر من لغة واحدة تدريجياً القاعدة، لا سيما في المدن الكبرى، بالإضافة إلى ذلك، يزداد اهتمام الأهالي بثنائية اللغة حين يكتشفون ما يمكن أن يقدمه التعليم الثنائي اللغة لأولادهم.

المنافع المعرفية والأكاديمية والاجتماعية والشخصية والمهنية لا يمكن إنكارها، وينظر الآن إلى ثنائية اللغة والتنوع الثقافي كشيء أساسي ليس فقط لفضائلهما الثقافية ولكن أيضا لقدرتهما على بناء "مواطني العالم". ليس هناك شك في أن التعليم ثنائي اللغة يجب أن يكون في متناول كل طفل في الولايات المتحدة والعالم.

تم خلق الثورة ثنائية اللغة على أساس وضع من قبل الأهالي وأولياء الأمور. الآن، السلطة بين يديك. خارطة الطريق والقصص في هذا الكتاب هي لك. تعلم من نجاحاتها وإخفاقاتها. استخدمها كمصدر للإلهام والتحفيز لمجتمعك. وخلال هذه المغامرة، تذكر أنك مدعوم من قبل حركة عالمية تؤمن بقوة ثنائية اللغة. وبكثير من التفاؤل والأمل أسلم إليك شعلة الثورة ثنائية اللغة. يمكن كتابة مستقبل التعليم بلغتين، والأمر متروك لنا لتخيله!

ملحقات

الملحق الأول

خارطة الطريق (نسخة مختصرة)

إليكم نسخة مختصرة لخارطة الطريق لأولياء الأمور المهتمين بإنشاء برنامج ثنائي اللغة في مدرسة عامة. يتمتع الأهالي بالقدرة على إحداث فرق في مجتمعاتهم من خلال بدء برنامج ثنائي اللغة بغض النظر عن المكان الذي يعيشون فيه.
تنقسم خريطة الطريق هذه إلى ثلاث مراحل:

1. مخاطبة	عمل قاعدة بيانات للأسر المهتمة بالمبادرة
2. إيجاد مدرسة	إيجاد مدير مدرسة متحمس لإدخال برنامج ثنائي اللغة إلى مدرسته
3. افتتاح البرنامج	مساعدة ودعم المدير في التحضيرات قبل الافتتاح

الخطوة الأولى

مخاطبة المجتمع: عمل قاعدة بيانات للأسر المهتمة بالمبادرة

لكي تأتي المبادرة بنتائج إيجابية، يجب أن تكون على استعداد للتواصل مع العشرات، إن لم يكن المئات من الأشخاص في مجتمعك لتشكيل قاعدة من العائلات المهتمة. يمكنك البدء بإنشاء مجموعة صغيرة من أولياء الأمور الذين تعرفهم وتثق بهم. هؤلاء الآباء هم الذين يشاركونك رؤيتك، حتى لو لم يكن لديهم أطفال يستفيدون مباشرة من المبادرة.

إذا لم يكن لديك لغة بعينها في الاعتبار عند بدء هذا المشروع ولكنك مهتم بالبرامج ثنائية اللغة كوسيلة لتعليم طفلك، فمن الأفضل الاستفسار عن التراث اللغوي لمجتمعك من أجل تقدير الدعم الذي يمكنك الحصول عليه. إن فهم الفروق الثقافية التي سيعتمد عليها المجتمع للحكم على اقتراحك هو أمر بالغ الأهمية.

إن تحديد الشركاء وأصحاب المشاريع التعليمية الأخرى داخل الثقافة المستهدفة سوف يسهل المشروع، والذي يجب أن يتم تقديمه في ضوء إيجابي. بهذا الشكل، سيكون من الأرجح أن يكون المشروع مقبولاً من قبل المجتمع.

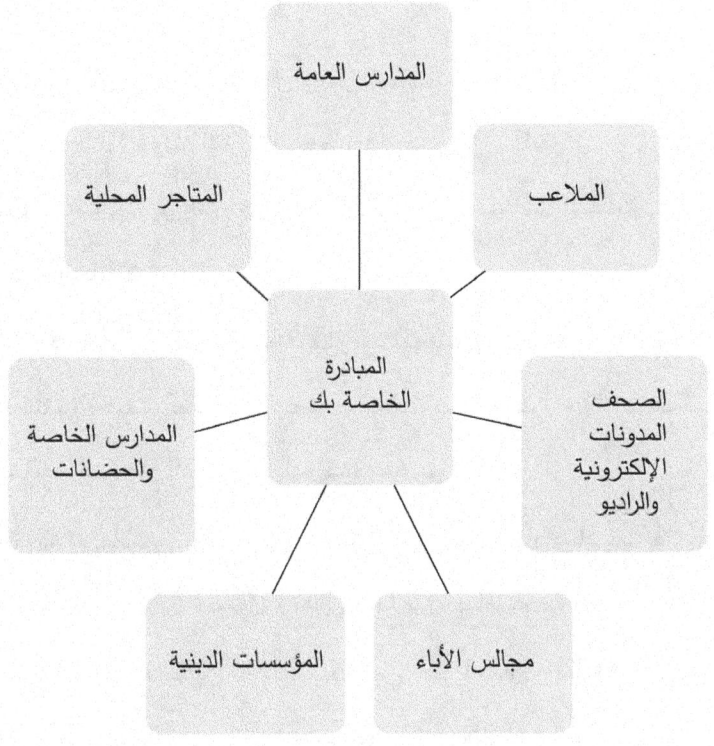

فيما يلي بعض الطرق للعثور على العائلات المهتمة:

- قم بتصميم إعلان عام على شبكات التواصل الاجتماعي والمدونات الإلكترونية للآباء أو المدونات المجتمعية أو الرسائل الإخبارية أو الملصقات أو الكلمات الشفوية، مع ذكر أنك تبحث عن أشخاص مستعدين لمساعدتك في إنشاء برنامج ثنائي اللغة بلغة محددة.

- استكشف شبكات العلاقات القائمة بالفعل في مجتمعك، أو في المراكز التجارية، والمراكز الدينية، والمراكز المجتمعية، وحدد الأطفال الذين يتحدثون لغة أخرى داخل حدود منطقة مدرستك.

- قم بتوزيع رسالة أو نشرة إعلانية عند الذهاب إلى الاجتماعات أو تقديم عرض تقديمي.

- قم بالاتصال برياض الأطفال ودور الحضانة المجاورة، والبرامج "التحضيرية - Head-Start"، والمدارس الخاصة، ومدارس اللغات، والمراكز الثقافية، والمؤسسات الدينية، وجمعيات الآباء والمؤسسات البلدية والرسمية التي تساعد العائلات.

- شارك في محادثة مع أولياء الأمور في الملعب أو السوبر ماركت أو المدرسة في منطقتك، حيث يمكن أن تجد عائلات تبحث عن خيارات تعليمية أخرى لأطفالهم الصغار الذين لم يلتحقوا بعد بالمدرسة.

- قم بارتداء ملابس أو قبعات أو شارات تحمل شعار مبادرتك ويمكن التعرف عليها بسهولة لأثارة فضول الأهالي وجذب انتباههم.

- بمجرد ما يتم تشكيل مجموعتك من المتطوعين، يمكنك البدء في تنظيم اللجان لتوزيع المهام. يتطلب الأمر الكثير من المتطوعين، بما في ذلك الشخص الذي سيتواصل مع المجتمع، الشخص الذي سيبحث عن المدرسة والآخر المسؤول عن البرنامج المدرسي. ويمكن إنشاء لجان أخرى حسب الحاجة، مثل لجنة توظيف المعلمين، أو لجنة لجمع الأموال أو لجنة أنشطة خارج المنهج الدراسي، حسب احتياجات المشروع.

جمع البيانات

يجب أن تركز اللجنة المعنية بالتواصل مع المجتمع على تحديد الطلاب المحتملين وجمع المعلومات حول العائلات. وتوضح السطور التالية المعلومات التي يجب عليك محاولة جمعها:

- عدد العائلات المهتمة بالمبادرة.

- اللغات المستخدمة في المنزل، وفهمها من قبل الأطفال.
- تواريخ ميلادهم وتواريخ دخولهم إلى المدرسة الابتدائية.
- المناطق أو المناطق التعليمية للعائلات.

ستساعدك هذه البيانات في تحديد ما إذا كان البرنامج ثنائي اللغة الذي تسعى لتأسيسه سيكون ذو اتجاه واحد أو اتجاهين:

- ذو اتجاه واحد: مجموعة من الأطفال الذين يتحدثون نفس اللغة ويتلقون تعليمهم بلغة أخرى.

- ذو اتجاهين: مجموعتان من الأطفال منقسمين، المجموعة الأولى تكون لغتها الأم هي اللغة الهدف للبرنامج والمجموعة الثانية تكون اللغة الرسمية هي لغتها الأم (في الولايات المتحدة على سبيل المثال ستكون اللغة الإنجليزية).

يعتمد هذا القرار على عدد المتحدثين الأصليين الذي سوف يتم تسجيلهم في هذا البرنامج. لتحديد الرقم المستهدف، ستحتاج إلى التحقق من متوسط عدد الطلاب في الصف الدراسي الأول في مدرستك، والقانون الذي تعمل بموجبه منطقتك التعليمية ومعرفة أيضاً عدد الأطفال الذين لا يتحدثون اللغة الرسمية.

لذا سيكون عليك أن:

- تحدد عدد الأطفال الذين لا يتحدثون الإنجليزية (أو اللغة الرسمية للبلاد) كلغة أم في كل مقاطعة أو منطقة تعليمية.

- تحدد عدد الأطفال في كل منطقة أو منطقة تعليمية تعتبر ثنائية اللغة.

- تحدد عدد الأطفال في كل منطقة أو منطقة تعليمية ممن يعتبرون متحدثين للغة رسمية (هنا، الإنجليزية)، والذين ليس لديهم معرفة باللغة المستهدفة ولكن أسرهم على استعداد للانخراط في تعليم ثنائي اللغة والمشاركة في تطويره والتزام به.

ستساعدك هذه البيانات في شرح كيف يلبي برنامجك ثنائي اللغة الاحتياجات المختلفة للمجتمع. كما يمكن أن يكون وسيلة للحصول على تمويل إضافي من الوكالات الحكومية والجمعيات الخيرية، خاصة تلك التي تدعم متعلمي اللغة الإنجليزية.

تبدأ المبادرة في كثير من الأحيان مع عدد كبير من الأسر المحتملة، لكن لا يتبقى سوى مجموعة صغيرة في يوم الافتتاح. بالنسبة لمشروعك، يوصى بتعيين عدد من الطلاب يفوق العدد المطلوب من المدارس المحلية لفتح برنامج ثنائي اللغة.

مخاطبة المجتمع

إحدى الأشياء التي يجب على أولياء الأمور العمل عليها فور بدئهم في المشروع هي إنشاء قاعدة دعم مجتمعية، بما في ذلك الأشخاص ذوي النفوذ أو الجمعيات المحلية المنتخبة.

هذا يتطلب:

- حضور الاجتماعات في مجتمعك وإبلاغ جمهورك بمبادرة برنامج ثنائي اللغة.

- تحديد موعد مع مسؤولي التعليم (إدارة التعليم على مستوى الولاية، رؤساء المدارس، مدراء شبكات المدارس العامة، قادة المكاتب لمتعلمي اللغة الإنجليزية، إلخ..) ومشاركة بياناتك معهم والإجابة على أسئلتهم.

- إشراك قادة المدارس في هذه الاجتماعات لمعرفة وجهة نظرهم في التعليم ثنائي اللغة.

- تبادل المعلومات مع رابطات الآباء والأهالي المفوضين والمعلمين.

- الاتصال بالعديد من لجان المجتمع المدرسي وإدارة المدرسة وقادة المجتمع والمستشارين البلديين.

- تنظيم الاجتماعات في المقاهي، المطاعم، المخابز، في منازل الأعضاء أو في الأماكن العامة لتقديم أفكارك، وقياس الاهتمام الذي يولده المشروع وتوظيف العائلات التي يحتمل أن تكون مهتمة. عندما تحدث هذه التجمعات، فكر في دعوة واحد أو أكثر من الجهات الفاعلة المذكورة أعلاه لإلقاء خطاب أو مشاركة الملاحظات والأفكار الجديدة.

- التحدث إلى السفارات والقنصليات والقناصل الفخريين والمراكز الثقافية التي تخدم لغة أو بلد، والمؤسسات الموجهة نحو التعليم وتنمية المجتمع والمكاتب السياحية والغرف التجارية ثنائية أو متعددة الجنسيات، ومجتمعات واتحادات ثقافية وتراثية.

- اللجنة المسئولة عن البرنامج الدراسي.
- يمكن للجنتك المسؤولة عن البرنامج مساعدتك خلال المراحل المختلفة لهذا المشروع من أجل:
  - جمع وتبادل البيانات حول العديد من فوائد التعليم ثنائي اللغة في اجتماعات المعلومات مع أولياء الأمور في المجتمع.
  - زيارة البرامج ثنائية اللغة الأخرى التي تم إنشاؤها بالفعل لتحديد أفضل الممارسات والاطلاع مباشرة على كيفية إدارتهم.
  - التفاعل مع البرامج الأخرى القائمة لطرح أسئلة حول مشاركة الأهل والولاء للبرنامج، واستدامته، وجمع التبرعات، واحتياجات الموارد، والمعلمين، والدعم الإداري.
- مقابلة أولياء الأمور الذين أنشأوا بالفعل برنامج ثنائي اللغة بنجاح ودعوتهم للتعلم من تجاربهم والاستفادة منها.

الخطوة الثانية

العمل على حجة مقنعة وإيجاد مدرسة

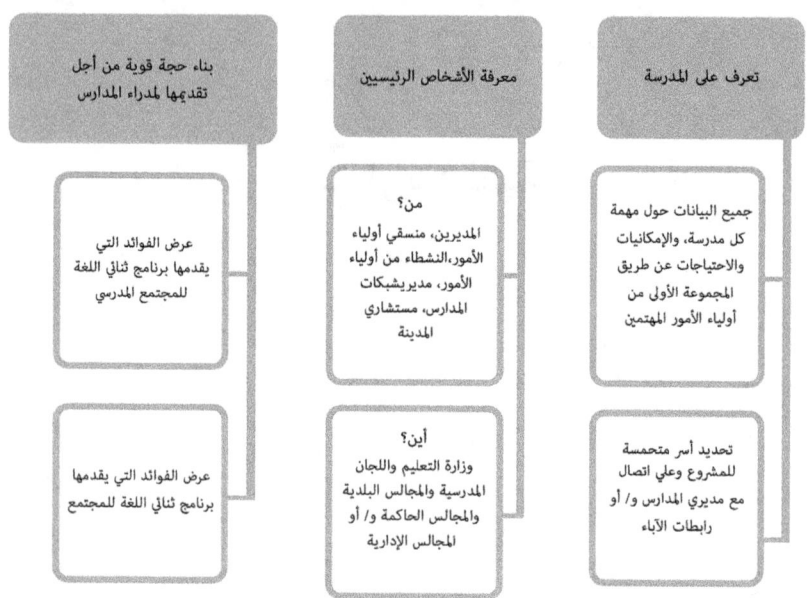

فيما يخص العمل التعاوني، يجب أن تكون اللجان المختلفة جاهزة لتقديم بياناتها إلى المدير والمجتمع المدرسي. قبل تقديم فكرتك للمدير، من المستحسن أن تتخيل أرضية صلبة تساعدك على إقناعه، وكذلك إقناع الإدارات المعنية بأهمية اقتراحك. فيما يلي بعض الحجج المؤيدة للتعليم والبرامج ثنائية اللغة:

- قد يسعى مدير جديد، على سبيل المثال، إلى الحصول على قبول ودعم الحي الذي يقيم فيه. سيكون برنامجاً ثنائي اللغة بالنسبة له طريقة ملموسة لوضع بصمته في المدرسة، وكذلك المجتمع.
- يمكن للبرامج الناجحة أن تلفت الانتباه للمدرسة، وتحسن صورتها وتجتذب مصادر جديدة للتمويل.
- تمنح البرامج الثنائية اللغة لجميع الأطفال في المجتمع موهبة اللغة الثانية، وهي مهارة سوف يستخدموها طوال حياتهم.
- بالنسبة للعائلات من الجيل الثاني والثالث، فإن البرنامج ثنائي اللغة هو طريقة للحفاظ على لغتهم وتراثهم الثقافي، بالإضافة إلى طريقة لمشاركتهم مع أطفالهم.
- في كل عام، تنضم عائلات متحمسة إلى المدرسة وترغب في كثير من الأحيان في مساعدة المدرسة بطرق عديدة، من خلال تنظيم عمليات جمع التبرعات أو الأنشطة المدرسية.
- يمكن للعائلات ثنائية اللغة فتح المدرسة لفرص ثقافية جديدة مثل الفنون والموسيقى أو فن الطهو، وذلك باستخدام الروابط المجتمعية لإنشاء برامج ما بعد المدرسة، وتحسين الكانتين، وتنظيم نزهات والزيارات، وتقديم التدريب على الحياة العملية...
- يمكن أن تعطي البرامج ثنائية اللغة هوية جديدة لمدرسة صغيرة، أو مدرسة لا تستطيع استغلال إمكاناتها أو قد تكون فصولها فارغة.
- إن وجود خيارات تعليمية أكثر جودة في منطقة ما يمكن أن يعفي المدارس ذات الحجم الكبير عن طريق جذب عائلات الطبقة الوسطى إلى المدارس الضعيفة حالياً، وبالتالي الاستفادة من المنافع المحتملة للتكامل الاجتماعي الاقتصادي الذي يحدث بفضل ثنائية اللغة.

- في بعض الحالات، قد تقدم المنطقة التعليمية أو وزارة التعليم منحاً لتنظيم وتطوير البرامج ثنائية اللغة والتطوير المهني للمعلمين والموظفين التربويين.
- قد يأتي الدعم المالي واللوجستي الآخر من الشركاء أو الجمعيات التي لها اهتمام خاص باللغات التي يتم تدريسها أو السكان المعنيين، مثل السفارات أو القنصليات أو الشركات أو المؤسسات.
- عندما يتم منحك مقابلة مع أحد المديرين، ستحتاج إلى تقديم جميع بيانات المشروع بطريقة احترافية للغاية. اِشرح لهم أن مبادرتكم تركز على الفوائد التي ستجلبها على الأطفال والمجتمع، واحرص على إحضار المستندات التي تفصّل التركيبة السكانية للعائلات المستقبلية، حسب السنة والمنطقة. اشرح كيفية الحصول على منح من إدارة التعليم أو الشركاء الخارجيين. بعد الاجتماع مع مدير متحمس لمشروعك، قم بتقديم ممثلين آخرين مثل المعلمين، وأولياء الأمور وأعضاء المجتمع لتقديم الدعم، ثم انتقل إلى موظفي الحكومة والمسؤولين المنتخبين والجهات المانحة.

باتباع هذه الخطوات، ستتمكن من عمل ملف قوي لدعم مشروعك، وستكسب ثقة مجتمع من الآباء والمعلمين. معاً، يمكنكم الآن إعداد برنامجٍ ثنائي اللغة ناجح.

الخطوة الثالثة

بناء برنامج ثنائي اللغة ناجح من اليوم الأول

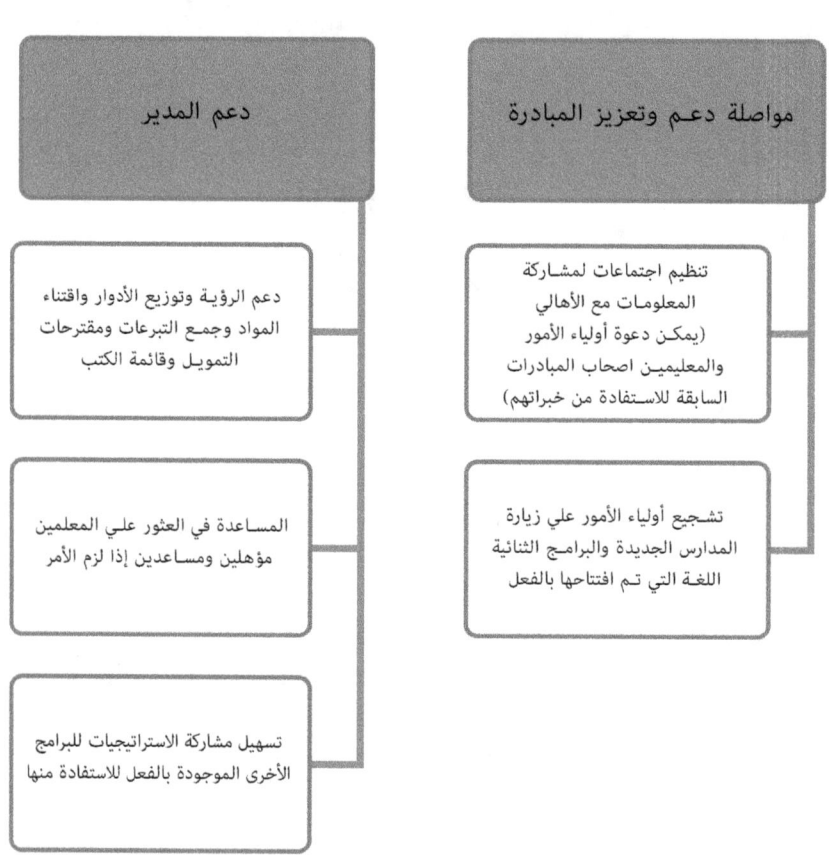

بمجرد إقناعك للمدير ومجموعتك، سيتعين عليك اللجوء إلى مهام أخرى لا تقل أهمية:

- أولاً وقبل كل شيء، ستحتاج إلى التأكد من أن لديك عدد كافي من العائلات المتحمسة وأنك ستضمن تسجيل أطفالها في هذا البرنامج.
- يعد تنظيم الزيارات المدرسية وتقديم العروض خلال المناسبات المدرسية فكرة جيدة لتوظيف المزيد من العائلات إذا توفرت المساحة.
- مواصلة تعزيز ودعم هذه المبادرة.
- تنظيم الاجتماعات باستمرار لإعلام الأهالي بآخر المستجدات.
- دعوة أولياء الأمور والمدرسين من البرامج ثنائية اللغة الأخرى لمشاركة تجاربهم.
- يمكنك مساعدة مدير المدرسة بطرق أخرى:
- الحصول مسبقاً على المواد التي سيحتاجها المعلمون خلال الأشهر الأولى لإطلاق هذا المشروع.
- مشاركة أفضل الممارسات للبرامج ثنائية اللغة الأخرى التي اكتشفتها من خلال زياراتك والتبادلات مع المدارس الأخرى.
- إبحث عن الكتب التي تتوافق مع البرنامج، وقم بإعداد قوائم الكتب التي يمكن أن تطلبها المدرسة أو غيرك من الآباء والمؤيدين لهذا البرنامج.
- مساعدة المدير في عملية التوظيف حيث أنه ليس من السهل دائمًا العثور على مدرسين ثنائيي اللغة مؤهلين أو مساعدين لهم.
- المساعدة في الترجمة أو الترجمة الفورية أثناء المقابلات، بالإضافة إلى إبداء رأيك في مستوى اللغة للمرشح.
- يمكن للجنة المسئولة عن جمع التبرعات الاهتمام بالعديد من المهام مثل:
  - تنظيم مناسبات والدعوة للتبرع من أجل المساعدة في إعداد الفصول والمكتبة والمدرسة ككل.

- توظيف أخصائي أو مستشار ثنائي اللغة يستطيع تدريب المعلمين والمساعدين وتطوير البرنامج والحصول على المواد التعليمية من الموردين المحليين أو الدوليين.
- المشاركة في كتابة طلبات المنح التي ستوفر مساعدة إضافية من المناطق التعليمية أو الولاية أو الوكالات الفيدرالية أو المؤسسات أو الحكومات الأجنبية.

الملحق الثاني

مصادر أخرى
thebilingualrevolution.info

- انضم إلى المجتمع وأحضر مساهماتك ودعمك.
- احصل على المزيد من مقاطع الفيديو والشهادات والمزيد من القراءة.
- اشترك في النشرة الإخبارية للثورة ثنائية اللغة.
- قم بتحميل الموارد مثل العروض التقديمية والكتيبات الجاهزة للاستخدام والقابلة للتخصيص.
- اِبحث عن البرامج ثنائية اللغة الحالية.
- حدد أولياء الأمور الآخرين من حولك وشكلوا مجموعة جديدة.
- اطلب الملصقات والمواد الترويجية.
- سجل للحصول على الندوات عبر الإنترنت.
- تواصل مع الخبراء.
- اِدعم وارعَ ترجمة هذا الكتاب.
- شراء الكتب بأسعار مخفضة للمعارض الخاصة بك، والمناسبات أو المؤتمرات.

المراجع والمصادر المذكورة في مقال التعليم ثنائي اللغة: دعوة للالتفات لأهمية دور الأهل والمجتمعات المحلية لأوفيليا جارسيا

Castellanos, D. L. (1983). *The Best of two worlds: Bilingual-bicultural education in the U.S.* Trenton, New Jersey: New Jersey State Dept. of Education.

Crawford, J. (2004). *Educating English learners: Language diversity in the classroom, Fifth Edition* (5th edition). Los Angeles, CA: Bilingual Education Services, Inc.

Crawford, J. (2004). *Educating English learners. Language diversity in the classroom, 5th ed. (formerly Bilingual education: History, politics, theory and practice).* Los Angeles, CA: Bilingual Educational Services.

Del Valle, S. (1998). Bilingual Education for Puerto Ricans in New York City: From Hope to Compromise. *Harvard Educational Review, 68* (2), 193–217.

Del Valle, S. (2003). *Language rights and the law in the United States.* Clevedon, UK: Multilingual Matters.

Epstein, N. (1977). *Language, Ethnicity and the Schools: Policy alternatives for bilingual-bicultural education.* Washington, D.C.: Institute for Educational Leadership.

Flores, N. (2016). A tale of two visions: Hegemonic whiteness and bilingual education. *Educational Policy, 30,* 13–38.

Flores, N. & García, O. (forthcoming). A critical review of bilingual education in the United States: From Basements and pride to boutiques and profit. *Annual Review of Applied Linguistics.*

García, O. (2011). *Bilingual education in the 21st century: A Global perspective.* Malden, MA: John Wiley & Sons.

García, O., & Fishman, J.A. (Eds.). (2001). *The Multilingual Apple. Languages in New York City* (2nd ed.). Berlin, Germany: Mouton de Gruyter.

García, O., & Li Wei. (2014). *Translanguaging: Language, bilingualism and education.* London, United Kingdom: Palgrave Macmillan Pivot.

Lindholm-Leary, K. J. (2001). *Dual-language education.* Clevedon, UK: Multilingual Matters.

Menken, K., & Solorza, C. (2014). No Child Left Bilingual Accountability and the Elimination of Bilingual Education Programs in New York City Schools. *Educational Policy, 28*(1), 96–125.

Otheguy, R., García, O., & Reid, W. (2015). Clarifying translanguaging and deconstructing named languages: A perspective from linguistics. *Applied*

Linguistics Review, 6 (3), 281–307. http://doi.org/10.1515/applirev-2015-0014

Valdés, G. (1997). Dual-language immersion programs: A cautionary note concerning the education of language-minority students. Harvard Educational Review, 67, 391-429.

المراجع والمصادر المذكورة في كتاب التعليم ثنائي اللغة: مستقبل التعليم بلغتين فابريس چومون

American Council on the Teaching of Foreign Languages

What the Research Shows. Studies supporting language acquisition. Retrieved on July 11, 2017.

American Civil Liberties Union (ACLU). ACLU Backgrounder on English Only Policies in Congress. Retrieved on August 21, 2017.

Ansaldo, A.I., & Ghazi Saidi, L. (2014) Aphasia therapy in the age of globalization: Cross-linguistic therapy effects in bilingual aphasia. *Behavioural Neurology.* Volume 2014 (March)

Ansaldo, A.I. Ghazi-Saidi, L & Adrover-Roig, D. (2015) Interference Control in Elderly Bilinguals: Appearances can be misleading. *Journal of Clinical and Experimental Neuropsychology.* Volume 37, issue 5. February 2015. (pp. 455-470)

Ascenzi-Moreno, L. and Flores, N. A case study of bilingual policy and practices at the Cypress Hills Community School. In O. Garcia, B. Otcu & Z.

Zakharia (Eds.), *Bilingual Community Education and Multilingualism: Beyond Heritage Languages in a Global City* (pp. 219-231). Bristol, UK: Multilingual Matters.

Aspira v. Board of Education of City of New York. 394 F. Supp. 1161 (1975).

August, D. and Hakuta, K. (Eds,) (1997) *Improving Schooling for Language-Minority Children.* Washington, DC: National Academy Press.

Ball, J. (2010, February). *Educational equity for children from diverse language backgrounds: Mother tongue-based bilingual or multilingual education in the early years.* Presentation to UNESCO International Symposium: Translation and Cultural Mediation, Paris, France.

Baker, C. (2014). *A parents' and teachers' guide to bilingualism.* Bristol, U.K. Multilingual Matters.

Baker, C. (2001). *Foundations of bilingual education and bilingualism* (3rd ed.). Clevedon, UK: Multilingual Matters.

Barac, R., Bialystok, E., Castro, D. C., & Sanchez, M. (2014). The cognitive development of young dual-language learners: A critical review. *Early Childhood Research Quarterly, 29*(4), 699–714.

Barrière, I., & Monéreau-Merry, M.M. (2012). Trilingualism of the Haitian Diaspora in NYC: Current and Future Challenges. In O. Garcia, B. Otcu & Z. Zakharia (Eds.), Bilingual Community Education and Multilingualism: Beyond Heritage Languages in a Global City (pp. 247-258). Bristol, UK: Multilingual Matters.

Barrière, I. (2010). The vitality of Yiddish among Hasidic infants and toddlers in a low SES preschool in Brooklyn. In W. Moskovich (Ed.), Yiddish - A Jewish National Language at 100 (pp. 170 – 196). Jerusalem-Kyiv: Hebrew University of Jerusalem.

Brisk, M., & Proctor, P. (2012). *Challenges and supports for English language learners in bilingual programs.* Paper presented at the Understanding Language Conference, Stanford University, Stanford, CA.

Brisk, M. E. (1998) *Bilingual Education: From Compensatory to Quality Schooling.* Mahwah, NJ: Lawrence Erlbaum Associates.

Calderón, M. E., & Minaya-Rowe, L. (2003). *Designing and implementing two-way bilingual programs.* Thousand Oaks, CA: Corwin Press.

Canadian Parents for French. (2012). *The State of French-Second-Language Education in Canada 2012: Academically Challenged Students and FSL Programs.*

Cameau, L., Genesee, F., and Lapaquette, L. (2003). The modelling hypothesis and child bilingual code-mixing. *International Journal of Bilingualism,* 7.2:113-128

Castellón, M., Cheuk, T., Greene, R., Mercado-Garcia, D., Santos, M., Skarin, R. & Zerkel, L. (2015). *Schools to Learn from: How Six High Schools Graduate English Language Learners College and Career Ready.* Prepared for Carnegie Corporation of New York. Stanford Graduate School of Education. *Castaneda v. Pickard.* 648 F.2d 989 (1981).

Center for Applied Linguistics. Two-Way Immersion Outreach Project.

Center for Applied Linguistics. Databases and directories.

Christian, D. (1996). Two-way immersion education: Students learning through two languages. *The Modern Language Journal, 80*(1), 66–76.

Christian, D. (2011). Dual-language education. In E. Hinkel (Ed.), *Handbook of research in second language teaching and learning, volume II* (pp. 3–20). New York, NY: Routledge.

Cloud, N., Genesee, F., & Hamayan, E. (2000). *Dual-Language Instruction: A Handbook for Enriched Education.* Boston, MA: Heinle & Heinle, Thomson Learning, Inc.

Combs, M., Evans, C., Fletcher, T., Parra, E., & Jiménez, A. (2005). Bilingualism for the children: Implementing a dual-language program in an English-only state. *Educational Policy, 19*(5), 701–728.

Crawford, J. (2004). *Educating English learners. Language diversity in the classroom* (Fifth Ed.). Los Angeles, CA: Bilingual Educational Services, Inc.

Crawford, J. (1999). *Bilingual Education: History, Politics, Theory and Practice.* Trenton, NJ: Crane Publishing Company.

Cummins, J., & Swain, M. (1986). *Bilingualism in education: Aspects of theory, research and practice.* London: Longman

De Jesús, A. & Pérez, M. (2009). From Community Control to Consent Decree: Puerto Ricans organizing for education and language rights in 1960s and 1970s New York City. *CENTRO Journal* 7 Volume xx1 Number 2 fall 2009

de Jong, E. (2004). L2 proficiency development in a two-way and a developmental bilingual program. *NABE Journal of Research and Practice,* 2(1), 77–108.

de Jong, E. J. (2014). Program design and two-way immersion programs. *Journal of Immersion and Content-Based Language Education, 2* (2), 241–256.

de Jong, E. J., & Bearse, C. I. (2014). Dual-language programs as a strand within a secondary school: Dilemmas of school organization and the TWI mission. *International Journal of Bilingual Education and Bilingualism, 17*(1), 15–31.

de Jong, E. J., & Howard, E. (2009). Integration in two-way immersion education: Equalising linguistic benefits for all students. *International Journal of Bilingual Education and Bilingualism, 12*(1), 81–99.

Dorner, L. (2010). Contested communities in a debate over dual-language education: The import of "public" values on public policies. *Educational Policy, 25* (4), 577–613.

Elliott, A. Muslim educator's dream branded a threat in the U.S. *New York Times.* April 28, 2008.

Espinosa, L. (2013). *Early education for dual-language learners: Promoting school readiness and early school success.* Washington, DC: Migration Policy Institute.

Faruque, Cathleen Jo. *Migration of the Hmong to the Midwestern United States.* Lanham, NY: University Press of America, Inc., 2002.

Fishman. J. (editor). (1999). *Handbook of language and ethnic identity.* Oxford, U.K.: Oxford University Press.

Fishman, J. (1976). *Bilingual education: An international sociological perspective.* Rowley, MA: Newbury House.

Flores v. Arizona. 160 F. Supp. 2d 1043 (D. Ariz. 2000).

Flores, N., & Rosa, J. (2015). Undoing appropriateness: Raciolinguistic ideologies and language diversity in education. *Harvard Educational Review,* 85, 149–171.

Flores, N., & Baetens Beardsmore, H. (2015). Programs and structures in bilingual and multilingual education. In W. Wright, S. Boun, & O.García (Eds.), *Handbook of bilingual and multilingual education* (pp. 205–222). Oxford, UK: Wiley-Blackwell.

Flores, N. (2014). Creating republican machines: Language governmentality in the United States. *Linguistics and Education,* 25 (1), 1–11.

Flores, N. (2013). Silencing the subaltern: Nation-state/colonial governmentality and bilingual education in the United States. *Critical Inquiry in Language Studies,* 10 (4), 263–287.

Fortune. T.& Tedick, D. (Eds.). (2008) *Pathways to multilingualism: Evolving perspectives on immersion education.* Clevedon, England: Multilingual Matters.

Freeman, R. D. (1998). *Bilingual education and social change.* Clevedon, UK: Multilingual Matters.

Galush, William J. (2006). *For More Than Bread: Community and Identity in American Polonia, 1880–1940.* East European Monographs. New York: Columbia University Press

Garcia, E. E. (2005). *Teaching and learning in two languages: bilingualism & schooling in the United States* (Multicultural Education)

García, O. (2009). *Bilingual education in the 21st century: A global perspective.* Oxford, UK: Wiley-Blackwell.

Garcia, O., and Kleifgen, J.A. (2010) *Educating Emergent Bilinguals: Policies, Programs, and Practices for English Language Learners.* New York: Teachers College Press.

García O., Zakharia Z., and Otcu, B., (editors). (2002). *Bilingual community education and multilingualism. beyond heritage languages in a global city*, (Bristol, U.K.: Multilingual Matters)

García, O., Johnson, S.I., Seltzer, K (2016). *The translanguaging classroom: leveraging student bilingualism for learning.* Philadelphia, Pennsylvania: Caslon.

Genesee, F., Lindholm-Leary, K., Saunders, W., & Christian, D. (Eds.) (2006). Educating English language learners: A synthesis of research evidence. New York: Cambridge University Press.

Ghazi Saidi L., Perlbarg V., Marrelec G., Pélégrini-Issac M., Benali H. & Ansaldo Al. (2013) Functional connectivity changes in second language vocabulary learning. Brain Language, Jan; 124 (1):56-65.

Ghazi-Saidi, L. & Ansaldo, A. I. (2015) Can a Second Language Help You in More Ways Than One? Commentary article. AIMS Neuroscience, 2(1):52-5

Ghazi Saidi, L., Dash, T. & Ansaldo, A. I. (In Press), How Native-Like Can You Possibly Get: fMRI Evidence in a pair of Linguistically close Languages, Special Issue: Language beyond words: the neuroscience of accent, Frontiers in Neuroscience, 9.

Goldenberg, C. (2006). Improving Achievement for English Learners: Conclusions from Two Research Reviews. *Education Week. July 25, 2006.*

Goleman, D. (2011). *The Brain and Emotional Intelligence: New Insights.* Florence, MA. More than Sound.

Gómez, D. S. (2013). *Bridging the opportunity gap through dual-language education.* Unpublished manuscript, California State University, Stanislaus.

Gómez, L., Freeman, D., & Freeman, Y. (2005). Dual-language education: A promising 50-50 model. *Bilingual Research Journal, 29*(1), 145–164.

Gongolski, C. & Cesarczyk, M. Two languages, one home. *Greenpoint News.* September 16, 2015.

Greene, J. (1998) A Meta-Analysis of the Effectiveness of Bilingual Education.

Grosjean, F. (2010) *Bilingual: Life and reality.* Cambridge, MA. Harvard University Press.

Grosjean, F. (1982). *Life with two languages: An introduction to bilingualism.* Cambridge, MA. Harvard University Press.

Hakuta, K. (1986). Mirror of language: The debate on bilingualism. NY: Basic Books.

Harris, E. "New York City Education Department to Add or Expand 40 Dual-Language Programs." *New York Times.* January 14, 2015.

Hélot, C. & Erfurt, E. (2016) *L'éducation bilingue en France: politiques linguistiques, modèles et pratiques.* Rennes, Presses Universitaires de Rennes.

Howard, E. R., & Christian, D. (2002). *Two-way immersion 101: Designing and implementing a two-way immersion education program at the elementary level.* Santa Cruz, CA: Center for Research on Education, Diversity, and Excellence, University of California-Santa Cruz.

Howard, E. R., Sugarman, J., Christian, D., Lindholm-Leary, K., & Rogers, D. (2007). *Guiding Principles for Dual-Language Education.* Second Edition Center for Applied Linguistics.

Howard, E., Sugarman, J., & Coburn, C. (2006). *Adapting the Sheltered Instruction Observation Protocol (SIOP) for two-way immersion education: An introduction to the TWIOP.* Washington DC: Center for Applied Linguistics.

Jaumont, F.; Ross, J.; Schulz, J.; Ducrey, L.; Dunn, J. (2017) "Sustainability of French Heritage Language Education in the United States" in Peter P. Trifonas and Thermistoklis Aravossitas (editors) *International Handbook on Research and Practice in Heritage Language Education.* New York, NY: Springer.

Jaumont, F., Le Devedec, B. & Ross J. (2016). "Institutionalization of French Heritage Language Education in U.S. School Systems: The French Heritage

Language Program" in Olga Kagan, Maria Carreira, Claire Chik (editors). *Handbook on Heritage Language Education: From Innovation to Program Building.* Oxford, U.K.: Routledge.

Jaumont, F., Cogard, K. (2016). *Trends and Supports on French Immersion and Bilingual Education in 2015.* A Report of the Cultural Services of the French Embassy to the United States.

Jaumont, F. Life as Bilingual: A Conversation with Francois Grosjean. (2015).

Jaumont, F. & Ross, J. (2014). "French Heritage Language Communities in the United States" in Terrence Wiley, Joy Peyton, Donna Christian, Sarah Catherine Moore, Na Liu. (editors). *Handbook of Heritage and Community Languages in the United States: Research, Educational Practice, and Policy.* Oxford, U.K.: Routledge

Jaumont, F. & Ross, J. (2012). Building Bilingual Communities: New York's French Bilingual Revolution" in Ofelia García, Zeena Zakharia, and Bahar Otcu, (editors). *Bilingual Community Education and Multilingualism. Beyond Heritage Languages in a Global City* (pp.232-246). Bristol, U.K.: Multilingual Matters.

Jaumont, F. & Ross, J. (2013). French Heritage Language Vitality in the United States." *Heritage Language Journal.* Volume 9. Number 3.

Jaumont, F. (2012). The French Bilingual Revolution. *Language Magazine.* The Journal of Communication & Education. June 1st 2012.

Joint National Committee for Languages - National Council for Languages and International Studies.

Kagan, O., Carreira, M., Chik, C. (editors). (2016). *Handbook on Heritage Language Education: From Innovation to Program Building.* (Oxford, U.K.: Routledge, in press).

Kay, K. (2010). 21st century skills: Why they matter, what they are, and how we get there. In J. Bellanca & R. Brandt (Eds.), *21st century skills: Rethinking how students learn* (pp. xiii– xxxi). Bloomington, IN: Solution Tree Press.

Kayyali, R. The people perceived as a threat to security: Arab Americans since September 11. *Migration Policy.* July 1, 2006.

Kelleher, A. (2010). Who is a heritage language learner? *Heritage Briefs.* Washington, DC: Center for Applied Linguistics.

Keyes v. School Dist. No. 1, Denver, Colorado. 413 U.S. 189 (1973)

Kleyn, T., & Vayshenker, B. Russian Bilingual Education across Public, Private and Community Spheres. In O. Garcia, B. Otcu & Z. Zakharia (Eds.), Bilingual Community Education and Multilingualism: Beyond Heritage Languages in a Global City (pp. 259-271). Bristol, UK: Multilingual Matters.

Kleyn, T., & Reyes, S. (2011). Nobody said it would be easy: Ethnolinguistic group challenges to bilingual and multicultural education in New York City. *International Journal of Bilingual Education and Bilingualism,* 14 (2), 207-224

Kleyn, T. (2008). Speaking in colors: A window into uncomfortable conversations about race and ethnicity in U.S. bilingual classrooms. GiST: The Colombian Journal of Bilingual Education, 2: 13-23.

Lau v. Nichols, 414 U.S. 563 (1974).

Lauchlan, F; Parisi, M.; Fadda, R. (2013). Bilingualism in Sardinia and Scotland: Exploring the cognitive benefits of speaking a 'minority' language International *Journal of Bilingualism* February 2013 17: 43-56, first published on April 16, 2012

Leikin, M. (2012) The effect of bilingualism on creativity: Developmental and educational perspectives. *International Journal of Bilingualism* August 2013 17: 431-447, first published on March 28, 2012

Liebtag, E., & Haugen, C. (2015, April 29). *Shortage of dual-language teachers: Filling the gap.*

Lindholm-Leary, K.J. (1990). Bilingual Immersion Education: Criteria for Program Development. Bilingual Education: Issues and Strategies, Padilla, A.M, Fairchild, H.H, & Valadez, C.M. (Eds.).

Lindholm-Leary, K. J. (2001). Dual-language education. Clevedon, UK: Multilingual Matters.

Lindholm-Leary, K.J. (2000). Biliteracy for a Global Society: An Idea Book on Dual-Language Education. Washington, DC: The George Washington University.

Lindholm-Leary, K. J. (2003). Dual-language achievement, proficiency, and attitudes among current high school graduates of two-way programs. *NABE Journal, 26,* 20–25.

Lindholm-Leary, K. (2012). Success and challenges in dual-language education. *Theory Into Practice, Special Issue: Rethinking Language Teaching and Learning in Multilingual Classrooms, 51* (4), 256–262.

Lindholm-Leary, K., & Genesee, F. (2014). Student outcomes in one-way, two-way, and indigenous language immersion education. *Journal of Immersion and Content-Based Language Education, 2* (2), 165–180.

Lopez Estrada, V., Gómez, L., & Ruiz-Escalante, J. (2009). Let's make dual-language the norm. *Educational Leadership, 66* (7), 54–58.

McKay Wilson, D. (2011). Dual-language programs on the rise. "Enrichment" model puts content learning front and center for ELL students. *Harvard Education Letter.* Volume 27, Number 2 March/April 2011

Marian, V., Shook, A., & Schroeder, S. R. (2013). Bilingual two-way immersion programs benefit academic achievement. *Bilingual Research Journal, 36,* 167–186.

McCabe, A., et al. (2013). Multilingual children: Beyond myths and toward best practices. *Social Policy Report, 27* (4).

Menken, K., & Garcia, O. (Eds.). (2010). *Negotiating language policies in schools: Educators as policymakers.* New York, NY: Routledge.

Menken, K., & Solorza, C. (2014). No child left bilingual: Accountability and the elimination of bilingual education programs in New York City schools. *Educational Policy, 28*(1), 96– 125.

Meyer v. Nebraska. 262 U.S. 390 (1923).

Millard, M. (2015). *State funding mechanisms for English language learners.* Denver, CO: Education Commission of the States.

Mitchell, C. (2015, June 10). New York expanding dual-language to help its English learners. *Education Week, 34*(34), 7.

Montague, N. S. (2005). Essential beginnings for dual-language programs. *The TABE Journal, 8,* 18–25.

Montone, C. L., & Loeb, M. I. (2000). *Implementing two-way immersion programs in secondary schools.* Santa Cruz, CA: Center for Research on Education, Diversity & Excellence.

National Commission on Terrorist Attack upon the United States. July 22, 2004. Government Printing Office.

National Standards Collaborative Board. (2015). *World-Readiness Standards for Learning Languages* (4th ed.). Alexandria, VA: Author.

National Standards in Foreign Language Education Project. (2006). *Standards for foreign language learning in the 21st century.* Lawrence, KS: Allen Press, Inc.

Nevel, D. The Slow Death of Khalil Gibran International Academy. *Chalkbeat.* April 20, 2011.

New Visions for Public Schools. Center for School Success. (2001). Best Practices Series. Dual-Language Instruction.

New York City Department of Education (2015). Chancellor Fariña names 15 schools Model Dual-Language Programs. Press Release. December 03, 2015.

New York City Department of Education, Office of School Quality, Division of Teaching and Learning. (2015). Quality review report – High School for Dual Language and Asian Studies.

New York State Department of Education. (2014). Part 154 services for pupils with limited English proficiency. Subpart 154-1services for pupils with limited English proficiency for programs operated prior to the 2015-2016 school year.

Nicoladis, E, and Genesee, F. (1998). Parental discourse and code-mixing in bilingual children. *International Journal of Bilingualism* 2.1:422 -432.

Ó'Murchú, H. (2001) *The Irish language in education in the Republic of Ireland.* European Research Centre on Multilingualism and Language Learning.

Otcu, B. (2010). *Language Maintenance and cultural identity formation.* Saarbrucken: VDM Verlag Dr. Muller.

Otcu, B. (2010). Heritage language maintenance and cultural identity formation: The case of a Turkish Saturday school in New York City. *Heritage Language Journal,* 7 (2) Fall, 2010.

Paciotto, C., & Delany-Barmann, G. (2011). Planning micro-level language education reform in new diaspora sites: Two-way immersion education in the rural Midwest. *Language Policy, 10*(3), 221–243.

Palmer, D. (2007). A dual immersion strand programme in California: Carrying out the promise of dual-language education in an English-dominant context. *International Journal of Bilingual Education and Bilingualism, 10*(6), 752–768.

Palmer, D. (2010). Race, power, and equity in a multiethnic urban elementary school with a dual-language "strand" program. *Anthropology & Education Quarterly, 41*(1), 94–114.

Parkes, J., & Ruth, T. (with Angberg-Espinoza, A., & de Jong, E.). (2009). *Urgent research questions and issues in dual-language education.* Albuquerque, NM: Dual-Language Education of New Mexico.

Parkes, J., & Ruth, T. (2011). How satisfied are parents of students in dual-language education programs? 'Me parece maravillosa la gran oportunidad que le están dando a estos niños.' *International Journal of Bilingual Education and Bilingualism, 14*(6), 701–718.

Phillips, J. K., & Abbott, M. (2011). *A decade of foreign language standards: Impact, influence, and future directions.* Alexandria, VA: American Council on the Teaching of Foreign Languages.

Porras, D. A., Ee, J., & Gandara, P. C. (2014). Employer preferences: Do bilingual applicants and employees experience an advantage? In R. M.

Callahan & P. C. Gándara (Eds.), *The bilingual advantage: Language, literacy, and the labor market* (pp. 234–257). Clevedon, UK: Multilingual Matters.

Porter, R. P. *Forked Tongue: The Politics of Bilingual Education.* New Brunswick, NJ: Transaction Publishers, 1996.

Ramirez, J. D., Yuen, S. D., Ramey, D. R., & Pasta, D. J. (1991). *Executive Summary. Final Report: Longitudinal Study of Structured English Immersion Strategy, Early-Exit and Late-Exit Transitional Bilingual Education Programs for Language Minority Children.* San Mateo, CA: Aguirre International.

Reyes, L. The *Aspira Consent Decree. A Thirtieth-Anniversary Retrosp*ective of Bilingual Education in New York City. Harvard Educational Review Fall 2006 Issue

Rhodes, N. C., & Pufahl, I. (2010). *Foreign language teaching in US Schools: Results of a national survey.* Washington, DC: Center for Applied Linguistics.

Ricciardelli, L. A. (1992), Creativity and Bilingualism. The Journal of Creative Behavior, 26: 242–254

Robinson, K. (2015). Creative schools: The grassroots revolution that's transforming education. New York, NY: Viking.

Rosenback, R. (2014). Bringing Up a Bilingual Child. Croydon, U.K. Filament Publishing.

Rossell, C. H. and K. Baker. "The Educational Effectiveness of Bilingual Education." *Research in the Teaching of English* 30, no. 1 (February 1996): 7-74.

Sandhofer, C., & Uchikoshi, Y. (2013). Cognitive consequences of dual-language learning: Cognitive function, language and literacy, science and mathematics, and social-emotional development. In F. Ong & J. McLean (Eds.), *California's best practices for young dual-language learners: Research overview papers* (pp. 51–89). Sacramento, CA: California Department of Education.

Sandy-Sanchez, D. (2008). Secondary dual-language guiding principles: A review of the process. *Soleado,* 8.

Santos, M., Darling-Hammond, L., & Cheuk, T. (2012). *Teacher development appropriate to support ELLs.* Stanford, CA: Understanding Language.

Saunders, W., & O'Brien, G. (2006). Oral language. In F. Genesee, K. Lindholm-Leary, W. Saunders, & D. Christian (Eds.), *Educating English language learners: A synthesis of research evidence* (pp. 14–63). New York, NY: Cambridge University Press.

Scanlan, M., & Palmer, D. (2009). Race, power, and (in) equity within two-way immersion settings. *The Urban Review, 41* (5), 391–415.

Semple, K. A Big Advocate of French in New York's Schools: France. *New York Times.* January 30, 2014.

Serna v. Portales Municipal Schools. 351 F. Supp. 1279 (1972)

Silberstein, R. New York's first Italian dual-language preschool coming to Bensonhurst. January 30, 2015. *Bensonhurst Bean.*

Soltero, S. W. (2016). *Dual-language education: Program design and implementation.* Portsmouth, NH: Heinemann.

Stein-Smith, K. (2016). The U.S. Foreign Language Deficit. Strategies for Maintaining a Competitive Edge in a Globalized World. New York, NY: Palgrave-Macmillan.

Stein-Smith, K. (2013). The U.S. Foreign Language Deficit and Our Economic and National Security: A Bibliographic Essay on the U.S. Language Paradox. Edwin Mellen Press, NY.

Tedick, D. J., & Bjorklund, S. (Eds.). (2014). Language immersion education: A research agenda for 2015 and beyond. *Journal of Immersion and Content-Based Language Education, 2,* 2.

The National Center for Research on Cultural Diversity and Second Language Learning (1996). *Learning Together: Two-Way Bilingual Immersion Programs.* Video. Produced by Jon Silver.

Thomas, W. P., & Collier, V. P. The Astounding Effectiveness of Dual-Language Education for All. *NABE Journal of Research and Practice,* 2:1. Winter 2004.

Thomas, W. P., & Collier, V. P. (1997/1998). Two languages are better than one. Educational Leadership, 55 (4), 23–26.

Thomas, W. P., & Collier, V. P. (1999). Accelerated schooling for English-language learners. Educational Leadership, 56 (7), 46–49.

Thomas, W. P., & Collier, V. P. (2002). A national study of school effectiveness for language minority students' long-term academic achievement. Santa Cruz,

CA: Center for Research on Education, Diversity, and Excellence, University of California-Santa Cruz.

Thomas, W. P., & Collier, V. P. (1998). *Language Minority Student Achievement and Program Effectiveness: Research Summary of Ongoing Study*. George Mason University.

Tochon, F. V. (2009). The key to global understanding: World Languages Education—Why schools need to adapt. *Review of Educational Research, 79* (2), 650–681.

Torres-Guzmán, M., Kleyn, T., Morales-Rodríguez, S., & Han, A. (2005). Self-designated dual-language programs: Is there a gap between labeling and implementation? *Bilingual Research Journal, 29* (2), 453–474.

U.S. Department of Education, Office of English Language Acquisition (2015). Dual-Language Education Programs: Current State Policies and Practices, Washington, D.C.

U.S. Department of Education, Office for Civil Rights, and U.S. Department of Justice, Civil Rights Division. (2015). *Dear colleague letter, English learner students and limited English proficient parents*. Washington, DC: Author.

U.S. News Report High School Rankings: High School for Dual Language and Asian Studies.

Utah Senate (2008). International Education Initiatives – Critical Languages (Senate Bill 41)

Wall, P. City to add dozens of dual-language programs as they grow in popularity. *Chalkbeat.* April 4, 2016.

Warhol, L., & Mayer, A. (2012). Misinterpreting school reform: The dissolution of a dual-immersion bilingual program in an urban New England elementary school. *Bilingual Research Journal, 35*(2), 145–163.

Wiley, T., Peyton, J., Christian, D., Moore, S.C., Liu. N. (editors). (2014). Handbook of Heritage and Community Languages in the United States: Research, Educational Practice, and Policy. (Oxford, U.K.: Routledge).

Willig, A. (1985). A meta-analysis of selected studies on the effectiveness of bilingual education. Review of Educational Research, 55, 269-317.

Wright, W. (2015). *Foundations for Teaching English Language Learners: Research, Theory, Policy, and Practice.* Philadelphia, PA: Caslon.

Yang Su, E. (2012). *Dual-language lessons growing in popularity.* Emeryville, CA: California Watch.

Zakharia, Z. (2016) Language, conflict, and migration: Situating Arabic bilingual community education in the United States. *International Journal of the Sociology of Language.* 2016; 237: 139–160.

Zakharia, Z. & Menchaca Bishop, L. (2013). Towards positive peace through bilingual community education: Language efforts of Arabic-speaking communities in New York. In Ofelia García, Zeena Zakharia & Bahar Otcu (eds.), *Bilingual community education and multilingualism: Beyond heritage languages in a global city,* 169–189. Bristol: Multilingual Matters.

Zanoni, C. Principal Miriam Pedraja teaches Uptown children two languages at a time. *DNAInfo.* April 16, 2012.

Zeigler, K & Camarota, S. One in Five U.S. Residents Speaks Foreign Language at Home. October 2015. Center for Immigration Studies.

Zimmer, A. How Schools' French Dual-Language Programs Are Changing NYC Neighborhoods. *DNAInfo.* May 26, 2015.

عن المؤلف

إن فابريس چومون الملقب بـ "عرّاب برامج الدمج اللغوي" من قبل صحيفة نيويورك تايمز في عام 2014، لديه أكثر من 25 عاماً من الخبرة في مجال التعليم الدولي، وفي تطوير برامج متعددة اللغات. وقد وضع خبرته مباشرة في خدمة المجتمعات الفرنسية والإيطالية واليابانية والألمانية والروسية في الولايات المتحدة من خلال مساعدتهم على تطوير برامج ثنائية اللغة ذات جودة عالية في المدارس الحكومية المحلية.

فابريس چومون هو أيضاً مؤلف كتاب *((الشركاء غير المتكافئين: المؤسسات الأمريكية وتنمية التعليم العالي في أفريقيا))*، والذي يسلط الضوء على دور العمل الخيري في التعليم، وخاصة تأثير المنظمات الأمريكية على الجامعات في العالم النامي.

فابريس چومون حاصل على درجة الدكتوراه في التعليم الدولي من جامعة نيويورك، يركز بحثه على تقاطع التعليم المقارن والدولي، والعمل الخيري، والدبلوماسية الثقافية، والتنمية الدولية. يعمل فابريس كمسؤول برامج في مؤسسة وكملحق تعليمي لسفارة فرنسا في الولايات المتحدة.

موقع فابريس چومون على الإنترنت: fabricejaumont.net

عن المترجمة

مريم عبد القادر مصطفى:

مصرية أمريكية.

ولدت في مصر وأكملت دراستها في الولايات المتحدة الأمريكية.

تخرجت من جامعة فوردهام، حيث درست الإعلام والدراسات الفرنسية بدرجة امتياز مع مرتبة الشرف.

يعد كتاب "الثورة الثنائية اللغة: مستقبل التعليم يكتب بلغتين" هو أول أعمالها في مجال الترجمة.

مجد ساره؛ طالبة دكتوراه في جامعة تكساس في الباسو، ومُدرّسة في معهد اللغات في كلية الاتصالات والفنون.
حاصلة على شهادة الماجستير في علم اللُغويات، والآن تختص في التعليم وأيديولوجية اللغة والهوية الثقافية.

الأعمال القادمة

- الثورة ثنائية اللغة مستقبل التعليم يُكتب بلغتين - فابريس چومون.

- 双语革命 双语革命：两种语言铸就教育的未来 by Fabrice Jaumont

- Rewolucja Dwujęzyczna: Przyszłość edukacji jest w dwóch językach by Fabrice Jaumont

- バイリンガル革命の日本語訳出版の支援をお願いします by ファブリース＝ジュモン氏は、

- La Rivoluzione Bilingue by Fabrice Jaumont

فهرس المصطلحات

إدارة التعليم 40, 45, 64, 99, 119, 144, 151, 166, 170, 195, 217, 222

أريزونا 45, 196

أفريقيا 17, 105, 112, 254

أكاديمية خليل جبران الدولية 115, 117

الإسبانية 27, 40, 46, 51, 97, 108, 110, 127, 136, 138, 140, 141, 142, 143, 144, 145, 159, 192, 194

الاستخدام الذكي للغات 186

الأقلية 196

الألمانية 26, 27, 28, 81, 82, 83, 84, 85, 86, 87, 88, 89, 90, 192, 199

الأنجلوفون 31

الإنجليزية 7, 17, 25, 26, 27, 28, 29, 30, 31, 32, 37, 39, 40, 45, 48, 49, 52, 57, 59, 60, 62, 65, 70, 71, 73, 74, 76, 84, 86, 94, 95, 96, 98, 103, 105, 106, 109, 112, 115, 119, 120, 123, 128, 129, 131, 132, 136, 137, 138, 140, 141, 142, 143, 147, 148, 151, 152, 153,154, 161, 162, 163, 166, 169, 175, 176, 177, 182, 185, 186, 187, 191, 192, 193, 194, 195, 196, 197, 199, 200, 204, 207, 215, 216, 217

الإيطالية..................67, 69, 70, 71, 72, 73, 74, 75, 76, 77, 78, 79, 93, 192, 203

البكالوريا الدولية 108, 200

البنغالية 192

البولندية 126, 127, 128, 129, 130, 131, 132, 133, 134

البولنديين	28، 126، 127، 128، 130، 133
التعليم الابتدائي والثانوي	29
التفكير	15، 77، 85، 180، 181، 200
الروسية	92، 93، 94، 95، 96، 97، 98، 99، 100، 122، 192
الشبكة الدولية للمدارس العامة	112
الصينية	60، 97، 122، 147، 149، 151، 152، 153، 192، 199
العبرية	97
العربية	4، 19، 26، 33، 115، 116، 117، 118، 119، 120، 121، 122، 123، 124، 161، 192، 197
العقل	15، 39، 77
الغيلية	45
الفرنسية	7، 12، 15، 16، 17، 20، 21، 28، 29، 46، 50، 51، 52، 57، 85، 102، 103، 104، 105، 106، 107، 108، 109، 110، 111، 112، 158، 165، 177، 186، 192، 200، 254، 255
الكاريبي	105، 108
الكانتونية	192
الكريول	192
الكورية	192
اللغة الأم	30، 40، 45، 49، 93، 136، 153، 162، 163، 187، 191، 193
الماندرين	148، 153، 185
ألمانيا	28، 81، 89
المحكمة العليا	28، 195
المدارس العامة	11، 12، 15، 21، 27، 30، 36، 40، 42، 47، 57، 62، 63، 67، 71، 74، 83، 88، 104، 108، 112، 113، 121، 132، 140، 141، 194، 217
المدرسة الثانوية للغة المزدوجة والدراسات الآسيوية	147، 148، 149، 150، 151، 152، 153، 155
الهوية	16، 18، 49، 131، 164، 178

الولايات المتحدة الأمريكية .... 11، 13، 61، 191، 198، 255
اليابان .... 57، 59، 60، 61، 62
اليابانية .... 21، 57، 59، 60، 61، 62، 64، 65، 66، 158، 159، 160، 192
اليمن 120
أوروبا .... 105، 108، 194، 196
إينوود 142
بارك سلوب .... 81، 108
بالعولمة 18
باي ريدج 70
برامج الدمج 254
بروكلين 21، 39، 57، 61، 65، 66، 70، 72، 73، 74، 75، 78، 81، 82، 84، 86، 87، 89، 92، 96، 97، 99، 102، 105، 106، 108، 115، 120، 126، 127، 141، 143، 158، 200
بنسلفانيا 26
بوسطن .... 20، 115، 118
بينسونهورست .... 70، 74، 78
تكساس 256
ثنائية اللغة .... 5، 11، 12، 13، 14، 15، 16، 17، 18، 19، 21، 22، 25، 26، 27، 29،
30، 31، 32، 33، 36، 37، 38، 39، 40، 41، 42، 44، 45، 46، 47، 48، 49،
50، 51، 52، 53، 55، 57، 58، 59، 60، 61، 62، 63، 65، 67، 69، 70، 71،
72، 73، 75، 77، 78، 79، 85، 87، 89، 90، 92، 95، 96، 97، 98، 100، 102،
103، 104، 105، 106، 108، 109، 110، 111، 112، 113، 115، 117، 119،
120، 122، 123، 124، 127، 128، 129، 131، 132، 133، 134، 136، 137،
138، 139، 140، 141، 143، 144، 145، 147، 149، 151، 152، 155، 157،
160، 163، 164، 165، 166، 167، 168، 170، 173، 175، 176، 177، 178،
179، 180، 181، 182، 183، 184، 186، 187، 188، 189، 191، 192، 193،
196، 197، 198، 199، 200، 201، 203، 204، 205، 206، 207، 212، 215،
218، 220، 221، 222، 225، 228، 254، 257
جامعة سيتي 92
جامعة كولومبيا 140
جامعة هانتر كوليدج 110
جرين بوينت .... 106، 126، 127، 128، 130، 134
جلندال 59

رامج الدمج	38
سوريا	120
سينسيناتي	27
غايلتاشت	45
فرنسا	7, 11, 12, 15, 16, 20, 45, 106, 107, 111, 254
قانون التعليم ثنائي اللغة	30, 45
كارول جاردنز	102
كاليفورنيا	16, 27, 31, 59, 60, 112, 197, 198
كندا	45, 46, 106, 176
كولورادو	27, 45
كولومبيا	92, 99
كونيتيكت	82
كوينز	82, 94, 140, 145
لاو ضد نيكولز	45, 96
لبنان	119
لوس أنجلوس	57, 59
ماساتشوستس	20, 118
مانهاتن	73, 75, 92, 95, 97, 98, 99, 100, 106, 108, 110, 126, 142, 148, 158
مجتمع	29, 33, 37, 38, 48, 54, 76, 78, 79, 84, 93, 95, 99, 110, 120, 161, 171, 173, 192, 204, 222
مجتمع مدرسي	99
مجتمعات لغوية	67, 119
مدرسة أميستاد المزدوجة اللغة	141, 142
مدرسة بوريم هيل للدراسات الدولية	200
مدرسة سايبرس هيلز المجتمعية	143, 144
مسح المجتمع الأمريكي	95
مسيرة الستوبين	83, 84
مصر	120, 255
مقاطعة كولومبيا	41
نيفادا	27
نيو مكسيكو	27

نيويورك .... 12، 18، 21، 22، 33، 39، 40، 41، 45، 46، 48، 52، 55، 57، 58، 61،
62، 64، 66، 67، 69، 70، 71، 72، 73، 76، 78، 79، 81، 82، 83، 84، 86،
87، 88، 90، 92، 93، 95، 96، 97، 98، 99، 102، 103، 104، 105، 107،
108، 109، 110، 111، 112، 113، 115، 116، 117، 119، 124، 126، 127،
131، 132، 136، 137، 138، 139، 140، 141، 144، 145، 148، 149، 150،
151، 152، 153، 158، 162، 177، 194، 195، 196، 198، 203، 254

نيويورك تايمز .... 21، 40، 111، 117، 254
هارلم .... 92، 100، 108
هاملتون هايتس 142
هاواي 30
واشنطن هايتس 142
والإسبانية .... 26، 33، 93، 95، 138، 148، 153، 186، 199، 203
والإيطالية .... 21، 26، 33، 40، 74، 76، 93، 158، 161، 254
والبولندية .... 26، 33، 40، 132، 161، 203
واليابانية .... 26، 33، 40، 197، 254
وثنائية الثقافة 75
يوتا .... 198، 199، 204

www.ingramcontent.com/pod-product-compliance
Lightning Source LLC
LaVergne TN
LVHW021117080426
835512LV00011B/2547
* 9 7 8 9 9 4 8 3 6 6 7 4 4 *